**BIBLIOTECA DE DERECHO ADMINISTRATIVO**

COLECCIÓN ALLAN R. BREWER-CARÍAS

Luigi Garofalo
**(Director)**

Carlos Antonio Agurto Gonzáles
Sonia Lidia Quequejana Mamani
Benigno Choque Cuenca
**(Coordinadores Generales)**

AUGUSTO J. PÉREZ GÓMEZ

# LOS ACTOS ADMINISTRATIVOS DE ORIGEN PRIVADO

(Análisis crítico de la jurisprudencia de la Corte Primera de lo Contencioso Administrativo a la luz del Derecho Administrativo Clásico)

editorial jurídica venezolana

Ediciones Olejnik

LOS ACTOS ADMINISTRATIVOS DE ORIGEN PRIVADO
(ANÁLISIS CRÍTICO DE LA JURISPRUDENCIA DE LA CORTE PRIMERA DE LO CONTENCIOSO ADMINISTRATIVO A LA LUZ DEL DERECHO ADMINISTRATIVO CLÁSICO)


Huérfanos 611, Santiago-Chile
E-mail: contacto@edicionesolejnik.com
Web site: http://www.edicionesolejnik.com

Primera Edición en Ediciones Olejnik: 2021

ISBN: 978-956-392-962-1

Diseño de Carátula: Ena Zuñiga

Diagramación: Janett Ruiz Rebaza



La primera edición de Ediciones Olejnik fue impresa en Argentina, 2021

La reimpresión en coedición entre Ediciones Olejnik y Editorial Jurídica Venezolana fue impresa por Lightning Source, an Ingram Company, para Editorial Jurídica International Inc., 2021

# INDICE GENERAL

## SEGUNDA PARTE
## LA DOCTRINA DE LOS ACTOS ADMINISTRATIVOS DE ORIGEN PRIVADO EN VENEZUELA

Trabajo premiado con Mención Honorífica en el **Octavo Concurso "Premio Anual Procuraduría General de la República"**, Año 1994, Fundación Procuraduría General de la República.

"Pero la Administración de nuestros días no se contenta con una intervención cada vez más intensa en la esfera individual (...). Lo que se pretende es que la actividad deje de ser privada y se convierta en Pública; (...)".

Jesús González Pérez
"Administración Pública y Libertad",
Universidad Nacional Autónoma de México,
Instituto de Investigaciones Jurídicas,
México, 1971, p. 27.

"Un mal que no se conoce no se puede jamás curar"

Simón Bolívar
Carta a Antonio José de Sucre
Nasca, Perú, 26 de abril de 1825

# DEDICATORIA

*A mi hijo Augusto José cuyo recuerdo nos llena de alegría. A mis hijas Ana Elena, Federica y Alejandra motivo de todos mis esfuerzos.*

# ABREVIATURAS

| | |
|---|---|
| A.J.D.A.: | *Actualité Juridique de Droit Administratif* |
| C.E.: | Conseil D'État |
| C.S.J.: | Corte Suprema de Justicia |
| C.P.C.A.: | Corte Primera de lo Contencioso Administrativo |
| E.D.C.E.: | *Etudes et Documents du Conseil d'Etat* |
| E.J.V.: | Editorial Jurídica Venezolana |
| G.O.: | *Gaceta Oficial* |
| J.C.P.: | Jurisclasseur périodique |
| L.G.D.J.: | Librairie général de Droit et de Jurisprudence |
| PUF.: | Presses Universitaires de France |
| R.D.P.: | *Revue du droit public et de la science politique* |
| *R.P.D.A.:* | *Revue practique de droit administratif* |
| Rec.: | *Recueil Lebon* |
| S.P.A.: | Sala Político Administrativa |
| T.C.: | Tribunal des Conflits |
| U.C.V: | Universidad Central de Venezuela |

# INTRODUCCIÓN GENERAL

La progresiva extensión del ámbito de aplicación del derecho administrativo en detrimento; del ámbito propio del derecho común es una nueva forma de intervención del Estado en la esfera individual de las particulares.

Al permitir la aplicación de esta rama jurídica, otrora propia de la Administración, a ciertas actividades de las particulares, no sólo sometemos a estos últimos a mayores controles y obligaciones, sino que además se les reconoce derechos y prerrogativas sobre las demás particulares.

En efecto, lo que ha justificado que el derecho administrativo se aplique a las actividades de los particulares es la realización aparente por parte de estos de actividades de idéntica naturaleza a la realizada por la Administración. De ese modo se argumenta que siendo actividades idénticas deben someterse a mismo régimen. Ello implica, sin embargo, que en lo adelante el Estado tendrá en consecuencia el deber de mantener sobre las particulares que realicen tales actividades el mismo control que normalmente ejerce sobre sus órganos, aun cuando se les reconozca cierta autonomía, y a ambas actividades se les debe reconocer la misma eficacia jurídica, es decir, los actos de las particulares que deriven del ejercicio de tales actividades gozarán de la presunción de legalidad y de legitimidad, pudiendo ser ejecutables aún con la fuerza pública y a costa de los otros particulares quienes deberán acatar su cumplimiento.

Con ello lo que se ha logrado es trasformar las actividades privadas en actividades públicas, reduciendo el número de aquéllas en beneficio de estas y en perjuicio de todos los administrados. Y lo peor de todo, es que se utiliza como pretexto la protección de la propia libertad de los particulares.

Ese fenómeno se manifiesta en Venezuela principalmente en la jurisprudencia de la Corte Primera de lo Contencioso Administrativo, al admitir, bajo la denominación de *actos de autoridad,* que una serie de actos dictados de una u otra forma por ciertas organizaciones privadas se encontraban sometidos a la jurisdicción contencioso-administrativa y por ende al derecho administrativo. Así, la Corte ha reconocido a tales actos carácter de ejecutivos y ejecutorios, sometiéndoles a la vez al principio de legalidad administrativa. La difusión de dicha jurisprudencia en las aulas de derecho administrativo y admitida sin cuestionamiento por la mayoría de los estudiosos patios de esta especialidad, constituyen el desarrollo de una tendencia que amenaza con mayor fuerza la reducción del ámbito del derecho común hacia una mayor publicización del derecho.

Pues bien, frente a esa invasión del derecho administrativo en las actividades privadas, principalmente por el reconocimiento indiscriminado de que los particulares pueden dictar actos administrativos, y ante el convencimiento de que los efectos de ello frente a la esfera individual de los particulares son sumamente negativos, no existía en Venezuela un estudio que presentara las condiciones que son necesarias para que un acto dictado por un particular pueda ser catalogado como administrativo, que demostrara que ese fenómeno es estrictamente excepcional y que de alguna forma contribuyera a poner un límite a esa intensa publicización del derecho y a reducir la epidemia iuspublicista que ha sufrido nuestra profesión, intensificada en la última década.

Es esa la intención de este trabajo que bajo el nombre de "Los actos administrativos de origen privado (Análisis crítico de la jurisprudencia de la Corte Primera de lo Contencioso Administrativo)" se ha querido presentar en este ya célebre concurso de la Procuraduría General de la República.

El nombre de *"actos administrativos de origen privado"* escogido para denominar los actos dictados por determinados particulares sometidos a esta rama jurídica, es el que utiliza tanto la doctrina francesa como la doctrina española y por ello se ha considerado más adecuado que la equívoca denominación de *"actos de autoridad"*, utilizado por la Corte Primera de lo Contencioso Administrativo, que recuerda aquella distinción utilizada a principios de siglo por el Consejo de Estado francés como "criterio de competencia", es decir, para definir el orden jurisdiccional competente para conocer de los actos de la Administración y que distinguía según ésta actuara como simple particular o en ejercicio de sus facultades exorbitantes.

Igualmente se ha preferido hacer un análisis critico de la jurisprudencia patria pues consideramos que el mejor aporte que puede tener este trabajo, en el campo del derecho administrativo, es motivar la discusión sobre este tema y pensamos que ello no se lograría si nos hubiéramos limitado a una mera recopilación de las distintas posiciones que sobre el tema puedan haber tornado nuestros órganos del contencioso-administrativo o la propia doctrina. Además, la mayoría de la doctrina patria en un exceso positivista muchas veces olvida destacar la importancia de la jurisprudencia, lo cual se refleja de manera directa en la enseñanza de esta especialidad en nuestras Universidades. En fin, ha sido la labor de la Corte Primera de lo Contencioso Administrativo la que ha tenido el papel protagónico en el desarrollo de este tema y el mismo no habría podido estudiarse sin referirse a ella.

Sin embargo, a pesar de que los actos administrativos de origen privado deben su nacimiento al juez de lo contencioso-administrativo y tratarse este trabajo de un análisis jurisprudencial, a lo largo de este trabajo se habla de una *"doctrina* de los actos administrativos de origen privado" y no de una *"jurisprudencia* de los actos administrativos de origen privado". Ello se debe a que han sido los comentaristas de la jurisprudencia en el derecho comparado los que, debido a su complejidad, han desarrollado verdaderamente el tema como una doctrina plenamente depurada. Además, ello resulta más propio si se considera que en Venezuela por la forma en que son redactadas las sentencias, puede diferenciarse el "fallo" propiamente dicho de la "doctrina" que contiene, es decir, las disquisiciones que hace el Juez en la propia sentencia no como tal sino como "comentarista" o creador de doctrina que en definitiva explican y comentan con profundidad las razones de su dispositivo y que exceden de los límites de lo que debería ser la parte motiva de una sentencia, siendo de estos comentarios de donde se desprende la llamada tesis de los actos de autoridad en Venezuela.

Ahora bien, el análisis crítico ha sido efectuado luego de analizar y desarrollar el tema conforme a la doctrina y jurisprudencia del derecho administrativo clásico, entendiendo por éste último el derecho que se ha tendido por *modelo* en la mayoría de los países del sistema continental y en particular el que mayor influencia ha tenido en el derecho venezolano, es decir, el derecho administrativo francés, enriquecido por un largo proceso de depuración llevado a cabo no solo por una jurisprudencia pragmática sino también por una brillante doctrina racionalista. En ese sentido si bien se ha hecho referencia al derecho administrativo italiano, ello no ha sido más que para reforzar la idea de que éste último respeta en su esencia los principios que sobre este tema ha elaborado el derecho administrativo francés, mucho más claro y coherente.

Dos preguntas fundamentales nos hemos hecho para el desarrollo de la investigación de este tema: Por una parte, ¿Cuáles son las condiciones que se exigen en el derecho administrativo clásico para admitir los actos administrativos de origen privado?; y por la otra, si la tesis de los actos de autoridad desarrollada por la Corte Primera de lo Contencioso Administrativo respeta los principios de la doctrina francesa de los actos administrativos de origen privado.

Así, en la primera parte del trabajo se desarrolla la pregunta inicial y para obtener su respuesta se hacen algunas consideraciones generales que demuestran que no sólo existen los actos administrativos de origen privado en Francia sino que sus condiciones existenciales se encuentran bien delimitadas; luego, se hace un análisis más profundo del contenido que se le asigna en el derecho francés a las condiciones existenciales de los actos administrativos de origen privado y que nos permitan identificarlas plenamente; y, en fin, para reafirmar que la posición francesa constituye un modelo para otros sistemas, se hace un análisis del sistema italiano donde se demuestra que en Italia sólo algunos particulares en ejercicio de funciones públicas pueden dictar actos administrativos y que en dichos casos se cumplen las mismas condiciones que en el derecho administrativo clásico.

Respondida la primera pregunta y conocido no sólo el alcance de la respuesta sino su valor coma modelo, se dedica la segunda parte del trabajo a responder la pregunta siguiente. Para ello se parte igualmente de ciertas consideraciones generales que permitan al lector conocer el marco teórico en el cual se encontraba la Corte Primera de lo Contencioso Administrativo para admitir la existencia de los actos administrativos de origen privado, y que en particular se refiere al proceso por el cual ha pasado la doctrina y jurisprudencia venezolana en su paulatina sustitución de los criterios orgánico y formal por su rival el criterio material, para definir las actos administrativos. Seguidamente, se pasa al análisis crítico y cronológico de cada una de las sentencias de la Corte Primera de lo Contencioso Administrativo, determinando la forma en que ésta en general ha formulado su tesis de las actos de autoridad y en particular la ha aplicado a cada uno de las casos concretos.

Quisiéramos destacar que se ha abusado substancialmente en el uso de notas al pie (pie de páginas) las cuales por la extensión de su contenido en algunos casos desvían al lector del tema principal. Sin embargo, ello ha sido hecho en forma deliberada con varias finalidades: en primer lugar, para facilitar a otros el acceso a la parte esencial de importantes textos que se utilizan de referencia y que difícilmente se consiguen en Venezuela; en segundo lugar, para facilitar la lectura de aquellos textos citados que si bien pueden conseguirse en la propia biblioteca de la Procuraduría General de la República sólo se encuentran en francés o en italiano; y en fin, para permitir que mis alumnos en la Universidad Católica Andrés Bello, así como todos aquéllos que no son aficionados a esta materia, encuentren en este trabajo todas las referencias y explicaciones elementales o necesarias para comprender la mayoría de los conceptos, situaciones, afirmaciones, etc., que se utilizan como base en el desarrollo del tema y que tocan otras materias propias del derecho administrativo.

Finalmente, debemos advertir que el presente trabajo analiza la jurisprudencia de la Corte Primera de lo Contencioso Administrativo sólo hasta el año 1994, fecha en la cual fue presentado para el Concurso Anual de la Procuraduría General de la República y publicado en la Revista N° 13 de esa institución, y su contenido no ha sido revisado para la presente publicación."

Escribir un libro resulta un verdadero desafío, más cuando a la vez se ejerce libremente la profesión: Aceptarlo significa ingresar a un enriquecedor proceso de aprendizaje. Culminarlo constituye una gratificante invitación de aceptar el reto de nuevo.

# PRIMERA PARTE

# LOS ACTOS ADMINISTRATIVOS DE ORIGEN PRIVADO EN EL DERECHO ADMINISTRATIVO CLÁSICO

# INTRODUCCIÓN

Hemos dicho que por derecho administrativo clásico entendemos el derecho administrativo francés, no en la forma en que se presentara a principios del presente siglo sino por el contrario en el estado como lo encontramos en la actualidad luego del largo proceso histórico de depuración que lo ha enriquecido y que constituye el modelo que ha tomado la mayoría de los países del sistema continental.

Así, esta primera parte del trabajo será dedicada a estudiar primordialmente la doctrina de los actos administrativos de origen privado en el derecho administrativo francés. Se analizará la evolución jurisprudencial de esta doctrina para luego analizar las condiciones que como resultado de ese proceso hoy se exigen para calificar como administrativo un acto dictado por un particular. Sin embargo, hemos considerado agregar a esta primera parte del trabajo, ademas, la aproximación que sobre este tema da el derecho administrativo italiano, a los fines de demostrar que el estudio del derecho administrativo clásico constituye un modelo válido para cualquier otro país del sistema de derecho continental y que por ello será suficiente para producir un análisis crítico de la doctrina de los actos administrativos de origen privado en la jurisprudencia venezolana.

## I. La doctrina de los actos administrativos de origen privado en Francia

Históricamente, tanto el Consejo de Estado francés como la doctrina, rechazaron toda posibilidad de actos administrativos de origen privado. Sin embargo, paulatinamente y a la vez que el criterio material tomaba posicionamiento como elemento definitorio del acto administrativo, comenzó a elaborarse toda una tesis que permitiría la caracterización de un acto como sometido al derecho público con independencia de la naturaleza jurídica de su autor.[1]

En efecto, en virtud de la fundamentación inicial del Derecho Administrativo Clásico sobre las principios revolucionarios de 1789, según las cuales la naturaleza y la fuerza de las normas jurídicas se determinaban en función de la naturaleza y

1 *Cfr.* Jean Paul Negrin, *L'intervention des personnes morales de droit privé dans l'action administrative,* L.G.D.J., París, 1971, p. 151.

la potestad de sus autores, la doctrina imperante hasta mediados del presente siglo y con ella el Consejo de Estado francés, fiel al criterio orgánico de definición de los actos administrativos, no podía concebir que un organismo privado pudiera adoptar decisiones unilaterales que impusieran obligaciones o derechos en forma ejecutoria: Según las juristas de la época sólo el órgano autor del acto permitía determinar si el acto era administrativo o privado e incluso precisar su régimen jurídico.[2]

Recordemos que con la revolución francesa, como una reacción contra los parlamentos, tribunales del antiguo régimen monárquico, que se habían opuesto a una serie de reformas administrativas,[3] se dictó la conocida Ley del 16-24 de agosto de 1790, en particular para impedir que el poder judicial se inmiscuyera en la función propia de administrar el Estado. Dicha ley, aún vigente, dispone en su artículo 3 textualmente: "Las funciones judiciales son distintas y se mantendrán siempre separadas de las funciones administrativas; los jueces no podrán, bajo pena de abuso de funciones, obstaculizar en modo alguno la actividad de los cuerpos administrativos ni convocar ante sí a los administradores por causa de sus funciones".[4] Igualmente, y para reforzar los términos de la citada Ley, se dictó el decreto del 16 fructidor del año III que en su texto señala: "Se reitera la prohibición a los tribunales para conocer de los actos de administración, de cualquier clase que sean".[5]

Dichos textos dieron origen al desarrollo de los dos ordenes jurisdiccionales, distintos y aún existentes en Francia, en cuyas cúspides encontramos al Consejo de Estado y la Corte de Casación, con competencia para el conocimiento, respectivamente, de aquellos asuntos sometidos al Derecho Administrativo y al Derecho Común,[6]

---

2 *Cfr.* Gérard Timsit, *Le role de la notion de fonction administrative, en droit administratif français,* L.G.D.J., París, 1963, pp. 14 y 15.

3 Durante el régimen de Luis XV y Luis XVI una serie de reformas, sobre todo fiscales, fueron propuestas por el Rey a fin de solventar el gran déficit que sufría el reino. Sin embargo, como todos las decretos reales debían ser registrados ante los parlamentos, doce en total (París, Toulouse, Grenoble, Bordeaux, Dijon, Rouen, Aix Rennes, Pau, Metz, Besançon, Douai y Nancy, este último creado en 1775) y que en 1757 por vía del Parlamento de Rennes, se habían declarado con facultades para juzgar la equidad y utilidad de la nuevas leyes, éstos comenzaron en forma sistemática a rechazar toda reforma propuesta por el Rey al negar el registro de las ordenanzas o leyes del Rey, lo cual obstaculizaba por vía de consecuencia que el Rey gobernara o en otros términos administrara. *Cfr.* Hubert Methivier, *Le siècle de Louis XV,* Que sais je?, Quinta edición, P.U.F. N° 1229. París 1983, p. 65; Egret, J., *Louis XV et l'opposition parlementaire,* A. Colin., París 1970; Pierre Miquel, *Histoire de la France,* Edition Fayard, p. 263.

4 *Code administratif,* Dalloz, París, 1987, p. 18.

5 *Ibidem.*

6 Dichos textos prohibían al tribunal ordinario el conocimiento de las asuntos en que estuviere involucrada la Administración, pero al no crear un órgano encargado de dicha competencia, dejaron tales litigios en manos del propio poder ejecutivo (ya

siendo precisamente los conflictos de competencia entre dichos órdenes los que dieron forma y los que desarrollaron ésta rama jurídica.[7] Así, en la interpretación de tales

---

sea en manos del rey con sus ministros, durante la Monarquía, el Consejo Ejecutivo, bajo la Convención o el Directorio y sus ministros bajo la Dictadura), siendo éste a la vez juez y parte, lo cual se dio a conocer como el período del Ministro-Juez. De allí que se creara con la Constitución del año VIII revolucionario, el Consejo de Estado, con la doble misión de redactar los proyectos de Ley al primer cónsul y de actuar como asesor del Ejecutivo, principalmente en la resolución de los litigios administrativos. Sin embargo, siendo que las opiniones del Consejo de Estado, en la resolución de los asuntos contenciosos, fuere seguida sistemáticamente por el jefe del Ejecutivo, éste adquirió tal autoridad y prestigio que, luego de una breve desaparición tras la caída del imperio y por obra del gobierno de Defensa Nacional, el Consejo de Estado y de conformidad con la Ley del 24 de mayo de 1872, pasó, en lo que se conoce como el sistema de la justicia delegada, a estatuir soberanamente en nombre del pueblo francés. (Sobre la historia del Contencioso Administrativo francés. *Cfr.* J-M. Auby y Roland Drago, *Traité de contentieux administratif,* Tome I, L.G.D.J., París, 1984, p. 180, así como la bibliografía citada por éste en la página 233 y en especial: León Aucoc, *Le Conseil d'Etat avant et depuis 1789. Ses trasformations, ses travaux et son personnel (Étude historique et bibliographique),* París, 1886.

7 Tal es la opinión de distintos autores reflejada en especial al referirse a la búsqueda de una noción clave del derecho administrativo. Por ejemplo Jean Rivero *(Droit Administratif,* Dalloz, 12a edición, París, 1987, p. 38) al indicar que "la búsqueda de una noción clave del derecho administrativo está vinculada estrechamente a la de un criterio de competencia, de un principio general que permita reconocer los litigios sometidos al derecho administrativo y por ello mismo, las fronteras entre las competencias de las jurisdicciones administrativas y judiciales"; igualmente André de Laubadère *(Traité élémentaire de droit administratif,* L.G.D.J., París 1984, p. 38), señala "la idea fundamental o dominante del derecho administrativo que se busca debe servir a la vez de criterio para la aplicación del derecho administrativo y la competencia de la jurisdicción administrativa". Por su parte Waline *(Droit administratif,* 9ème édition, París 1963, p. 6) señala "la línea fronteriza entre aquello que rige el derecho civil y aquello que rige el derecho administrativo es prácticamente, sensiblemente, la misma que aquélla que divide la competencia de las jurisdicciones administrativas; estudiar la una es estudiar la otra"; en ese mismo sentido el decano Vedel señala (*Droit administratif,* pp. 136 ss.) "en principio el campo de aplicación del derecho administrativo coincide con el dominio de la competencia del juez administrativo". Finalmente el profesor Paul Amselek "Le service public et la puissance public, Reflexions autour d'une étude récente", *A.J.D.A.,* octubre 1968, París, p. 493) en ese sentido afirma: "Pues el campo de aplicación del derecho administrativo tal y como se ha concebido a priori éste último coincide con el campo de la competencia del juez administrativo: el derecho administrativo es aplicado por el juez administrativo, éste se aplica a los casos en los cuales el juez administrativo es competente a estatuir. De tal manera que la búsqueda de una noción clave del derecho administrativo se identifica, en definitiva, con la búsqueda de un principio

textos y a fin de atribuir competencia a uno u otro orden jurisdiccional, siempre fue necesario definir lo que se entendía por un acto de Administración[8] y en tal sentido se utilizaron distintos criterios de competencia.[9] Sin embargo, los criterios de competencia, pasando por la figura del Estado deudor, por la distinción de actos de autoridad y de actos de gestión, y en fin por el criterio de servicio público, estatuido en 1873 con la sentencia Blanco,[10] partían del supuesto que la Administración coma complejo orgánico se encontraba involucrada en el asunto, de modo que una vez determinada su participación -y sólo luego- era que se hacía necesario determinar si se trataba de un acto donde ésta hacía o no uso de sus potestades públicas, o gestionaba un servicio público, etc., es decir, el criterio orgánico era siempre necesario (aunque no suficiente) para determinar la competencia de la jurisdicción administrativa.

Por ello, Carré de Malberg sostenía que el Estado era un "sistema de órganos" y que sólo a través de la noción orgánica era posible analizar el orden jurídico[11] y por su parte el profesor Stassinopuolos definía el acto administrativo coma una declaración emanada de un órgano administrativo, entendidos éstos coma aquellos integrados dentro de la jerarquía administrativa o dentro del sistema de autoridades que detentan el poder ejecutivo, sea en el Estado o en las Colectividades locales.[12]

---

general único, de un criterio general único, de competencia del juez administrativo" para luego precisar que "Esa concepción ha sido sin duda inspirada a los autores por el papel fundamental que ha históricamente jugado la jurisdicción administrativa en materia de formación y aplicación del derecho que rige a la administración...".

8 Gaston Jèze señalaba en su nota al arrêt Thérond *(Revue du droit public,* Tomo 27, año 17, Paris 1910, p. 249) textualmente: ·

"En Francia, por razones de orden político (desconfianza hacia los Parlamentos y cortes soberanas que pasaban como hostiles a las nuevas ideas), los hombres del período revolucionario prohibieron a los tribunales de conocer los actos de la administración. Hasta el año VIII no existían tribunales administrativos; esa prohibición llevaba a que las reclamaciones derivadas de los actos de la administración fueren decididas por la misma Administración. A partir del año VIII los tribunales administrativos fueron organizados; la prohibición impuesta por los hombres de la revolución tomó entonces una significación nueva: los procesos y recursos derivados de los actos de la administración debían, salvo texto contrario, ser conocidos por los tribunales administrativos. Pero ¿Cómo conocer un acto de la administración? Es algo que ninguna ley se ha jamás tomado la molestia de decir. Los tribunales han debido suplir tal silencio del legislador."

9 Sobre los criterios de competencia *cfr.* J-M. Auby et Roland Drago, *op. cit.*, pp. 376 a 404.

10 T.C. 8 de febrero de 1873. M. Long, P. Weil y G. Braibant, *Grands arrêts de la jurisprudence administratif,* Sirey 1984, 8ª edición, p. 5.

11 *Cfr.* Raymond Carré de Malberg, *Contribution à la théorie générale de l'etat,* Reimpression CNRS, tome I, París 1922.

12 *Cfr.* Stassinopoulos, *Traité des actes administratifs,* 1954, L.G.D.J., París 1954, p. 41.

De ese modo puede afirmarse que para esa época, la concepción orgánica del derecho administrativo impedía admitir que un ente de derecho privado dictara un acto sometido al ámbito de aplicación de tan especial rama del derecho, cuestión que sólo luego de un largo proceso se admitiría.

## 1. ANTECEDENTES

El Consejo de Estado francés tímidamente comenzó a abrir el camino a la teoría de las actos administrativos de origen privado, en una famosa decisión del 31 de julio de 1942, conocida como el arrêt Monpeurt[13], en la cual indicó que organismos que no eran "establecimientos públicos" podían dictar actos administrativos, generales o particulares. Tal afirmación abrió una controversia doctrinal que se vio alimentada por las decisiones del 2 de abril de 1943 y del 28 de junio de 1946 conocidas como las arrêt Bouguen y Morand, respectivamente, y sólo quedó transada con la sentencia Magnier del 13 de enero de 1961.

## A. El Arrêt Monpeurt

Recordemos los hechos: un acto del 25 de abril de 1941, del Director del Comité de organización de la industria del vidrio, uno de los comités de organización industrial creados por la Ley del 16 de agosto de 1940 con el fin de regular la producción industrial, rechazó la solicitud de una de las empresas del ramo para aumentar su producción, con fundamento a que la misma produciría un mayor consumo de carbón (combustible de la época) contrario a la política de ahorro impuesta por la situación de penuria que se vivía. Sin embargo, y como un paliativo al perjuicio económico que produciría a dicha industria la imposibilidad de aumentar su producción, impuso a las otras dos empresas productoras de vidrio la obligación de suministrarle a aquélla veinte toneladas del producto final al 20% de descuento. Dicho acto, como era de esperarse fue recurrido por el Director de una de las empresas afectadas (el Sr. Monpeurt) decidiendo el Consejo de Estado que:

> Considerando que en razón de circunstancias que requerían imperiosamente la intervención del poder público en el campo económico, la Ley del 16 de agosto de 1940 dispuso de una organización provisional de la producción industrial a fin de asegurar la mejor utilización posible de los recursos existentes, tanto desde el punto de vista del suministro como de la calidad y costo del producto, y de mejorar el empleo de la mano de obra en el interés común de los trabajadores y de las empresas; que resulta de las disposiciones de esa Ley que la misma ha querido instituir a esos efectos un Servicio Público; que, para gestionar ese servicio público ha previsto la creación de comités, bajo la autoridad del Minis-

13 Consejo de Estado francés, 31 de julio de 1942, *Les grands arrêts de la jurisprndence administrative,* Sirey, 8ª édition, 1984, p. 267.

tro, con facultades para los programas de producción y fabricación, de fijar las reglas y de imponer a las respectivas empresas las condiciones generales de su actividad, de proponer a las autoridades competentes el precio de las servicios y productos; que así, los comités de organización, si bien el legislador no los creó como establecimientos públicos, están encargados de participar en la ejecución de un servicio público, y las decisiones que tomen dentro de la esfera de sus atribuciones, sean de carácter general o particular, son actos administrativos, siendo el Consejo de Estado, en consecuencia, competente para conocer de los recursos que se interpongan contra dichos actos.

Frente a la sentencia se crearon dos corrientes doctrinales: la primera corriente incluía a su vez dos posiciones, una que podríamos calificar de extrema y otra moderada;[14] sin embargo, ambas hoy día sostenidas por Vedel[15] y Chapus,[16] respectivamente, aunque distintas en apariencia llegaban a una misma conclusión, esto es, que el Consejo de Estado habría juzgado que el derecho administrativo podría ser aplicable a actos dictados par distintos organismos sin que su naturaleza fuere previamente calificada como administrativa, o en otros términos, que el derecho administrativo se aplicaría a toda actividad o actos de servicio público sea su autor un organismo de derecho público o de derecho privado. De esa forma quedaba, sustituido por completo el criterio orgánico por su rival el criterio material para definir el ámbito de aplicación del derecho administrativo y la sentencia Monpeurt se presentaba así coma una verdadera revolución jurisprudencial que trasformaba los propios y elementales principios del derecho administrativo. La segunda corriente de un sector más importante y que logró en definitiva mayor aceptación, expuso que la sentencia únicamente habría tenido importancia, igualmente trascendental, en lo que respecta a la admisión de una nueva categoría de persona pública distinta a los establecimientos públicos.

---

14 La posición extrema sostenida por la mayoría de los comentaristas consideraba que la sentencia habría proclamado que una Ley; contrario a los principios del derecho administrativo de la época, había encargado a un organismo privado la gestión de un servicio público con facultades o prerrogativas públicas y que en consecuencia los actos jurídicos, de efectos generales o de efectos particulares, dictados en ejercicio de tales facultades dentro del campo de la gestión del servicio eran actos administrativos. Otro Sector doctrinario más moderado afirmaba que la sentencia no había determinado que los Comités de organización industrial fueren entes privados y que sus actos fueren administrativos, sino que sólo habría abierto la posibilidad de actos administrativos de origen privado al considerar que ya no era necesario analizar la naturaleza de un órgano para llegar al carácter administrativo del acto.

15 George Vedel, *Derecho Administrativo,* Traducción de la 6ª edición francesa por Juan Rincón Jurado, Madrid 1980, p. 644.

16 René Chapus, *Droit administratif général,* Tome I, 4ª edición, Montchrestien, París 1988, p. 101.

### a. *La corriente minoritaria: La sentencia Monpeurt consagró el criterio material en materia de actos administrativos*

Por cuanto ya con anterioridad a la sentencia Monpeurt la doctrina se había ocupado sobre la naturaleza jurídica de los Comités de Organización y negado su naturaleza de establecimientos públicos,[17] la conclusión natural frente a la sentencia en cuestión era que el Consejo de Estado habría reconocido la naturaleza jurídica privada de éstos organismos y admitido así que un órgano privado podía dictar actos administrativos.

En efecto, Blaeuoet[18] consideraba que el hecho que los miembros de los Comités de Organización no fueren funcionarios públicos era ya un hecho determinante para considerar que dichos organismos no constituían un servicio público desde el punto de vista formal, es decir, un establecimiento público, y consideraba que los mismos carecían de todo poder autónomo para ejercer prerrogativas públicas, pues sus actos requerían de una aprobación ministerial para ser ejecutorios, por lo que constituía unos simples colaboradores del servicio público de dirección de la economía. Por ello concluía que al admitir la naturaleza administrativa de ciertos actos de estos simples colaboradores, el Consejo de Estado (incluso como más que una revolución como el fin de una evolución del contencioso administrativo) consagro el criterio material como criterio definitorio de los actos administrativos.

---

17 L. Personnaz, "La nature juridique des comités d'organisation", *Droit social,* nov-déc, 1940, p. 149.

18 Ch. Blaeuoet, "Les comités d'organisation professionnelle", *Revue du droit public,* 1944, p. 293 y ss. El autor señalaba textualmente: "...existen personas privadas que colaboran simplemente con los servicios públicos en sentido material. La gestión se distingue de la colaboración por el hecho que la gestión comporta poderes propios una vez delegados, mientras que la colaboración exige una autorización u homologación para cada acto cumplido. A esta última categoría pertenecen especialmente los servicios de interés público, en particular los Comités de organización profesional de la ley del 16 de agosto de 1940, los cuales no tienen poderes propios (art. 5 de la Ley)... (p. 295)... Porque las Comités de organización profesional, si pueden ejercer, conjuntamente con la autoridad, ciertas prerrogativas públicas, pues no se les ha delegado propiamente, no son servicios públicos administrativos, y es por ello que el arrêt Monpeurt no les ha reconocido la calidad de establecimiento público; ellos no son más que colaboradores del servicio público de dirección de la economía... (p. 298)... Desde más de un cuarto de siglo, el punto de vista material tiende a acentuarse en la jurisprudencia de la competencia y de la responsabilidad, la cual se preocupa cada vez más de las condiciones de la acción tanto de las funcionarios propiamente dichos que de las simples auxiliares de la administración, de las participantes civiles y otros colaboradores de los servicios públicos, su calidad importa menos que la naturaleza de sus actos. Dentro de tales condiciones, el arrêt Monpeurt aparece mucho menos como una revolución que como el término de una evolución (pp. 305 y 306)".

Tal posición fue sostenida igualmente, aunque con ciertas variantes por Maspétiol[19] quien consideraba que los comités de organización sin ser servicios públicos desde un punto de vista orgánico y manteniendo se carácter privado, eran gestores de un "interés de bien público" -más preciso y particular que el simple interés público- y gozaban de ciertas prerrogativas exorbitantes que lo hacían un típico "establecimiento privado de interés general", categoría distinta a la de establecimientos de utilidad pública, que permite calificar sus actos de administrativos. No obstante, ésta última posición como señala el profesor de Corail, resultaba poco defendible[20] y a pesar de la jerarquía de su expositor quedó algo relegada y citada sólo con un interés histórico.

Mathiot[21] por su parte, reconociendo la dificultad de determinar la naturaleza jurídica de los Comités de Organización, consideró que la ley a fin de permitirles mayor flexibilidad y soltura en su actuación mantuvo su naturaleza privada, prefiriendo el legislador la figura de la "colaboración" o de la "asociación", en lugar de la descentralización, para que dichos órganos aún sin tener "carácter administrativo" llevaran a cabo su misión y dictaran actos administrativos.

El decano Vedel[22] igualmente aportó su opinión sobre el tema. Este consideró, y aún considera, que tales organismos eran puramente privados pero en atención a su misión de servicio público y al ejercicio de prerrogativas públicas, sus actos podrían someterse al derecho administrativo, tesis la cual, aún cuando se discuta su exactitud para el caso particular de los Comités de Organización, constituye la base de la teoría de las actos administrativos de origen privado.

Por su parte, para Chenot[23] la sentencia Monpeurt era la consecuencia inevitable de la evolución de papel del Estado y su creciente intervención. Según el autor para reconocer que organismos privados podrían ejercer actividades de servicio público con prerrogativas públicas sin ser parte de la Administración, el Consejo de Estado habría adoptado una nueva definición de servicio público que en lo adelante sería definida simplemente coma "una actividad sometida a un régimen jurídico exorbitante"

---

19 Maspetiol, "La notion de service d'intérét public et la théorie juridique des institutions corporatives", *Droit Sodal,* mayo 1944, p. 161, citado por Louis-Jean de Corail, *La crise de la notion juridique de service public en droit administratif français,* L.G.D.J., París 1954, p. 161.

20 Louis-Jean de Corail, *La crise de la notion juridique de service public en droit administratif français", op. cit.,* p. 157.

21 André Mathiot, L'intégration des comités d'organisation au droit public français", *Revue du droit public,* 1943, p. 28.

22 Inicialmente su posición con relación a esta sentencia fue sostenida en su *Cours de Droit administratif* de 1951-52, pp. 883 y ss., y hoy día mantenida en su libro *Droit Administratif,* del cual manejamos la traducción por Juan Rincón Jurado, publicada en Madrid en 1980, pp. 644 y ss.

23 Chenot, "La notion de servicie public dans la jurisprudence économique du Conseil d'Etat", *Etudes et documents du Conseil d'Etat,* París 1950, p. 77.

y sólo al juez administrativo le correspondería decidir cuando estábamos en presencia de una actividad semejante.

Es interesante destacar que la opinión de Chenot originó una discusión en el derecho francés, de magnitudes quizás no esperadas por el propio autor, sobre la definición del servicio público, que aún cuando se encuentra superada tal como lo reseñan la mayoría de los manuales de derecho administrativo en sus capítulos relativos a dicho tema, constituye un capítulo importante de la historia del derecho administrativo. Sin embargo, en lo que concierne a la sentencia Monpeurt, el autor simplemente se desprendió del dilema de definir la naturaleza del órgano autor del acto, pues en su opinió n, en lo adelante solo era necesario el análisis de la actividad y la determinación de su régimen par parte del juez.

Idéntica postura fue sostenida por el profesor de Corail[24] quien considera que "con el arrêt Monpeurt la jurisprudencia afirmó el carácter secundario y accesorio de la calificación institucional de un órgano para definir la naturaleza de sus actos" lo cual por su consistencia con el propio desarrollo de la doctrina de los actos de origen privado vale la pena destacarla. Señalaba el citado autor: "En sus sustanciales conclusiones, el Sr. Ségalat, hemos dicho, no se aferró más que accesoriamente al problema de la naturaleza jurídica de los Comités. Afirmó, ante todo y como punto esencial, el carácter administrativo de los actos. Ese carácter se deduce de los principios que dominan la Ley del 16 de agosto: ésta organiza un verdadero servicio público de la producción que es asegurado en uso de poderes públicos y por organismos cuyo carácter profesional es particularmente marcado pero que permanecen bajo la autoridad del Estado. Y -cita la sentencia- es en la medida que los Comités están encargados del servicio público de la producción, que sus decisiones competen a la jurisdicción administrativa. (...) Y sin embargo, debe convenirse que el asunto debe sorprendernos. Tradicionalmente el acto administrativo era definido por el criterio orgánico. El asunto era dudoso, era la naturaleza de la autoridad autora que debía definirse: en la medida que ésta apareciera como una autoridad administrativa, sus actos serían susceptibles de ser recurridos ante la jurisdicción administrativa. No obstante, por medio de las conclusiones del comisario de gobierno[25] Ségalat, y el propio arrêt Monpeurt, hemos visto afirmado un

---

24 Louis-Jean de Corail. Thèse, *La crise de la notion juridique de service public en droit administratif français"*, L.G.D.J, París 1954, p. 173.

25 El Consejo de Estado está compuesto por 250 miembros aproximadamente, dividido en varias categorías jerárquicas: a) Los auditores de segunda y de primera clase con una función equivalente a la de asistentes, aunque graduados de la mejor escuela de Administración Pública francesa, la "Grande Ecole" E.N.A., participan activamente en la sustanciación del expediente; b) Los "maître de requêtes", la mayoría escogidos entre los auditores de primera clase, son la pieza esencial en la sustanciación del expediente; c) los Consejeros de Estado a servicio ordinario, quienes ejercen la función decisoria, es decir, de jueces del contencioso; y, d) Los presidentes de secciones. Además existen los Consejeros de Estado extraordinarios y otros miembros de carácter administrativo que actúan coma delegados de los Ministros. Ahora bien, entre las

principio totalmente distinto: el acto administrativo se define él mismo, en razón de su propia naturaleza. (...) Pero es necesario determinar cuales son sus elementos constitutivos, ..., los actos son administrativos en la medida en que los organismos participan en el servicio publico de la producción. ...(es decir) en los términos de la Ley, del cumplimiento de actos que constituyen el ejercicio mismo de privilegios de potencia pública. (...) ¿Quiere decir que la calificación orgánica queda totalmente descartada? Hemos dicho que ella juega un papel secundario. Los comités de organización no son ciertamente establecimientos públicos pero el comisario de gobierno ha insistido sobre el hecho que éstos actúan bajo la autoridad del Estado: la cual se ejerce mediante el nombramiento de los miembros de los Comités, por la tutela ejercida sobre ellos. (...) En definitiva, son esos tres elementos que, en la sentencia Monpeurt, concurren en la definición del acto administrativo: cumplimiento de una persona dependiente de la Administración, fin de interés general, ejercicio de prerrogativas públicas. La última es un elemento primordial". (Subrayado del autor).

### *b. La corriente dominante: la sentencia Monpeurt mantiene el criterio orgánico en materia de actos administrativos*

A pesar de tan extraordinarios expositores de la primera corriente, autores de la talla de Duez,[26] Eisenmann,[27] Waline,[28] Rivero,[29] de Laubadère,[30] Drago,[31] Massot,[32] Sabourin[33] y Croquez,[34] rechazaron que dicha sentencia tuviere el alcance que se les atribuía, pues decir que ésta admitió que un particular puede dictar actos admi-

"maître de requêtes" son escogidos un número de ellos para presentar los informes o conclusiones, "libremente y según su conciencia", en cada juicio contencioso administrativo y en ellas resumen la posición de las partes y proponen la debida solución. Es precisamente la opinión de los Comisarios de Gobierno la que permite interpretar las escuetas sentencias del Consejo de Estado y su influencia en el desarrollo del Derecho Administrativo ha sido considerable. (*Cfr.* Jean-Marie Auby et Roland Drago, *Traité de contentieux administratif,* Tome I, L.G.D.J., París 1984, p. 261).

26 Duez, *Traité de droit administratif,* París 1942, p. 124.

27 Ch. Eisenmann, "L'arrêt Monpeurt: Legende et réalité", *Mélanges Mestre, op. cit.*, p. 221.

28 Waline, *Traité de droit administratif,* 6ème edition, p. 253.

29 Jean Rivero, *Droit administratif,* Précis Dalloz, décima segunda ed., París 1987, p. 58.

30 André de Laubadère, *Traité de droit administratif,* novena edición por Jean-Claude Venezia e Yves Gaudemet, Tome I, L.G.D.J., París 1984, p. 234.

31 Roland Drago, *Les crises de la notion d'établissement public,* Thèse, París, 1948. El autor sin embargo considera que se trata no de una nueva categoría de establecimiento público sino de un verdadero establecimiento público muy lejos de ser calificado como ente privado.

32 *Actualité Juridique Droit Administratif,* París 1968, p. 226.

33 *Revue du droit public,*1987, p. 598.

34 Albert Croquez, *Gazette du Palais,* 23-25, septiembre 1942, p. 3.

nistrativos, significaría -a juicio de las citados autores- que "inexcusablemente el Consejo de Estado había desconocido o traicionado verdades primarias y eficientes, principios fundamentales del derecho administrativo; que ello destruía sin razón un sistema con bases sanas, puesto que si hubiese analizado el problema planteado en la sentencia en cuestión y aplicando pura y simplemente las principios tradicionales hubiese llegado sin ninguna dificultad a la misma decisión."[35]

Según los referidos autores, la sentencia Monpeurt ni consideró al autor del acto como ente privado capaz de dictar actos administrativos, ni desestimó la importancia del criterio orgánico.

En efecto, en primer lugar constataron de la simple lectura del texto de la sentencia que ésta no expresó que el autor del acto fuere un ente privado, sino que sólo expresó que los Comités, de Organización no eran establecimientos públicos, es decir, que los Comités de Organización aunque distintos a los establecimientos públicos, constituían verdaderos entes públicos. En otras palabras, según ésta posición, el Consejo de Estado había admitido una nueva categoría de instituciones públicas distintas a las establecimientos públicos y a las colectividades territoriales y que los organismos de organización industrial no eran entes privados sino uno de estos nuevos entes[36] que rompía la estructura clásica[37]. Incluso el propio Comi-

35 Charles Eisenmann, "L'arrêt Monpeurt, Légende et réalite", *Études offertes à Achille Mestre*, Sirey, París 1956, p. 221.

36 *Ibidem*. La doctrina tradicional para la época sólo distinguía dos tipos de personas jurídicas públicas, a saber, las personas jurídicas territoriales, denominadas colectividades territoriales, y los establecimientos públicos, de modo que si el Consejo de Estado había negado el carácter de establecimiento público y obviamente no eran colectividades territoriales, las únicas respuestas posibles eran asignarle un carácter privado o considerar que era una nueva categoría sui generis.

37 Señalaba el Sr. Ségalat que a su juicio, los Comités de organización reunían todas las condiciones que la propia jurisprudencia del Consejo de Estado había elaborado para caracterizar a un organismo como establecimiento público pero que sin embargo, estos aparecían como una categoría nueva de organismos. Para el Comisario de gobierno resultaba imposible considerarlos organismos privados, pues fueron creados por una Ley, es decir, por iniciativa del estado, su función es de dirección, de autoridad, no la de realizar una actividad comercial o industrial, su poderes son de potencia pública, etc., todo lo cual lo llevó a afirmar que el carácter público de los Comités de organización era "evidente". Por su parte el profesor Eisenmann señalaba que "el alcance verdadero del arrêt Monpeurt -como lo afirmaba con fuerza M. Mestre, en oposición a la interpretación dominante- es sobre la teoría de las instituciones administrativas. Precisemos: éste consiste en una doble innovación, cuyos dos términos son indivisiblemente ligados uno al otro: 1. el arrêt consagra la existencia de una nueva clase o especie de personas administrativas, mas precisamente de personas administrativas no territoriales, especiales o autónomas, que

sario de Gobierno para el caso Monpeurt, señor Ségalat, en sus conclusiones, señaló que dichos organismos eran "sin ninguna duda instituciones públicas", aún cuando constituían "una institución totalmente nueva[38] que no puede ser integrada en los cuadros jurídicos antiguos".[39]

El profesor Drago llega incluso más allá y considera que los Comités de Organización ni siquiera constituían una nueva categoría de entes públicos sino que eran verdaderos establecimientos públicos y que el Consejo de Estado habría cometido "un error de calificación".[40]

En su trabajo "la crise de la notion d'etablissement public", Drago -como explica de Corail- "desarrolla la idea según la cual el establecimiento público clásico se presentaba ante todo como una explotación, una empresa, un servicio en el sentido material del término: tendrían por misión la de suministrar prestaciones a los particulares. Pero que además de esa forma primitiva y clásica de establecimiento público, la vida jurídica nos brinda ejemplos de establecimientos públicos corporativos: Una corporación es una colectividad parcial en el seno de la nación dotada de órganos propios y a la cual el Estado le confía poderes de derecho público. Esas instituciones responden a un movimiento de descentralización, pero no de una descentralización por servicio: se trata forzosamente en razón de su naturaleza de esa institución de una descentralización análoga a la que existe en relación con las colectividades locales".[41]

En ese mismo sentido, convencido el profesor Eisenmann de que el Consejo de Estado nunca había considerado que los comités de organización fueren entes pri-

---

se suman a los establecimientos públicos; y, 2. consagra el abandono del criterio precedentemente admitido de establecimiento público. (*Cfr.* Ch. Eisenmann, *op. cit.*, p. 242).

38 El comisario Ségalat destacaba en forma algo excesiva -a juicio de algunos autores- la profunda originalidad de estos organismos ya que tenían por virtud de la Ley -en sus propias palabras- "dos misiones, de naturaleza enteramente diferente: por una parte, participan a una función de carácter esencialmente estatal, a ser ejercida en el interés de la colectividad nacional, coma es la organización y dirección de la producción de una rama profesional; y por otra parte, tenían un rol de carácter privado como es lo concerniente a los intereses propios y personales de sus miembros -representación ante el Estado, gestión de obras sociales, etc." y agregaba "A esa dualidad de funciones correspondía una dualidad de naturaleza de estas instituciones llamadas a ejercerlas: organismos públicos, autoridades administrativas, mientras que ejercen la primera función, organismos privados al ejercer la segunda. Aparecen así como organismos o instituciones mixtas-medio públicas media privadas- (...)".

39 Paul Sabourin et Jean-Marie Auby, *Recherches sur la notion d'autorité administrative en droit français,* L.G.D.J., París 1966, p. 92.

40 Roland Drago, *Les crises de la notion d'etablissement public",* thèse, París 1948, p. 161.

41 Louis-Jean de Corail, *op. cit.*, p. 157. Dicha posición continúa siendo mantenida actualmente el profesor Drago a pesar de haber atenuado las connotaciones sobre el tipo de descentralización.

vados y de que sólo siguió las recomendaciones del comisario de gobierno, llegó a afirmar que "si el Consejo de Estado no hubiese visto a los comités de organización como personas de derecho público habría con su decisión" violado de manera grosera y manifiesta la ley del 9 de mayo de 1872 que en su artículo 9 dispone que el Consejo de Estado sólo es competente para estatuir sobre los recursos de anulación contra actos emanados de autoridades administrativas".[42]

En consecuencia, y en virtud de una controversia de tan alta talla sobre la naturaleza del autor del acto en cuestión, es decir, sobre el carácter público de los Comités de Organización, para el momento no podía afirmarse el nacimiento de una doctrina de actos administrativos de origen privado.

Sin embargo, la discusión se mantuvo viva, a pesar de que ciertas sentencias del Consejo de Estado negaban expresamente el carácter administrativo de decisiones unilaterales de organismos privados,[43] al dictarse la sentencia Bouguen del 2 de abril de 1943, que reconocía nuevamente que entes distintos a los establecimientos públicos, esta vez los colegios profesionales, podían dictar actos administrativos cuando los mismos eran adoptados para hacer respetar las leyes y reglamentos en materia de la profesión respectiva; y, al dictarse la sentencia de excepción del Consejo de Estado del 28 de junio de 1946, conocida como el arrêt Morand[44] que consideró de manera explícita que una cooperativa agrícola sometida al derecho privado podía, en el cumplimiento de la misión de servicio público que se le había encargado, dictar actos administrativos.

## B. El Arrêt Bouguen y el Arrêt Morand

El problema planteado en el caso Bouguen, consistía en determinar si el Consejo de Estado era competente para conocer de un recurso contra la decisión del Consejo Superior de la Orden de Medicos[45] que negaba a uno de sus miembros abrir un segundo consultorio en otra comuna distinta a aquélla en la cual ejercía. Pues bien, el comisario de gobierno Legrange demostró que la orden de médicos a pesar de su carácter corporativo, es decir, privado, tal y como lo sostienen hoy día importantes au-

---

42 Ch. Eisenmann, *op. cit.*, p. 225.

43 C.E. 23 enero de 1953, Audouin, *La Semaine Juridique*, 1954, II, 7916, nota Vedel. C.E. del 5 de febrero de 1954, Sté J. Perdrieux, *Recueil des arrêts du Conseil d'Etat français*, p. 54, citadas por Jean-Frarnçois Lauchaume, "Quelques remarques sur les critères de l'acte administratif executoire emanant d'organismes privés gérent un service public administratif" en *Estudios en honor del profesor Stassinopoulos*, Atenas 1974, p. 95.

44 C.E. 28 de de junio de 1946, *Recueil Sirey* 1947, 3,19.

45 La Orden de Médicos constituye lo que en Venezuela sería un Colegio Profesional, de carácter corporativo, en el cual deben inscribirse todos aquellos que deseen ejercer la profesión y, obviamente, que reúnan las credenciales académicas para ello, y gracias a potestades conferidas por ley, intervienen en la reglamentación, el control y disciplina tanto del acceso a la profesión coma a su ejercicio.

tores como René Chapus[46] y Guy Braibant,[47] ejecutaba un verdadero servicio público, argumentando para ello que su "misión no concierne solamente a la defensa de los intereses profesionales sino ante todo a la organización y la disciplina de la profesión con un fin de interés general y que el legislador "ha querido hacer de la organización y del control de esa profesión, un servicio público que confiere a las decisiones de organismos profesionales cuando se trata de la ejecución de dicho servicio el carácter de actos administrativos".

No obstante, y a pesar de que el comisario de gobierno hubiese admitido la naturaleza privada de los Colegios Profesionales, el Consejo de Estado no reconoció expresamente el carácter de derecho privado de los mismos limitándose a afirmar simplemente, tal y como lo hiciese en la sentencia Monpeurt, que los mismos no eran establecimientos públicos.

De ese modo, la doctrina dominante[48] mantuvo bajo la misma argumentación sostenida con ocasión del citado arrêt de 1942, que los colegios u ordenes profesionales no eran personas de derecho privado sino de personas derecho público distintas a los establecimientos públicos. Así, a juicio de la doctrina dominante el arrêt Bouguen, nada nuevo aportaba y carecía de mayores consecuencias prácticas, distintas a la de confirmar que los establecimientos públicos no eran la única forma de personas públicas que admitía el derecho administrativo. Más aún al haber sido mantenida tal postura doctrinal a nivel jurisdiccional por el Tribunal administrativo de París,[49] la posición defensora de la teoría de los actos administrativos de origen privado se veía fuertemente debilitada.

Sin embargo, planteada en esos términos la controversia y teniendo por antecedentes a la sentencia Monpeurt, fue dictada la sentencia Morand. Dicha sentencia trataba sobre un acto emanado de una de las organizaciones agrícolas previstas en la Ley del 2 de diciembre de 1940, como instituciones constituidas por los propios agricultores sometidas al mismo régimen jurídico de los sindicatos profesionales,[50] que con un fin de interés nacional debían autoregular la profesión agrícola. Pues bien, el Consejo de Estado declaró formalmente, luego de admitir la naturaleza privada del

---

46 René Chapus, *Droit Administratif Général, op. cit.*, p. 101.

47 Guy Braibant, *Le Droit Administratif français*, Presses de la Fondation National des Sciences Politiques & Dalloz, París 1984, p. 126.

48 Ch. Eisenmann, *L'arrêt Monpeurt: Légende et réalité, op. cit.*

49 Tribunal Administratif de París, 15 octubre 1958; citado por J-M. Auby et Roland Drago, *Traité de contentieux administratif*, Tomo I, L.G.D.J., 1984, p. 519. Para el profesor Drago a pesar que los Colegios Profesionales constituyen personas públicas, "su régimen contencioso no es idéntico a aquél de las personas públicas gestoras de un servicio público y se asemeja más al de las personas privadas gestoras de un servicio público".

50 Dichas organizaciones eran jerarquizadas teniendo en la base a las sindicatos locales bajo la tutela de las uniones regionales sometidas a un Consejo Nacional, todo bajo un cierto control del Estado.

régimen a que estaban sometidos dichos organismos, aun cuando no la naturaleza de éstos, "que el legislador les había encargado la ejecución de un servicio público concerniente a la organización y el control de la profesión agrícola y que las decisiones que éstos organismos dictaban con el fin de cumplir esa misión constituyen actos administrativos". El Consejo de Estado expresamente aclaró que en el caso de los actos relativos a su funcionamiento interno de éstos organismos no cabe la calificación de carácter administrativo.

No obstante tan clara afirmación del Consejo de Estado revalorizando el criterio material como definitorio del acto administrativo, el profesor Eisenmann se negó nuevamente a aceptar el significado de la sentencia, considerando que debía distinguirse entre un "organismo privado" y "organismo administrativo de estructura privada", y que eran éstos últimos aquéllos a los cuales se refería la sentencia, los cuales no pierden su naturaleza pública a pesar de estar sometidos a un régimen de derecho privado. Ello creó una nueva polémica que no dejaba consolidar la doctrina de los actos administrativos de origen privado, por cuestionable que pareciera éstas últimas objeciones del profesor Eisenmann.[51]

Ahora bien, a finales de los años 40 y en particular a mediados de los años cincuenta, el Consejo de Estado dio importantes pasos en la teoría de los actos administrativos de origen privado, pero no fue sino a partir de 1961 que las controversias doctrinarias sobre la citada teoría quedaron transadas.

En efecto, el 31 de julio de 1948[52] el Consejo de Estado dictó la sentencia *Boulic,* reafirmando los términos del arrêt Morand, con ocasión a un acto emanado de las sociedades anónimas conocidas como los grupos departamentales de compra y repartición de carnes, que según de la Ley del 23 de octubre de 1941 realizaban una tarea de interés público bajo un estricto control del gobierno, y en la no muy conocida sentencia *Palaprat,* del 5 de diciembre de 1956[53] el Consejo de Estado aceptó implícitamente que la Comisión de Lectura, órgano interno de la Comedie Français, sociedad anónima de derecho privado, dictaba actos administrativos al decidir sobre la calidad de las obras y libretos que le eran presentados.[54]

---

51 Gérard Timsit, *op. cit.*, 258. Se pregunta Timsit acertadamente sobre las diferencias que separan tales organismos a juicio del profesor Eisenmann y si no se tratara solamente de una diferencia de calificación que en nada cambia la naturaleza privada del organismo.

52 C.E. 31 de julio de 1948, arrêt Boulic, *Rec.* 376.

53 C.E. 5 de diciembre de 1956, Thibault, *Recueil Dalloz,* 1957, 20.

54 El Consejo de Estado si bien no conoció del recurso interpuesto par el Sr. Palaprat contra la decisión de la Comisión de Lectura que rechazó su obra, no lo desestimó porque no fuere un acto administrativo sino par cuanto se trataba de un control técnico fuera de su competencia, lo que llevó a los intérpretes a afirmar por argumento en contrario que si se hubiere tratado de otra materia se hubiere conocido del acto como administrativo. *Cfr.* Gérard Timsit, *op. cit.*, p. 260.

Sin embargo, no fue sino hasta la sentencia *Magnier,*[55] del 13 de enero de 1961, que fueron reconocidos expresamente las actos administrativos de origen privados, y se comenzó a depurar las condiciones de su existencia.

## C. El Arrêt Magnier[56]

A finales del sigla XIX, las viñedos franceses se encontraban infectados por un parásito denominado Filoxera, cuyas picadas en las raíces de las matas de uvas creaban nudosidades que debilitaban las matas y con el tiempo producían la muerte de la misma. Asimismo, los agricultores temían el ataque de la "dorífora" o "escarabajo de la patata", que dañarían la producción de papas en el país.

El Estado preocupado por tal situación tomó una serie de medidas y en particular dictó la Ley del 2 de noviembre de 1945 que estableció una estrecha colaboración entre las particulares o grupo de agricultores y el poder público, para combatir tales enfermedades de los cultivos. Al Estado, le correspondía determinar la naturaleza de las medidas a ser adoptadas y su campo de aplicación: Así, por órgano del Ministerio se indicaba la lista de plagas contra las cuales debían combatirse, ya sea en forma permanente o en forma temporal, y si serían combatidas o no mediante medidas particulares en determinada plantaciones ordenadas por resoluciones ministeriales o por actos prefectorales. Por su parte, a las particulares, propietarios de las siembras, les correspondía la aplicación y ejecución de las medidas dictadas por el Ministro o por el prefecto. Incluso, en caso que los destinatarios se resistieran a la aplicación de las respectivas medidas serían las propias "agrupaciones privadas de agricultores defensores de los cultivos" quienes procederían compulsivamente a efectuar los trabajos respectivos y a costa del propietario afectado.

Dichas agrupaciones constituían, según la legislación francesa y de conformidad con la citada Ley del 2 de noviembre de 1945, un "sindicato profesional",[57] organismo de derecho privado (similar a los sindicatos de trabajadores en Venezuela), aunque ciertamente con algunas particularidades que lo distinguen de los simples sindicatos: a) constituido ante el prefecto,[58] b) con un documento constitutivo-estatutario tipo dictado por el Ministro, c) gozan de un monopolio de actuación dentro de la esfera de su jurisdicción comunal o intercomunal, d) sometidos jerárquicamente a las federaciones de éstas agrupaciones a nivel departamental, e) a una permanente vigilancia de

55 C.E. 13 de enero de 1961, Recueil des arrêts du conseil d'Etat français, p. 33, *Revue du droit public,* 1961 p. 155.

56 Los hechos que aquí se narran fueron tomados de las propias conclusiones del Comisario de Gobierno actuante en dicho asunto, Sr. Fournier, publicadas en la *Revue du droit public,* 1961, pp. 155 y ss.

57 Alex Weil y François Terré, *Droit civil,* 5ª edición, Dalloz, París 1983, 150.

58 Los sindicatos de trabajadores se constituyen ante el Alcalde y no ante el Prefecto. *Código del trabajo francés* artículo R. 411-1. *Cfr. Précis Dalloz de droit du travail,* por Camerlinck y Lyon-Caen.

la Administración y f) sus ingresos provenían del aumento del impuesto inmobiliario a los propietarios, además de tener, como función principal, atribuida por el artículo 5 de la citada Ley, de ejecutar los tratamientos prescritos por las resoluciones ministeriales y prefectorales o solicitados por el servicio de protección de vegetales o por los propios particulares, difundir la información de las estaciones regionales de advertencia, y vulgarizar los métodos de combate contra las plagas.

Ahora bien, el 29 de febrero de 1952 el prefecto del departamento francés de L'Aisne declaró que los cultivos de 85 comunas de dicho departamento estaban amenazadas por larvas de abejorros (Melolontha Melolontha), el cual constituye un peligroso parásito para las siembras, y encargó a la federación de "grupos de defensa contra los enemigos de las siembras de L'Aisne" la ejecución de las medidas para combatir dicho parásito, la cual consistía en el esparcimiento de insecticidas bajo la supervisión del ministerio de Agricultura, y a costa de los respectivos propietarios, so pena de las sanciones previstas en la Ley que regulaba la materia. Así, dicha federación celebró un contrato con una sociedad privada, la "sociedad anónima para el estudio y la comercialización de los tratamientos en la agricultura", para que ésta procediera a la fumigación por vía de jeeps y helicópteros.

Sin embargo, algunos propietarios se negaron a pagar a la federación el costo de la operación, obligando a esta a acudir ante el prefecto, quien luego de hacer ejecutoria la acreencia de la Federación, emitió una orden compulsiva de pago contra los morosos, uno de los cuales el Sr. Magnier recurrió ante el Tribunal Administrativo de Châlons-sur-Marne, que al declararse incompetente[59] permitió conocer del asunto al Consejo de Estado. Así, éste señaló en su decisión y en lo relativo a su competencia, que:

> "Considerando que en vista de las circunstancias que hacían necesaria la intervención de la potestad pública para organizar, en el interés de la economía nacional, la protección de los vegetales contra las parásitos y los insectos, que constituían o bien una amenaza permanente sobre todo el territorio nacional o bien una amenaza temporal en ciertas partes del territorio, la Ley del 2 de noviembre de 1945 prescribió la constitución, bajo el régimen de la ley del 21 de marzo de 1884, modificada por la del 12 de marzo de 1920, y con autorización del prefecto, de grupos comunales o intercomunales y de federaciones departamentales, con la finalidad de asegurar bajo el control de las servicios agrícolas departamentales, la ejecución de las medidas ordenadas en la materia por las resoluciones ministeriales y prefectorales y más especialmente de efectuar, ante la demanda del servicio de la protección de las vegetales, los tratamientos insecticidas y anticriptogámicos ne-

59 El tribunal administrativo simplemente constató que la Federación era una persona jurídica de derecho privado y en consecuencia se trataba de un litigio entre dos particulares cuya competencia no correspondía a la jurisdicción contencioso-administrativa.

cesarios; que en vista de que para que dichos organismos ejecuten la función de servicio público que les ha sido confiada, el legislador les ha conferido diversas prerrogativas públicas; que en particular, en virtud del artículo 3 y 4 de la Ley precitada, la autorización del prefecto no puede darse en cada circunscripción comunal o intercomunal, que a un solo grupo y en cada departamento a una sola federación; que la federación departamental es beneficiaría de un impuesto especial constituido por un cierto número de céntimos adicionales al principal ficticio del impuesto a la propiedad no construida; que en fin, las federaciones departamentales tienen el poder de ejecutar de oficio, en lugar y por cuenta de los propietarios o usuarios interesados, en las condiciones previstas por el artículo 13, (y) bajo el control del servicio de la protección de los vegetales, los tratamientos antiparásitos o la destrucción de las vegetales prescritos por la autoridad competente, (y que) la ejecución de esas medidas incumben, en caso de la falta de dichas federaciones, al propio Servicio de la protección de vegetales; que resulta del conjunto de esas disposiciones que el legislador ha instituido un servicio público administrativo cuya gestión es confiada, bajo el control de la Administración, a organismos de derecho privado; que, en el caso en que dichos organismos tomen decisiones unilaterales individuales que se impónganla los propietarios o a los usuarios interesados, éstos presentan el carácter de actos administrativos sujetos a la competencia de la jurisdicción administrativa, (...)" el Consejo de Estado es competente. (Negrilla y paréntesis nuestros)

Fue así coma en el caso Magnier[60] el Consejo de Estado decidió explícitamente que un agrupación privada, "que gozaba de ciertas potestades públicas" (monopolio a escala local, derecho de percepción de cotizaciones, para poder hacer ejecutar de oficio trabajos urgentes sobre propiedades privada, etc.)" y que la Ley había querido instituir como servicio público administrativo bajo el control de la Administración, podría dictar actos administrativos sujetos a la competencia de las jurisdicciones administrativas.

Ahora bien, el Consejo de Estado no ha cesado en la producción de sentencias en materia de actos administrativos de origen privado que confirman y precisan ésta importante doctrina, dentro de las cuales destacan las sentencias *Rolland,*[61] *Groupe-*

---

60 C.E. 13 de enero de 1961, Sieur Magnier, *Revue du droit public,* 1961, pp. 172 y ss.

61 T.C. 12 de junio de 1962, *Revue du droit public,* 1962, p. 866. En el caso el tribunal de Conflictos decidió que un reglamento dictado por la empresa Societé National de Chamins de Fer (S.N.F.C.) sobre el régimen de pensión de sus trabajadores no constituía un acto administrativo porque además de emanar de una persona de derecho privado no se trataba de un reglamento sobre la organización del Servicio Público de cuya concesión gozaba. En consecuencia y por argumento en contrarío la doctrina entendió que el acto en cuestión hubiere sido catalogado como administrativo si a pesar de emanar de una persona de derecho privada se tratara de un acto relativo a

*ment National d'achat des produits oléagineux,*[62] *Ecole Technique Saint Joseph,*[63] *Narcy*[64] *Capus,*[65] *Fédération Nationale des huileries metropolitaines moyennes et artisanales,*[66] *Association de la Meunerie,*[67] *Caise Genérale de péréquation de la papeterie,*[68] *Société d'Aménagement Foncier et d'Etablissement (SAFER),*[69] *Barbier,*[70] *Agence Maritime Marseille-Fref,*[71] *Fédération des industries français d'articles de sport,*[72] *G.I.E Brousse-Cardell,*[73] *Burean Véritas*[74] y *Peschaud.*[75]

Así, la jurisprudencia del Consejo de Estado, del Tribunal de Conflictos e incluso algunas sentencias de orden judicial han precisado que pueden constituir actos administrativos de origen privado aquellos actos tanto de efectos particulares como

---

la organización del servicio ya que el Tribunal de Conflictos hizo especial atención al objeto del reglamento cuando hubiere podido negar la naturaleza administrativa del acto sin consideración más que el carácter privado del autor.

62 C.E. 6 de octubre de 1961, *Revue du droit public,* 1962, p. 762. Note Waline.

63 *Revue du droit public,* T. LXXVIII, N° 4, p. 721.

64 C.E. Sect., 28 de junio de 1963, *Revue du droit public,* 1963, p. 1186.

65 C.E. 13 de julio de 1968, *Actualité Juridique Droit Administratif,* 1968, p. 577.

66 C.E., 6 de octubre de 1961 *Recueil,* p. 544, *A.J.D.A.,* 1961 p. 610.

67 C.E. 30 marzo de 1992 *Recueil,* p. 235, *A.J.D.A.,* 1962, p. 286.

68 C.E. 7 de noviernbre de 1962.

69 Tribunal des Conflits, 8 de diciembre de 1969, Concl Schmelck, *Revue du droit public,* 1970, p. 166.

70 T.C. 15 de enero de 1968. *Revue du droit public,* 1968, p. 148.

71 C.E. 27 de noviembre de 1970, *Revue du droit public,* 1971, p. 981.

72 C.E. 22 de noviembre de 1974, *Revue de droit administratif,* 1975, p. 1109.

73 C.E. 21 de mayo de 1976, *Revue du droit public,* 1976, p. 259.

74 C.E. 23 de marzo de 1983, Societé Bureau Véritas, *Recueil,* p. 134. Citado por Jean-Baptiste Geffroy, "Service public et prérrogatives de puissance publique", *Revue du droit public,* 1987, p. 63, nota 53.

75 T.C. 7 de julio de 1980, *Revue du droit public,* 1981, p. 498. "Considerando que las personas privadas que, en virtud del artículo 1 de la Ley del 29 de octubre de 1975, relativa al desarrollo de la educación física y del deporte, aportan su concurso a las personas públicas encargadas del desarrollo de las actividades físicas y deportivas, están asociadas por el legislador a la ejecución de un servicio público, ..., que la federación francesa de football habilitada por decreto ministerial del 17 de diciembre de 1976, por el período del primero de junio de 1977 al 31 de diciembre de 1980, se encuentra, para el cumplimiento de diversas misiones confiadas a las federaciones deportivas por la citada ley, encargada de la ejecución de un servicio público administrativo ... Considerando que esa decisión al ser tomada por la ejecución de un servicio público y en el ejercicio de prerrogativas públicas reviste el carácter de una decisión administrativa y que el recurso dirigido contra ella por el Sr. Peschaud compete a las jurisdicciones del orden administrativo... se declara que los tribunales del orden administrativo son competentes...".

de efectos generales (arrêt Monpeurt, Bougen, Magnier), siempre que se trate de actos relativos a la gestión de un servicio público administrativo, pues cuando se trate de servicios públicos industriales y comerciales, sólo son administrativos aquellos de efectos generales (époux Barbier) que se refieren muy especialmente a la creación, organización interna o supresión del servicio (arrêt Rolland y époux Barbier) y que la calificación administrativa no se extiende a los actos de gestión ordinaria de aquellos organismos privados gestores de un servicio público administrativo como serían las relaciones con su personal, ya que éstos no son funcionarios públicos.

Sin embargo, es claro que el carácter administrativo constituye frente a los actos emanados de órganos privados una excepción a la presunción de que los mismos son actos jurídicos sometidos al derecho privado, y que por ende, para poder ser calificados como administrativos algunas son las condiciones que deben cumplirse.

## 2. CONDICIONES NECESARIAS PARA LA CALIFICACIÓN ADMINISTRATIVA DE UN ACTO DE ORIGEN PRIVADO

Luego de haber revisado los antecedentes jurisprudenciales en la materia es posible precisar las condiciones que exige la jurisprudencia para admitir la posibilidad de actos administrativos de origen privado. Sin embargo, la doctrina no es tampoco pacífica al respecto. Si se analizan las fórmulas utilizadas por el Consejo de Estado y por el Tribunal de Conflictos para motivar la naturaleza administrativa de un acto de origen privado, podemos concluir que en todas interviene sea la noción de servicio público o bien la noción de prerrogativa pública.

En efecto, para calificar de administrativo un acto de origen privado, algunas sentencias utilizan tanto la noción de servicio público coma la de prerrogativa pública, coma ocurre con las sentencias *Magnier,*[76] *Fédération des industries françaises d'anieles de sport*[77]

---

76 En la sentencia se expresa: "que en vista de que para que dichos organismos ejecuten la función de servicio público que les ha sido confiada, el legislador les ha conferido diversas prerrogativas públicas" ... "que resulta del conjunto de esas disposiciones que el legislador ha instituido un servicio público administrativo cuya gestión es confiada, bajo el control de la Administración, a organismos de derecho privado; que, en caso en que dichos organismos tomen decisiones unilaterales individuales que se impongan a los propietarios o a los usuarios interesados, éstos presentan el carácter de actos administrativos".

77 En la sentencia se expresa textualmente: "Considerando, por una parte, que en virtud del artículo primero de la ordenanza del 28 de agosto de 1945 relativa a la actividad de las asociaciones, ligas, federaciones y grupos deportivos, toda competencia deportiva que tenga por objeto el de designar una asociación, un equipo, un jugador, o un atleta como vencedor nacional o regional o coma representante de Francia o de una región en las pruebas internacionales debe ser autorizada por el ministro de la educación nacional que puede delegar sus poderes a uno o varios grupos determinados; que al confiar así a las federaciones deportivas la misión de organizar las competencias nacionales o regionales el legislador ha confiado a las federaciones deportivas, aún

*Capus* y *Seta,*[78] principalmente, mientras que en otras sentencias encontramos que, o sólo se hace referencia al ejercicio de prerrogativas públicas, como ocurren en los casos *Huileries métropolitaines* y *Groupement des produits oléagineux*[79] y *Caisse general de péréquation de la papeterie,* o sólo se hace mención a la misión de servicio público, como es el caso de la sentencia *Morand,*[80] *Barbie, Saber y Rolland.*

Por ello al interpretar las fórmulas utilizadas por las sentencias del Consejo de Estado o del Tribunal de Conflictos, algunos autores se pronuncian por la *necesidad* de que el autor del acto sea gestor de un servicio público para que pueda hablarse de un acto administrativo de origen privado, otros afirman que basta que el particular que ejerza un potestad pública, mientras que hay quien afirma que existe un falso dilema entre el servicio público y las prerrogativas públicas pues ambas nociones están íntimamente ligadas y por ende son condiciones concurrentes.

## A. El servicio público vs. las prerrogativas públicas

### *a. El servicio público como condición suficiente*

Los que sostienen la primera postura señalan que el Consejo de Estado siempre da especial importancia a la misión de servicio público atribuida al ente privado para

---

cuando las mismas sean asociaciones regidas por la ley del 1ero. de julio de 1901, la ejecución de un servicio público administrativo; que en consecuencia, en los casos en que esas asociaciones toman, en aplicación de la delegación así atribuida, decisiones que se impongan a los interesados y constituyan el uso de prerrogativas de potencia pública que le son conferidas, tales decisiones tienen el carácter de actos administrativos. (C.E. 22 de noviembre de 1974, *Revue du droit public,* 1975, note Waline).

78 C.E. 23 de junio de 1965, *Revue du droit public,* 1966, p. 343.

79 En la sentencia Groupement des produits oléagineux se expresa: "que la decisión del 17 de marzo de 1949, por la cual el Ministro de asuntos económicos, en uso de los poderes que le son conferidos por el artículo 1ro-5 de la ordenanza del 30 de junio de 1945 relativa a los precios, ha encargado a la Federación nacional de fábricas de aceites metropolitanos medianas y artesanales de proceder a la repartición del inventario de aceite entre sus miembros, ha tenido por efecto hacer participar a dicha federación, que constituye un organismo de derecho privado, en la aplicación de la reglamentación económica dotándola de un poder de decisión que constituye una prerrogativa de poder público; que la decisión recurrida del 4 de abril de 1949, en aplicación de la misión antes referida, por la Federación Nacional de fábricas de aceites metropolitanos medianas y artesanales, para fijar el inventario de aceite que corresponde a la sociedad industrial, comercial y agrícola de Marle, presente en consecuencia, el carácter de un acto administrativo."

80 En dicho caso el Consejo de Estado declaró formalmente, luego de admitir la naturaleza privada del régimen a que estaban sometidos dichos organismos, aún cuando no de la propia naturaleza de éste, que "el legislador les había encargado la ejecución de un servicio público concerniente a la organización y el control de la profesión agrícola y que las decisiones que estos organismos dictaban con el fin de cumplir esa misión constituyen actos administrativos".

poder hablar de actos administrativos. Así, analizan las diversas sentencias y extraen de ellas la referencia que de una u otra forman éstas hacen a la noción de servicio público. Por ejemplo, señalan que en el caso *Morand*, el Consejo de Estado indicó que las organizaciones corporativas agrícolas tenían a su cargo la gestión de un servicio público y que "las decisiones que ellas tienen que adoptar, *en cumplimiento de esa misión* -subrayan-, constituyen actos administrativos". También la sentencia *Magnier* destaca cómo grupos de defensa contra los enemigos de cultivos tenían a su cargo la gestión de un "servicio público administrativos bajo el control de la Administración".

En la sentencia *Société d'amenagement foncier et d'Etablissement Rural (SAFER)*, Consejo de Estado atribuye un carácter administrativo de un retracto ejercido por una entidad hipotecaria, idéntico al que en las mismas condiciones se le atribuye a un particular, fundamentándose para ello en que la entidad hipotecaria lo ejerce con miras a un interés general mientras que el particular lo ejerce en su propio interés.[81] Igualmente, en la sentencia esposos *Barbier*[82] relativo al acto de la sociedad anónima Air France que prohibía a las aeromozas casarse, el Tribunal de Conflictos decidió que se trataba de un acto administrativo porque el reglamento "afectaba la organización del servi-

81 En el caso el Comisario de Gobiemo señaló, el retracto legal no es en sí mismo una prerrogativa pública. Por el contrario es una institución de derecho civil de manera tal que el contencioso que nace de su ejercicio es normalmente de la competencia del orden judicial, incluso cuando es instituido en beneficio de la administración pública... "Sin embargo, concluye que en el supuesto planteado se trataba de un acto administrativo toda vez el derecho de retracto concedido al ente en cuestión sólo podía ser ejercido a diferencia del resto de las particulares, con miras a un interés general".

82 El 20 de abril de 1959 la compañía nacional de aviación Air France dictó un reglamento en el cual indicaba que el matrimonio producía la cesación de funciones para las aeromozas, las cuales debían notificarlo con mes y medio de anticipación a la compañía. Así, el 21 de noviembre de 1959, una aeromoza la Srta. Anne Marie Domergue, informó a la dirección de la compañía de su próximo matrimonio con el Sr. Barbier, empleado de la compañía en el personal de navegación comercial. La Srta. Domergue había sido contratada como aeromoza asistente, al principio de 1956 y como titular en 1959 y el 14 de diciembre de este último año fue informada que de conformidad con la reglamentación del personal de navegación dejaría de prestar servicios a la empresa a partir de su matrimonio, fijado para el 28 de diciembre, decisión que fuere confirmada el 15 de enero de 1960, luego de su matrimonio. De ese modo los esposos Barbier demandaron a la compañía el 23 de mayo siguiente por rotura abusiva del contrato, ante el Tribunal de "grand instance" de Saine, el cual al desechar la demanda subió la causa a la Corte de París, la cual condenó a Air France al pago de daños y perjuicios. Posteriormente la Compañía Air France recurrió en Casación el 7 de agosto de 1963 la cual considerando la existencia de un conflicto de competencia envió al Tribunal de Conflictos, el cual decidió que correspondía a la jurisdicción administrativa conocer la legalidad de la cláusula del reglamento concerniente al estado civil de las aeromozas porque dicha cláusula afectó a la organización del servicio público gestionado", *Revue du droit public*, 1969, p. 157.

cio público gestionado". En fin, indican que fórmulas parecidas se han utilizado en prácticamente todas las sentencias relativas al tema y que por ende el Servicio público constituye una condición necesaria y suficiente para que se pueda hablar de un acto administrativo de origen privado.

Sin embargo, hay quienes consideran que a pesar de que en algunas sentencias se hace expresa mención a la gestión de servicio público, lo que lleva al Consejo de Estado o al Tribunal de Conflictos a decidir que se trata de actos administrativos de origen privado es la existencia de prerrogativas públicas.

### *b. El ejercicio de prerrogativas públicas coma condición suficiente*

Por ejemplo, las profesores Waline,[83] Sabourin[84] y Chapus sostienen que sólo importa la existencia de prerrogativas públicas a la hora de determinar la naturaleza administrativa de un acto,[85] e indican que el Consejo de Estado ha hecho alusión en todas sus sentencias a la existencia de prerrogativas de poder público. Así, destacan que en la sentencia *Magnier,* a pesar que se recurrió a las dos nociones no existe ninguna duda que fue la idea de prerrogativa pública la única determinante, pues ésta luego de afirmar que la gestión de un servicio público les había sido otorgada a esos entes de derecho privado, el Consejo de Estado precisó que solo "en el caso" que dichos organismos utilicen las prerrogativas sus actos serían administrativos. Igualmente sostienen que dicha sentencia además indicó expresamente que el legislador les ha conferido a tales organismos diversas prerrogativas propias de los poderes públicos (monopolio en el plano local, el derecho de percibir cotizaciones de sus miembros y el poder de ejecutar de oficio ciertos trabajos en las propiedades privadas) por lo que no debería quedar duda sobre la intención del sentenciador. En lo que respecta a la sentencia *Groupenzent national d'achat des produits oleagineux* subraya Waline que la palabra servicio público ni siquiera figura y sólo se refiere a la "misión" -sin más precisión- que tiene atribuida tal federación mientras que sí se refiere específicamente "al poder de decisión" de que han sido dotados tales organismos. Por otra parte, señala el mismo Waline que en el caso de la sentencia *Capus*[86]

83 *Revue du droit public,* 1962, p. 728

84 Paul Sabourin, "Peut-on dresser le constat de déces du critère organique en droit administratif français?", *Revue du droit public,* p. 38.

85 Sin embargo, admiten, que en algunas oportunidades podría sostenerse el criterio contrario, como sería por ejemplo, el caso de la sentencia del Tribunal de Conflictos del 12 de junio de 1961, conocida como el arrêt Rolland, en la que consideró que el reglamento de jubilación de la Societé Nacional des Chemins de Fer (SNCF) era un acto privado, porque no se refería a la organización del servicio público, dichos casos, aún admitiendo tal interpretación, serían excepciones al principio general.

86 El texto de la sentencia señala expresamente que: "considerando que al editar esas disposiciones el Legislador ha querido confiar a las Sociedades de organización de la tierra y de los establecimientos rurales, aún cuando revisten una forma de derecho privado, la gestión, bajo el control de la Administración, de un verdadero Servicio

en realidad el Consejo de Estado precisó que sólo en el caso que dichos organismos dictaran actos que se impusieran a los interesados y constituyan el ejercicio de prerrogativas públicas, los mismos serían actos administrativos. En fin señalan que el Consejo de Estado ha precisado con mayor énfasis que los organismos privados en cuestión habían sido "invitados por el legislador a participar en la reglamentación económica, y se encontraban investidos de un poder de decisión que constituye una prerrogativa propia de la potestad publica".[87]

Por ello, quienes se pronuncian sobre la importancia del ejercicio de una potestad pública como determinante para decir que un acto de origen privado es administrativo, afirman que aún cuando las primeras sentencias que admitieron los actos administrativos de origen privado no señalaron expresamente que se trataba de actos dictados en utilización de prerrogativas públicas atribuidas para la prestación de un servicio público, ello era la intención del Consejo de Estado,[88] quien no hubiera podido

---

Público administrativo; que en el caso que dichas sociedades toman decisiones *unilaterales individuales que se* imponen a las *interesados y que constituyen el uso de* prerrogativas de potencia pública que le son conferidas por la Ley, esas decisiones presentan el carácter de actos administrativos".

87 T.C. 8 de diciembre de 1969 (SAFER), *op. cit.*

88 Señala la doctrina: "¿Por qué razón el Consejo de Estado reconoce a los actos dictados en ejecución de un servicio público un carácter administrativo mientras que niega tal carácter a aquellos actos relativos al funcionamiento interno del ente en cuestión? Como lo señala Louis-Jean de Corail, y coma resulta del análisis efectuado anteriormente, es menos porque esas instituciones gestionan un servicio público que porque ellas lo gestionan mediante procedimientos exorbitantes de derecho común. ¿Acaso se encuentran indicios precisos en ese sentido en la sentencia Morand? Una respuesta afirmativa se impone. El Consejo de Estado fundamenta su afirmación (según la cual las decisiones tomadas por organizaciones en el cumplimiento de su misión de servicio público constituyen actos administrativos) sobre el hecho que el legislador los ha dotado de un '*poder de establecer reglamentos obligatorios para todo profesional sindicado o no*'. No podría indicarse mejor el carácter exorbitante del derecho común, el carácter de potestad pública de ese poder de decisión unilateral. Si uno vincula las dos partes de la sentencia Morand, un monumento separadas en virtud del análisis, resulta que el Consejo de estado distingue en el seno de los actos unilaterales de las personas privadas aquellos que se refieren a su funcionamiento interno de aquellos que comportan en el cumplimiento de una misión de servicio público el ejercicio de una potestad pública.(...) En los términos de la sentencia Magnier, relativa a una agrupación de defensa contra los enemigos de los cultivos, organismos que el Consejo de Estado asigna naturaleza privada, *en el caso en que esos organismos dictan decisiones unilaterales individuales que se imponen a los propietarios y a los usuarios interesados, éstas presentan el carácter de administrativos.* (...) (*Cfr.* Jean Paul Negrin, "L'intervention des personnes morales de droit privé dans l'action administrative", *op. cit.*, p. 159, y, Louis-Jean de Corail, "La crise de la notion juridique de service public en droit administratif français", *op. cit.*, pp. 183 y 184).

de lo contrario negar el carácter administrativo de los actos dictados por esos mismos organismos cuando estos se refieren a su funcionamiento interno. Por ello, para estos autores poco importa la gestión de un servicio público, pues considera como criterio necesario y suficiente el ejercicio por parte del organismo privado de prerrogativas públicas para que el acto sea administrativo.

## B. El falso dilema

No obstante, son varios los argumentos que se han diseñado contra la tesis de los profesores Waline, Sabourin y Chapus que sostienen que las prerrogativas públicas constituyen una condición necesaria y suficiente para la existencia de actos administrativos de origen privado.

En primer lugar, la posición de Waline se fundamenta en un análisis literal de la sentencia del Consejo de Estado del 6 de octubre de 1961, *Fédération national des huileries y Groupement national des produits aléagineux* en las cuales los términos prerrogativas públicas figuran expresamente y no así el término servicio público. Sin embargo, resulta difícil darle tanta importancia a un análisis literal de las sentencias sin caer en contradicciones con sentencias posteriores que admiten el carácter administrativo de un acto de origen privado citando exclusivamente como base a la noción de servicio publico, como hizo la sentencia del 30 de marzo de 1962 precitada, *Asociación de la Meunerie* o la sentencia *Barbier*. En ellas el hecho que el Consejo de Estado no haya utilizado la palabra prerrogativa pública no impide reconocer que los actos en cuestión sean el producto de dichas prerrogativas. Igualmente, el hecho que algunas sentencias no mencionen la palabra servicio público no significa que la actividad que realiza el respectivo órgano autor del acto no tenga tal carácter. Además, si nos limitáramos a la interpretación literal ¿Cómo justificar que en sentencias como *Agence maritime Marseille-Fret*[89] no hagan referencia ni a la noción de servicio público ni a la noción de prerrogativas públicas, para catalogar el acto de origen privado como administrativo? ¿Acaso tal omisión es suficiente para desvirtuar la realidad, esto es, que el acto cuestionado era un reglamento dictado en la ejecución de un servicio público de policía administrativa, (reglamentación de la profesión de armadores) en ejercicio de prerrogativas públicas?; ¿Acaso el hecho que las sentencias sobre federaciones deportivas[90] no se refieran a la noción de servicio público, significa que éstas no tengan tal misión, cuando sabemos que dadas sus funciones asignadas por disposición legislativa éstas federaciones son gestoras de un servicio público[91] o porque, no se refieran a sus prerro-

89 C.E. 27 de noviembre de 1970, Agence maritime Marseille-Fret, *R.D.P.*, 1971, p. 991.

90 Jean-Michel Huon de Kermadec, *op. cit.* El autor sin embargo pareciera considerar que no todas las actividades realizadas por las federaciones deportivas constituyen servicio público y que a su juicio la mayoría de las decisiones que se pueden catalogar como administrativas sólo pueden serlo acudiendo al recurso de prerrogativas públicas. Sin embargo, la ley del 16 de julio de 1984, afirma expresamente que las federaciones autorizadas "participan a la ejecución de un servicio público".

91 C.E. 28 de junio de 1963, Narcy, *Revue du droit public* 1963, p. 1186, note Waline.

gativas públicas no se trate precisamente del examen de su ejercicio?[92] Por otra parte, coma justificar una interpretación literal cuando el propio Waline acepta la concurrencia de ambas nociones en el texto de las sentencias *Magnier*, y en otras como *Fédération des industries françaises d'articles de sport y Pingeo.*[93]

En consecuencia, el análisis literal de las sentencias puede y debe ser un punto de partida pero es insuficiente frente a las distintas redacciones que con un mismo objetivo utiliza el juez contencioso.

En segundo lugar, puede citarse la opinión del profesor Venezia[94] para quien el juez administrativo no es competente para conocer de un acto de origen privado sino en la medida en que el ejercicio de prerrogativas públicas concierna la ejecución de un servicio público administrativo; y las conclusiones de varios comisarios de gobiernos, como por ejemplo el comisario Fournier quien en el arrêt Magnier señaló: "Para que la jurisdicción administrativa sea competente, es necesario ... que el acto recurrido concierna a la ejecución de un servicio público administrativo. Pero es necesario también que sea un acto de autoridad, que sea una manifestación de las prerrogativas de potencia pública conferida al organismo en causa"; y las conclusiones de comisario Bertrand en el caso Capus quien indico igualmente que "la competencia del la jurisdicción administrativa es hoy determinada por la vinculación del litigio a una actividad de servicio público ejercida según las reglas de derecho público.... Una actividad que presente un carácter de servicio público pues es ejercida con un fin de interés general, bajo el control de la Administración y en uso de prerrogativas públicas".

En fin, en opinión de Moderne: "... el punto de unión de estos dos criterios se halla en el espíritu del juez y que, por tanto, es vano el intentar disociarlos para justificar las tomas de posturas jurisprudenciales", que "Cuando personas privadas quedan habilitadas para gestionar un servicio público administrativo es normal (y a veces

---

92 C.E. 22 de noviembre de 1974, F.I.F.A.S, *Revue du droit public,*1975, p. 1109.

93 Es interesante destacar que en el caso de las federaciones deportivas existe una abundante jurisprudencia y doctrina de la cual se desprenden interesantes casos y muy ilustrativos sobre la complejidad de la materia. Así por ejemplo, las decisiones relativas al aspecto financiero o comercial de estas federaciones no se les clasifica como administrativas aún cuando sean idénticas a aquellas que si lo son por ser tomadas con un fin que involucra el aspecto gremial deportivo. Tal es el caso de la prohibición hecha a un atleta de participar en una competencia cuyo único fin es de promoción comercial que no tienen el carácter administrativo que tendría si la competencia constituyese un verdadero evento deportivo, o la orden de retirar una publicidad de la cancha central durante la final de una competencia de tenis, o la orden al equipo de football de usar una determinada bandera (comercial) durante la copa de Francia. *(Cfr.* J-M. Huon de Kermadec, "Le contrôle de la légalité des décisions des fédérations sportives ayant le caractére d'acte administratif, *op. cit.,* p. 424.

94 Jean-Claude Venezia, "Puissance publique, puissance privéeu, *Mélanges Eisenmann, op. cit.,* p. 364.

necesario) el atribuirles prerrogativas de potestad pública, sin las cuales estos entes privados no podrían asegurar el predominio del interés general sobre los intereses particulares",[95] y que el hecho que algunas sentencias hagan referencia únicamente de las prerrogativas que ejerce el ente en cuestión, no significa que la actividad que éste realizaba no fuere, como efectivamente lo era, un servicio público administrativo[96] y a la inversa, el que la sentencia se refiera solamente al servicio público gestionado por el particular no quiere decir que el acto en cuestión no se haya dictado ejercicio de una prerrogativa pública.

Y en tercer lugar, debe admitirse que ambas nociones se encuentran íntimamente vinculadas y son prácticamente inseparables.

En efecto, el profesor Negrin[97] en una posición admitida ampliamente hoy día, con un acertado enfoque, señala que: "para apreciar el papel exacto que juega la noción de servicio público, en sentido material, es conveniente precisar previamente las relaciones entre dicha noción con la de potestad pública. Si las dos nociones están íntimamente ligadas en el sentido que un poder de decisión constitutivo de una prerrogativa pública sólo puede ser atribuido a una persona privada si es gestora de un servicio público, existiría un falso dilema, pues aún cuando el Consejo de Estado sólo hubiese hecho mención al de prerrogativa pública la noción de servicio público estaría implícita. En este caso, la noción de servicio público sería necesaria pero no suficiente. Si por el contrario admitimos que un poder de decisión unilateral constitutivo de una prerrogativa pública puede atribuirse a una persona privada que no sea gestora de un servicio público, el problema retoma todo su sentido". Pues bien, para el citado autor,

---

95 Frank Moderne, "Decadencia del punto de vista orgánico en la definición del acto administrativo en derecho francés: los actos administrativos de origen privado", publicado en la *Revista Española de Derecho Administrativo,* número 4, Ediciones Civitas S.A., Madrid, Enero-Marzo de 1975.

96 En efecto, si se analiza cada una de las respectivas sentencias en las cuales no se hace expresa mención al servicio público gestionado podrá apreciarse que efectivamente se trata de un servicio público administrativo. Así, en las sentencias *Federation nationale des huileries y Groupment national d'achats des produits oléagineux,* antes citadas, del 6 de octubre de 1961, podremos apreciar que ambos organismos realizan una actividad de policía administrativa, ésto es de reglamentación de la respectiva actividad económica, lo cual no es más que la gestión de un servicio público tal y coma lo indica André de Laubadère: "por su carácter de interés general, la policía administrativa constituye -ella misma- un servicio público" (*Cfr.* Jean-François Lauchaume, *op. cit.,* p. 105). En el mismo sentido, los Colegios profesionales que tienen, particularmente, la función de reglamentar el ejercicio de las profesiones y velar por el cumplimiento de tal reglamentación (arrêt Bougen) o de las federaciones deportivas (arrêt FIFAS C.E. Sect. 22 de noviembre de 1974; Jean-Michel Huon de Kermadec, "Le contrôle de la légalité des décisions des fédérations sportives ayant le carácter d'acte administratif", *Revue du droit public,* p. 411.

97 Jean Paul Negrin, *op. cit.,* p. 163.

las facultades de dictar actos unilaterales o reglamentarios no puede otorgarse sino a personas gestoras de un servicio público pues lo contrario no sería conforme a la propia filosofía política que sostiene el sistema administrativo francés. Por ello afirma que si existe una relación íntima entre gestión de un servicio público y la atribución de un poder de tomar decisiones unilaterales, en el sentido que toda persona privada en ejercicio de tales facultades gestiona un servicio público y por ello la discusión resulta inútil.[98] Además señala coma altamente significativo que en algunos casos el Consejo de Estado haga referencia a la misión de servicio público y no lo haga en otros. Sin embargo, aclara que si bien toda persona con tales prerrogativas públicos gestiona un servicio público a la inversa no toda persona que gestiona un servicio público ejerce tales prerrogativas:[99] Recordemos la decisión del Consejo de Estado del 23 de junio de 1965, *Seta,* en la cual tratándose de un acto del fondo de pensiones de médicos franceses,

98 Vale la pena no obstante, destacar que las consideraciones del profesor Delvolvé quien hace una distinción entre actos reglamentarios y actos individuales, considerando que para asignar la naturaleza administrativa de los primeros basta que sean relativos a la organización o a la ejecución del servicio sin que sea necesario preguntarse si son dictados en ejercicio de una prerrogativa pública. Por el contrario, -afirma- que los actos individuales si requieren cumplir ambas condiciones (ejercicio de una potestad pública durante la prestación de un servicio público) para que les pueda ser asignado la naturaleza administrativa y su conocimiento a los tribunales contencioso administrativo. (*Cfr.* P. Delvolvé, *L'acte administratif,* Sirey, 1983, pp. 51 y ss). Sin embargo, tal distinción perdería sentido práctico y cierta validez jurídica si consideramos que la potestad reglamentaria es precisamente una potestad o prerrogativa pública.

99 En contra puede verse Jean-Baptiste Geffroy, "Service public et prérrogatives de puissance publique", *Revue du droit public,* 1987. p. 63, quien señala que: "desde un punto de vista de feudo del derecho, un servicio público sin prerrogativas públicas pierde toda significación y se encuentra reducido al estado de ectoplasm.a. Jurídicamente y prácticamente, dejaría de tener consistencia alguna". Por su parte Odent, expresa que si "uno no puede hablar de servicio público que si ciertas prerrogativas de potencia pública han sido acordadas a los agentes que gestionan o ejecutan el servicio de interés general", si es posible de distinguir el organismo encargado de ejecutar el mismo y bajo su responsabilidad el servicio (en cuyo caso él estaría dotado de prerrogativas) del organismo que solamente "participa" en la ejecución del servicio público y el cual no tienen necesidad de ser controlado ni de disponer de sus prerrogativas. (*Cfr.* R. Oden, *Contentieux administratif,* 1981, p. 488. Igualmente Truchet, *op. cit.,* p. 433, se pregunta para rechazar la disociación entre servicio público y prerrogativas públicas: ¿Para qué ejercer un servicio público si no se dispone de prerrogativas públicas? ¿Qué significado tendría tal servicio?. Sin embargo, la sentencia *Bernardi* resta todo valor a tal posición pues en ella el Tribunal del Conflictos dejó claro que el establecimiento privado en cuestión había recibido "una misión de servicio público que no le confiere ninguna prerrogativa de potencia pública" (T.C. 6 de noviembre de 1978, Rec. p. 653 y *A.J.D.A.* Enero 1979, Chron. p. 22).

persona jurídica de derecho privado, se decidió que no tenía naturaleza administrativa porque no se trataba del ejercicio, en el contexto de una misión de servicio público, de prorrogativas de potencia pública.[100]

Así, y en vista de tan importantes críticas el propio profesor Waline en sus notas sobre una sentencia mas reciente, *Fédérations des industries français d'articles de sport,* antes citada, ratificó expresamente que: "los lectores de esta revista saben que hasta la fecha he militado en favor del criterio de la exclusividad del ejercicio de una prerrogativa pública. Me vi en ese sentido estimulado por la redacción de algunas sentencias, tal como aquélla de la Fédération des huileries métropolitaines, precitada. En segundo lugar, el artículo 32 de la ordenanza del 31 de julio de 1945, que se refiere a actos de las *diversas autoridades* administrativas, la palabra autoridad evoca ella misma la idea de potencia (pública). En tercer lugar, el concepto de servicio público a pesar de los esfuerzos del presidente Latournerie, continúa siendo demasiado vago y objeto de controversias; mientras que el Estado con el monopolio de la fuerza pública y de la autoridad pública, hace simple identificar los actos que sólo la potencia pública o sus delegados pueden cumplir. Posiblemente esa posición debe ser hoy superada, y podemos incluso preguntar si la alternativa *servicio público (no industrial ni comercial) potencia pública* para la determinación de actos recurribles ante la jurisdicción administrativa, es un falso problema, y si tales actos responden simultáneamente a las dos condiciones, de dictarse en (o por) la ejecución de un servicio público o de una misión de servicio público y de utilizar una prerrogativa de potencia pública. (...) Podemos entonces decir que -con exclusión de los contratos- no existe servicio público que de lugar a actos administrativos, que sea asumido sin prerrogativas públicas, más o menos importantes o numerosas, que supongan el ejercicio, directo o por delegación, de la potencia pública. (...) ¿Podemos imaginar que una autoridad pública delegue cierta parcela de sus prerrogativas a personas privadas, con un fin distinto a aquél de permitir la gestión de un servicio público...? A priori, eso parece inverosímil. (...) De modo que en definitiva, el problema de saber si es necesario limitarse para determinar la competencia de la jurisdicción administrativa a la idea de servicio público más que a la idea de potencia pública (o a la inversa) puede ser un falso problema, siendo que cada una de dichas nociones no puede encontrarse sin la existencia de la otra. Y así se extinguiría una controversia que ha hecho correr mucha tinta".[101]

Debe concluirse, entonces, que el autor de un acto administrativo de origen privado en Francia inexorablemente será un gestor de un servicio público en ejercicio de las prerrogativas públicas que como tal le ha sido conferidas.

---

100 *Revue du droit public,* 1966, p. 343. En la sentencia se señala expresamente lo siguiente: "Considerando que el Fondo autónomo de retiro es una persona de derecho privado, que ella no actuó, al tomar la decisión atacada, por la cuenta de una colectividad pública y no ha hecho uso de prerrogativas de potencia pública, que por consecuencia la decisión no constituye un acto administrativo susceptible de ser atacada ante el juez por exceso de poder..."

101 *Revue du droit public,* 1974, pp. 1118-1119.

## II. LA IDENTIFICACIÓN DEL SERVICIO PÚBLICO Y DE LAS PRERROGATIVAS PÚBLICAS COMO CONDICIONES EXISTENCIALES DE LOS ACTOS ADMINISTRATIVOS DE ORIGEN PRIVADO EN EL DERECHO ADMINISTRATIVO CLÁSICO

Las condiciones existenciales de los actos administrativos de origen privado hemos podido comprobar que se traducen en la presencia de las nociones de servicio público y de prerrogativa pública o poder de mando y que ambas son tanto necesarias como concurrentes. Incluso ha quedado claramente establecido que el derecho administrativo clásico ha tratado una doctrina particular sobre las actos administrativos de origen privado.

En consecuencia, si en Francia para determinar si un acto de origen privado es un acto administrativo se deben analizar las nociones de servicio público y de prerrogativa pública, es forzoso admitir que a los efectos del mejor entendimiento de la materia resulta preferible limitarse al análisis de las nociones clásicas, depuradas de todo proceso de adaptación a sistemas, jurídicos distintos al de su origen. Tal posición ha sido considerada como la más conveniente a los fines de esta investigación y por ello se presenta el análisis como exclusivo al derecho administrativo francés.

### 1. LA PROBLEMÁTICA DEFINITORIA DEL SERVICIO PÚBLICO

Habiendo llegado a la conclusión de que el Servicio Público constituye una importante condición para poder calificar de administrativo a un acto de origen privado deberíamos conocer su definición o al menos saber como identificar su presencia.

Sin embargo, la definición del servicio público constituye una labor que históricamente ha encontrado importantes obstáculos, siendo hoy mucho más sencillo limitarse a la identificación de esta importante noción, muchas veces calificada de simple etiqueta,[102] es decir, a conocer de la forma como el juez de un modo un tanto aleatorio[103] logra descubrir que existe un servicio público.

Además, es necesario conocer el alcance que a esta noción tiene en Francia a fin de que podamos luego distinguir el significado que en otros sistemas jurídicos se le ha querido dar, en especial en Italia yen Venezuela.

---

102 Didier Truchet, "Label de service public et statut du servicie public", *Actualité Juridique Droit Administratif (A.J.D.A.)* 1982, p. 427. El primero en catalogar · al servicio público como una simple etiqueta fue Marcel Waline en la *Revue du droit public,* 1956, p. 1062 en su nota sobre la sentencia Consorte Grimouard al señalar que el mismo constituía: "una etiqueta colocada por el juez en base a un proceso empírico de espíritu malvado, que podría calificarse de impresionismo jurídico, en la búsqueda de lo que es servicio público y de lo que no lo es".

103 S. Regourd, "Le Service public et la doctrine: Pour un plaidoyer dans le procés en cours", *Revue du droit public* 1987, p. 9. El autor admitiendo la dificultad actual o imposibilidad de definir lo que ha de entenderse por servicio público, considera –a diferencia de Truchet– que el Servicio Público constituyó una noción sólida y definida en sus orígenes pero que por distintas razones fue degenerando hasta convertirse en una simple etiqueta.

## A. Definición del servicio público

### *a. Obstáculos para definir el servicio público*

Explica el profesor Truchet[104] que la razón por la cual ha sido imposible definir el Servicio Público no se debe a una falta de esfuerzo de la doctrina o de la jurisprudencia sino a razones históricas, metodológicas y propias de la evolución de la organización administrativa.

Históricamente, el propio origen y creación del derecho administrativo lo justifican: al presentarlo como la "piedra angular del derecho administrativo", la doctrina se ha ocupado más de la búsqueda de su régimen jurídico que la de su definición[105] y tanto la legislación como el poder reglamentario han dejado en manos del juez la determinación de la naturaleza de las actividades objeto de regulación, y éste, dada la propia naturaleza de sus funciones, no ha podido hacerlo que de manera absolutamente empírica.

En efecto, desde el punto de vista metodológico no es difícil verificar que el Juez sólo utiliza la noción en cuestión como una etapa de su razonamiento jurídico para llegar a una determinada solución, sea ésta en materia de competencia, para la aplicación de un determinado régimen jurídico, para la calificación de un acto, etc., y para lo cual nunca ha tenido que proceder a elaborar una definición.

Además, existiendo tantas y variadas actividades ejercidas por la Adrninistración y desarrollándose amplia y aceleradamente nuevos modos de gestión, las definiciones parecen perder vigencia con el propio desarrollo de la administración o resultar limitantes a la propia evolución del derecho. Es quizás por esto último que un reputado autor francés señalaba que "no era la modestia sino la sabiduría la que nos llevaba a abstenernos de definir el servicio público"[106] y lo que llevó al maestro Jèze a decir que "no era servicio público sino aquello que el legislador califica coma tal".[107]

---

104 *Ibidem*, p. 428.

105 El propio decano Duguit definía el servicio público como toda actividad cuyo cumplimiento debe ser asegurado, reglado y controlado por los gobernantes porque el cumplimiento de tal actividad es indispensable a la realización y al desarrollo de la interdependencia social y que ella es de tal naturaleza que no puede ser realizada completamente que por la intervención de la fuerza gobernante. Esta definición fue criticada por su discípulo Jèze no sólo por vaga e inúil para el juez, sino también porque confundía el punto de vista sociológico con el punto de vista de técnica jurídica. (*Cfr.* Louis-Jean de Corail, "La crise de la notion juridique de service public en droit administratif français", These, L.G.D.L 1954, p. 12).

106 P. Nicolay, *Cours de droit administratif*, Ecole de Ponts et chaussées, Ed. Evrolles, 1976, citado por Didier Truchet, *op. cit.*, p. 428, nota N° 15.

107 No resulta extraña así la concepción de la ciencia administrativa del servicio público como un mito que legítima la acción pública, es decir, que es un concepto utilizado por los gobiernos para legitimar sus acciones frente a los gobernados y justificar la

### *b. Implicaciones de la definición de servicio público*

Ahora bien, definir la noción de servicio público no es sólo una tarea difícil sino además altamente delicada. Ello porque decir que una actividad constituye un servicio público significa decir que la Administración tiene la facultad de aplicar a la misma las procedimientos de derecho público y las reglas y las teorías jurídicas especiales,[108] al punto que se hable de un "régimen de servicio público" distinto y exorbitante al derecho común,[109] el cual se aplica a todos los servicios públicos independientemente de su naturaleza administrativa o industrial y comercial,[110] de sus

---

intervención del Estado y la aplicación del derecho, dándole a este último una apariencia de neutralidad, por una parte, y por la otra como una noción íntimamente ligada a la evolución de la concepción y el rol del Estado en la sociedad que por sí sola demuestra el carácter político del derecho. *Cfr.* L. Nizard, "A propos de la notion de service public: mythes étatiques et representations sociales", *Mélanges Eisenmann,* Cujas 1977.

108 G. Jèze, "Les principes générau du droit administratif", Giard, Tome 2, 3ème édition, 1930, pp. 10 y ss.; Louis-Jean de Corail, "L'identification du service public das la jurisprudence administrative", *Mélanges Georges Burdeau,* p. 788; Truche, Didier, *op. cit.,* p. 433; André de Laubadère, "Traite de droit administratif", Tome 1, 9ème edition par Jean-Claude Venezia-Yves Gaudemet, L.G.D.J., 1984, p. 650.

109 Truchet, Didier, *op. cit.,* p. 433.

110 En Francia se distingue entre los servicios públicos administrativos y los servicios públicos industriales y comerciales, los cuales inicialmente (en el siglo XIX) se identificaban según fueren gestionados por el Estado o por los particulares, siendo los primeros sometidos a un régimen preponderante de derecho público y los segundos a un régimen preponderante de derecho privado. Sin embargo, desde inicios del siglo XX la situación varió sustancialmente resultante servicios públicos administrativos gestionados por particulares y servicios públicos industriales gestionados directamente por el Estado (en régie) e incluso, como es el caso de las colectividades territoriales, gestionan tanto unos como otros, por lo cual el criterio orgánico de distinción, en sentido estricto, perdió todo sentido creándose la necesidad de que el Consejo de Estado acudiera a otros criterios de distinción. Así, en la sentencia Union syndicales des industries aéronautiques (C.E. Ass. 16 de noviembre de 1956. *Rec.* 434), consideró que para determinar la categoría de servicio público frente al cual se encontraba, habría que analizar en primer lugar el objeto del servicio, esto es, si las operaciones por las cuales se concreta el servicio son de aquellas que podrían ser ejecutadas por una empresa privada (sin que tal análisis sea del todo objetivo, pues en algunos casos dependerá de la consideración subjetiva del juez, como por ejemplo el determinar si la explotación de un teatro constituye un servicio administrativo -C.E. Sect 26 de enero de 1968. Dmme Marón- o de consideraciones externas como ocurre con las actividades relacionadas a obras públicas o de policía administrativa, las cuales son consideradas normalmente como administrativas), el origen de sus recursos, es decir, si su financiamiento deriva de algún tipo de impuesto, cubiertos por el presupuesto

modos de gestión,[111] público o privado, de la situación jurídica de su personal e incluso la de sus usuarios,[112] y que se suman al conjunto de reglas de la más variada índole y naturaleza que puedan ser aplicables a determinados servicios públicos.

Tal régimen especial o estatuto de servicio público, no constituye una idea nueva, y a pesar de algunos ensayos anteriores[113] se debe a Louis Rolland la célebre formulación de las leyes del servicio público: "Lo que debe destacarse es que todos los servicios públicos en Francia se encuentran sometidos a un mínimo de reglas de conducta, de leyes a las cuales escapan las empresas privadas (...). Esas reglas generales de conducta, de leyes, aplicables siempre y necesariamente a los servicios públicos, son pocos numerosas, y tienen un numero de tres: la ley de la continuidad, la ley de la mutabilidad y la ley de igualdad".

Sin embargo, hoy día dichas normas han crecido sensiblemente, en cantidad y en jerarquía, gracias a la convergencia del legislador, del poder reglamentario y del juez que han tenido como pretexto o justificación la idea del interés público y el desarrollo de nuevos y variados servicios públicos.[114]

---

público, o por el contrario derivan de algún pago por el usuario a cambio del servicio prestado; y por último de la forma en que funcionan, o en otras palabras, si funciona con pérdidas, en forma gratuita o si disfruta de un monopolio legal o funciona en condiciones de mercado.

111 Los servicios públicos pueden ser gestionados de distinta manera (regie intéressée, raffermage, etc.), según discrecionalmente lo decida la Administración, sin embargo, las dos formas principales de gestión de un servicio público es la denominada "régie" y la concesión. En el primer caso, el servicio público es gestionado directamente por la colectividad territorial respectiva, con sus propios medios, aunque gocen de presupuesto separado, en cuyo caso se habla de "regie indirecto". En el segundo caso el servicio público es confiado contractualmente por un tiempo determinado a una persona, sea ésta pública o privada, libremente escogida, la cual explotará el servicio normalmente a su propio riesgo, teniendo como contraprestación o ingreso, solamente aquél que derive del pago que hagan los usuarios del servicio.

112 Didier Truchet, *op. cit.*, p. 433.

113 El propio Gastón Jèze ya hablaba en 1930 del "régimen especial de servicio público" aún cuando sólo los principios de la continuidad y la mutabilidad del servicio podían desprenderse de sus consideraciones (*Cfr.* G. Jèze, *op. cit.*, pp. 10 y ss.). Dicho régimen común a todos los servicios públicos comenzó a ser buscado por la doctrina con más preocupación con la aparición de los servicios públicos Industriales y comerciales (*Cfr.* C. Chavanon, "Essai sur la notion et le régime juridique du service public industrial et commercial, París, Sirey, 1939. pp. 116 y ss.) y con la aparición de servicios a gestión privada.

114 El profesor Truchet, *op. cit.*, explica que el desarrollo de tales reglas ha sufrido avances y retrocesos, así reglas que inicialmente se consideraron aplicables a todos los servicios públicos luego fueron vistas coma inaplicables a ciertos servicios públicos, coma seria el principio de la gratuidad, o excesivamente limitantes coma sería la prohibición a los agentes públicos de tener más de un cargo público.

Así, podríamos señalar que junto las leyes de la igualdad,[115] la continuidad,[116]

---

115 Según dicha "Ley" (en realidad un principio general del derecho a valor constitucional según la sentencia del Consejo Constitucional del 27 de diciembre de 1973, "Les grandes décisions du conseil constitutionnel, Louis Favoreu y Loic Philip, 4ème edition, *Sirey* 1986, p. 271) significa que el servicio debe ser prestado de la misma manera a todos aquellos que se encuentren en las mismas condiciones frente al servicio salvo que existan circunstancias de interés general o particularidades del servicio que justifiquen la discriminación. Dicho principio tienen múltiples consecuencias, en primer lugar, comporta la igualdad de las ciudadanos para el acceso a los cargos públicos y la igualdad de tratamiento a las funcionarios del mismo "cuerpo" es decir, de la misma categoría; la igualdad de tratamiento de los usuarios, lo cual impide el cobro de tarifas distintas por la prestación del mismo servicio. Dicho principio ha sido reconocido por la jurisprudencia no sólo en lo que respecta a los servicios públicos administrativos (C.E. 9 de marzo de 1951, Societé des concerts du Conservatoire, Droit SociaI 1951, p. 368) sino también en lo que respecta a los servicios públicos industriales y comerciales (C.E. 1° de abril de 1938, Societé L'Alcool dénaturé, *Revue du droit public,* 1938, 487) *(Cfr.* J. Carbajo, "Remarques sur l'intérét général et l'egalité des usagers devant le service public" A.J. 1981, p. 176; P. Delvolve, "Le principe d'egalité devant les charges publiques" L.G.D.J., 1969; A. de Laubadère, "Commentaire de la Loi de 12 juillet 1979", *Actualité Juridique* 1979, N° 9, p. 38; F. Lauchaire, "Un janus constitutionnel: l'égalité" *Revue du droit public,* 1986. p. 1229; Ch. Leben, "Le Conseil Constitutionnel et le principe d'egalité devant la loi" *Revue du droit public,* 1982. p. 285.).

116 Según dicho principio (también de valor constitucional según la sentencia del Consejo Constitucional del 25 de julio de 1979, publicada en "Les grandes décisions du conseil constitutionnel", *op. cit.,* p. 421), uno de las más importantes del régimen especial, y origen de grandes controversias dadas sus implicaciones sobre el derecho a la huelga, consiste en que por razones propias al interés general, el servicio, mientras no sea suprimido, no puede dejar de funcionar. Su principal consecuencia en materia del huelga fue puesta en evidencia en la citada decisión del Consejo Constitucional en la cual señaló expresamente: "Considerando que en los términos del preámbulo de la Constitución del 27 de octubre de 1946, confirmada por aquél de la Constitución del 4 de octubre de 1958, el derecho a la huelga se ejerce en el marco de las disposiciones legales y reglamentarias; que al dictarse tal disposición las constituyentes quisieron destacar que el derecho a la huelga es un principio de valor constitucional, pero que existen limites para cuya creación se habilitó al legislador, quien atenderá a la conciliación necesaria entre los intereses profesionales, para los cuales la huelga es un medio, y la salvaguarda del interés general a la cual la huelga no puede atentar; que netamente en lo que concierne al servicio público, el reconocimiento del derecho de huelga no puede tener como efecto obstaculizar el poder del legislador de determinar limites a tal derecho, necesarios en vista de asegurar la continuidad del servicio público, que como el derecho de huelga, tiene valor constitucional, que esas limitaciones pueden ir hasta la prohibición del derecho de huelga los funcionarios cuya presencia es indispensable para asegurar el funcionamiento de los elementos del servicio que interrumpido atentaría a las necesidades esenciales del país". Por su parte el Consejo de Estado en 1980 (C.E. Ass. 18

de adaptación o mutabilidad[117] en el derecho francés existe un nuevo número de principios coma sería, entre otros, el del mínimo control del Estado, sean por medio de la propia Administración activa, por el mediador[118] o por el tribunal contencioso administrativo, el principio de publicidad tanto de sus documentos[119] como de sus archivos,[120] de la autorización previa para los procesos computarizados de información que permite de manera directa o indirecta la identificación de los usuarios,[121] el de la motivación de todos los actos administrativos[122] y el de que todo beneficiario de servicio ejerce facultades expropiatorias sin necesidad de texto expreso.[123] Además, como diría el propio Gastón Jèze "decir que en un determinado caso existe un servicio público, es decir, que para dar satisfacción regular y continua a cierta categoría de necesidades

---

de enero de 1980, Syndicat C.F.D.T. des postes et télécomunications du HautRhin. Lebon. p. 30) "reglamentó" la forma en que debe actuar la administración para asegurar la continuidad del servicio.

117 El enunciado del principio se basta por sí mismo: adaptación o mutabilidad del servicio público a las exigencias del interés general y al desarrollo de la sociedad, siendo famoso en materia de contratos administrativos la sentencia del Consejo de Estado del 10 de enero de 1902 "Compagnie Nouvelle du Gaz de Déville-lès-Rouen", publicada en *Les grands arrêts de la jurisprudence administrative, op. cit.*, p. 39. *(Cfr.* André de Laubadère, "Du ponvoir de l'administration d'imposer unilatéralement des changements aux dispositions des contrats administratifs", *Revue du droit public,* 1954, p. 36; León Duguit, "De la situation juridique du particulier faisant usage d'un service public" *Mélanges Hauriou,* 1929, p. 236.

118 El mediador constituye un organismo derivado de la antigua institución sueca del Ombudsman, creado en 1973 y cuyos poderes fueron ampliados en 1976, es el encargado de ejercer sobre la Administración un control de tipo original, distinto al jurisdiccional, al recibir las reclamaciones de los usuarios de servicios públicos, las cuales sustancia con amplios poderes de investigación y de instrucción, y de considerar con lugar procede a efectuar recomendaciones a la administración, las cuales son publicadas anualmente por éste, con una gran influencia moral sobre la Administración y altamente consideradas por el parlamento. *(Cfr.* Y. Madiot, "Une institution nouvelle en droit français: le Mediateur", *Mélanges Stassinopoulos,* 1974, p. 543. P. Verrier, "Le Mediateur", *Revue du droit public,* 1973, p. 941).

119 El artículo 2 de la Ley N° 78-753 del 17 de julio de 1978 *(Code Administratif, op. cit.,* p. 1365) declara en su artículo 2 que "bajo reserva de las disposiciones del artículo 6, los documentos administrativos son de pleno derecho comunicables a toda persona que lo solicite, sean que emanen de las administraciones del Estado, de las colectividades territoriales, de los establecimientos públicos o de los organismos, de derecho privado, encargados de la gestión de un servicio ptiblico".

120 Artículo 3 de la Ley N° 79-18 del 3 de enero de 1979, *(Code Administratif, op. cit.,* p. 566).

121 Artículo 15 de la Ley N° 78-17 del 6 de enero de 1978 *(Code Administratif, op. cit.,* p. 1102).

122 Ley N° 79-587 del 11 de julio de 1979 *(Code Administratif, op. cit.,* p. 553).

123 C.E. 20 de diciembre de 1935, Etablissement Vezia, *Revue du droit public,* 1936, p. 119 y *Les Grands arrêts de la jurisprudence administratif, op. cit.,* p. 233.

de interés general existe un régimen jurídico especial y que este régimen puede ser en todo instante modificado por las leyes y reglamentos".[124]

### c. *Intentos definitorios*

No obstante, algunos intentos definitorios han sido realizados y ante la pregunta ¿Qué es un servicio público? la respuesta clásica ha incluido estos dos elementos:[125] Por una parte, una actividad de interés general, y por la otra, una persona "incorporada a la Administración.[126] Los autores, sin embargo, asignan distinto valor a cada una de tales condiciones. Así, para unos lo fundamental es el elemento material mientras que para otros es el elemento orgánico. La jurisprudencia pareciera darle preeminencia al elemento orgánico.

---

124 Citado por Luis Martín Rebollo, "De nuevo sobre el servicio público: Planteamientos ideológicos y funcionalidad técnica" *Revista de Administración Pública,* Núms. 100-102, Enero-Diciembre, 1983, p. 2493.

125 Descartamos aquí al igual que la mayoría doctrinaria y la posición del propio Tribunal de Conflictos (T.C 11 de julio de 1933, dame Mélinette, *Grands Arréts de la jurisprudence administrative, op. cit.,* p. 220) los servicios públicos por naturaleza y *los servicios públicos virtuales. La tesis del servicio público por naturaleza, sostiene que existen* un conjunto de actividades *del Estado que son por* esencia *servicio* público sin necesidad de cumplir condición alguna y sin necesidad de pronunciamiento de autoridad pública alguna, mientras que la tesis del servicio público virtual consiste en señalar que aquellas actividades que presentan un carácter suficientemente claro de interés general permite a la administración imponer al particular que lo gestione algunas obligaciones, sin que el legislador haya establecido tales condiciones.

126 Estimamos suficientemente superada la tesis sostenida en algún momento por la doctrina francesa según la cual sería servicio público toda actividad sometida a un régimen específico de derecho público, nacida de la interpretación de algunas sentencias del Consejo de Estado (C.E. 2 de abril de 1943, Bougen, precitada, 20 de abril de 1956, cons. Grimouard, *Revue du droit public,* 1956, p. 1058, 12 de abril de 1957 Mimouni, *Actualité Juridique,* 1957, 2, p. 272) y en particular a raíz de las propias conclusiones del comisario de gobierno David en el asunto Blanco. En efecto, a raíz de la decisión del Consejo de Estado conocida como Colonie de la Cote d'Ivore, quedó suficientemente claro que existen servicios públicos denominados industriales y comerciales, cuya explotación se realiza en las mismas condiciones que los particulares, lo cual ha sido confirmado en todas las sentencias en materia de servicios públicos industriales y comerciales y de servicios públicos sociales (Sobre el particular resulta interesante la sentencia del Consejo de Estado Etablissement Vézia, del 20 de diciembre de 1935, *Revue du droit public,* 1936, p. 119) (*Cfr.* André de Laubadère, *op. cit.,* p. 650). Sin embargo, el juez contencioso ha tenido la tendencia de utilizar como índices reveladores del servicio público la existencia de privilegios de potencia públicas o de obligaciones exhorbitantes, sobre todo en el caso de servicios públicos autónomos, y con la finalidad más que todo de comprobar "la incorporación" del organismo a la Administración (*Cfr.* Louis-Jean de Corail, *op. cit.,* pp. 800 y ss.)

Así, dando importancia al criterio material encontramos que[127] para René Chapus[128] "el Servicio público es la actividad asegurada o asumida por una persona pública en vista de un interés general"; para Vedel[129], el Servicio Público es, en principio, "una actividad de interés general desarrollada por la Admnistración";[130] para Rivero la expresión Servicio Público designa "una forma de acción administrativa en la cual una persona pública asume la satisfacción de una actividad de interés general",[131] todos siguiendo a de Laubadère quien define el servicio público como "una actividad asumida por una colectividad pública con el fin de satisfacer una necesidad de interés general".[132]

Sin embargo, para de Corail,[133] uno de los autores contemporáneos que más ha dedicado al estudio de la noción de servicio público, en particular desde la publicación de su tesis de grado en 1954: "La crise de la notion juridique de service public", considera que el servicio público se caracteriza -y por ende se identifica- más que por su aspecto material por su vinculación o "incorporación" a un ente estatal, como toda organización que "dependa" de alguna forma de una colectividad pública.

La jurisprudencia francesa consiste del problema definitorio del servicio público se limita a identificar éste en cada caso concreto, para lo cual según nos enseña el

---

127 La cita arbitraria de tales autores no pretende en modo alguno desconocer la autoría del Decano Hariou *(Cfr.* Jean Rivero, "Hauriou et l'evénement de la notion de service publique en l'evolution du droit public" *Etudes en l'honneur d'Achilles Mestre,* París, 1956, pp. 461 y ss.) en la formulación de la tesis del servicio público, ni de la labor del decano de Burdeos León Duguit *(Les trasformations du droit public,* A. Colin, París 1913; *Traité de droit constitutional,* Tome I, 1ª edición, París 1911) fundador de la escuela del Servicio Público, seguida por Jèze (Principies generaux du droit administratif, 6 vol., París 1925-36), Bonnard ("Notions générales sur les attributions et les fonctions de l'Etat et sur les services publics", *Revue du droit public,* 1925, pp. 5 y ss.) y Rolland *(Précis de droit administratif,* 11 ed., París 1957), entre otros. Sin embargo, en virtud de la evolución que ha sufrido la noción de servicio público debido al período de crisis (de Corail) o de revalorización (de Laubadère) hemos preferido la cita de autores"-contemporáneos" o cuyas definiciones incluyen tal transformación.

128 René Chapus, "Le Service Publique et la Puissance Publique", *Revue du droit public* 1968, p. 339; *Droit administratif général,* Tome 1, 4ème edition, Montchrestien, París 1988, p. 377.

129 George Vedel, *op. cit.,* p. 689.

130 Sin embargo, el profesor Vedel en su célebre artículo "Les bases constitutionnelles du droit administratif" (*Etudes et documents du Conseil d'Etat* N° 8, pp. 5 y ss.) señalaba: "Es imposible definir el servicio público por su sólo objeto so pena de ver un servicio público en toda actividad orientada a la satisfacción de una necesidad colectiva como la fabricación de pan por los panaderos".

131 Jean Rivero, *Droit administratif,* 12ème édition, Dalloz, París 1987, p. 536.

132 André de Laubadère, *Traité de droit administratif, op. cit.,* p. 645.

133 Louis-Jean de Corail, L'identification du service public dans la jurisprudence", *op. cit.,* p. 788.

profesor Jean-Louis de Corail, "en realidad el juez se fundamenta principalmente en elementos de naturaleza orgánica. Considera los servicios públicos como un conjunto complejo y coherente de elementos jurídicos materiales y humanos ordenados en vista de un fin; los identifica al establecer su incorporación a la Administración".[134] No niega sin embargo el profesor de Corail que los jueces hagan mención a la actividad del ente en cuestión, pero según él la utilidad de éste elemento para identificar el servicio público, es relativa y solo tiene importancia cuando la incorporación del ente a la Administración no se encuentra plenamente comprobada.

Ahora bien, como hemos antes señalado importantes autores parecen asignarle mayor valor al elemento material sobre el elemento orgánico. Principalmente de Laubadère para quien "el elemento esencial en la definición del servicio público es la noción de interés general, de la necesidad pública a satisfacer". Afirma de Laubadère que "el estado erige una actividad en servicio público en lugar de abandonarla a la iniciativa privada cuando estima que la necesidad pública que le corresponde sería insatisfecha o insuficientemente satisfecha por ésta. Es así la satisfacción de una necesidad de interés general, la satisfacción cuyas exigencias el Estado es siempre soberano en apreciar, que justifica y define el servicio público; es ese elemento el que distingue el servicio público de las empresas privadas de la administración".[135] Por su parte, Chapus indica que el hecho de sostener la noción funcional del servicio público no significa que la noción orgánica no exista o carezca de interés, "pero resulta que el organismo no es más que un elemento de segunda en relación a la actividad, porque el no existe que para ella, mientras que la actividad es suficiente para definir el servicio público".[136]

No obstante, tal diferencia entre las posiciones de estos autores frente a de lo que de Corail considera la posición jurisprudencial, en realidad solo existe en apariencia. En efecto, aún cuando Chapus asigna un valor secundario al elemento orgánico, sólo considera más "significativo" el elemento material (y no suficiente), y sigue siendo para él una condición necesaria que una persona pública asegure la actividad en cuestión, ya sea -agrega el autor- directamente o a través de un organismo privado que "sustituye a la persona pública quien le ha *delegado* de alguna manera la ejecución para que actúe en su nombre y por su cuenta."[137]

---

134 Louis-Jean de Corail, "La identification du service public dans la jurisprudence", *op. cit.*, p. 801.

135 André de Laubadère, *op. cit.*, p. 43.

136 René Chapus, "Le Service Public et la Puissance Publique", *op. cit.*, 239.

137 *Ibidem*, p. 240. El profesor Chapus incluso indica que "no debe sin embargo perderse de vista que una actividad no puede reconocerse por el derecho positivo como servicio público sino cuando existe, como se ha señalado, un vínculo adecuado entre ella y una persona pública,... Es bueno destacar -continua el autor- una razón de hecho, por lo demás frecuentemente destacada, que el servicio de interés público no es el monopolio de las personas públicas; el puede efectivamente ser asegurado por personas privadas, -y no solamente objetivamente, es decir, por vía de consecuencia y sin

Asimismo, Chevallier ha afirmado que "la noción de servicio público puede seguir siendo definida como una actividad de interés general, gestionada por la Administración, *o por una persona privada, que ha recibido una delegación, y que se encuentra bajo el control administrativo*".[138]

En fin, también de Laubadère considera que el servicio público puede ser asegurado por una persona pública o por una persona privada bajo el control de aquélla.[139]

De ese modo, la exigencia necesaria, de Chapus y de Chevallier, del elemento orgánico aún mediante una "delegación" por parte de la persona pública, así como el *control de la persona pública* a que se refiere de Laubadère, es prácticamente equivalente -si no idéntica- a la denominada "incorporación" que señala de Corail como exigencia jurisprudencial para la identificación de un servicio público.

Sin embargo, como señalan los propios autores citados, si bien es cierto que sin vinculación orgánica, la actividad no puede calificarse de servicio público, tal y como sería el caso de los llamados establecimientos de utilidad pública o de las empresas privadas de interés general[140] es absolutamente indispensable determinar el interés general involucrado en la actividad a fin de precisar las actividades públicas, es decir aquellas realizada directa o indirectamente por una persona pública, que no constituyen un servicio público. Así, por ejemplo, sin determinar el interés general involucrado en la actividad -no podríamos distinguir las actividades de organismos privados "incorporados" a la Administración, que no constituyen servicios públicos de aquellas que si lo son.

Podríamos entonces precisar que para que podamos hablar de un servicio público deben cumplirse dos condiciones fundamentales, y sin que sea necesario asignarles valor jerárquico entre ellas: primero, que quien gestione el servicio sea una persona pública o una persona privada "incorporada" a la Administración, y luego, que la actividad sea de interés general.

## B. Identificación del servicio público

Ahora bien, el problema aparentemente resuelto,[141] al identificar las dos condiciones que tanto doctrinal como jurisprudencialmente se han señalado como necesa-

---

haberlo querido, sino además subjetivamente, es decir, como una finalidad propia de dichas actividades (tal coma por ejemplo las obras privadas de caridad).

138 J. Chevallier, *Essai sur la notion juridique de service public,* publicación de la Facultad de Derecho de Amiens, N° 6, 1976-1977.

139 André de Laubadère, *op. cit.,* pp. 645 y 653.

140 Sobre los establecimientos de utilidad pública y las empresas privadas de interés general *Cfr.* Louis-Jean de Corail, "La notion déntreprise d'interét general et l'interventionnisme économique", *Mélanges Péquignot,* 1984, p. 143; y las conclusiones de Latournerie, sobre la sentencia del C.E. de fecha 20 de diciembre de 1935, Soc des Etablissement Vezia, *Revue du droit public,* 1936, p. 116.

141 Recordemos la lapidaria afirmación de Venezia y Gaudemet al señalar: "definir el servicio público sin más como una actividad de interés general ejercida por una persona

rias para calificar un servicio como público, presenta nuevos inconvenientes prácticos, a saber, por una parte, el de la identificación de una persona como pública o el de la verificación de la "incorporación" del ente privado a la Administración, según sea el caso, y, por la otra, el del reconocimiento de una actividad como de interés general. Es este el problema ya no de la definición del servicio público sino el de su identificación.

### *a. El elemento orgánico o la "incorporación" a la Administración*

Señala el profesar de Corail que la jurisprudencia otorga gran importancia al elemento orgánico para la identificación de un servicio público, elemento el cual se traduce en lo que el denomina la "incorporación" a la Administración.

En palabras del citado autor, la "incorporación" cuando se trata, de servicios no autónomos, la induce el hecho de que la creación (del servicio) provenga de una colectividad publica y de la afectación por ésta de bienes y de personal. Cuando se trata de servicios autónomos la incorporación supone la subordinación de una organización a una colectividad pública: hay servicio público mientras la colectividad ha participado a la creación de la organización mientras ésta ha determinado se estructura y su misión y mientras participe en su gestión".[142]

Para demostrar tal afirmación el profesor de Corail analiza las más importantes sentencias del Consejo de Estado y del Tribunal de Conflictos, así como las conclusiones del comisario de gobierno en cada caso. De esa forma comprueba como en las observaciones del comisario David en la conocida sentencia Blanco, este afirma que "el servicio de tabacos, cualquiera sea las dudas que puedan surgir, es un servicio público porque es una *"rama de la Administración"*, y como el Consejo de Estado señala en la sentencia Societé des Moulins Brestois,[143] que el comercio y las industrias organizadas por la legislación de guerra se debe analizar como un servicio de interés general que presenta en su mas alto grado el carácter de servicio público porque funciona "bajo el control y la autoridad del Estado", siendo éstas las fórmulas que en forma similar ha utilizado el comisario de gobierno Ettori, en el caso d'Herbemont[144] o el comisario Latournerie en el caso Caisse primaire Aide et Protection[145] y por el comisario Heumann en el caso Navizet.[146]

---

pública o bajo el control de una persona pública, no es acaso condenarse a no poder distinguir entre servicio público y empresas privadas de interés general". *Cfr.* André de Laubadère, *Traité élémentaire de droit administratif*, Tome I, Novena edición, N° 1294 bis.

142 Louis-Jean de Corail, "Identification du service public dans la jurisprudence", *op. cit.*, p. 802.

143 *Recueil* 1925, C.E. 29 de mayo de 1925, p. 534, Sté des Moulins Brestois.

144 C.E. 21 de junio de 1929, d'Herbemont, *Sirey*, 1930.III.20.

145 C.E. 13 de mayo de 1938, Caisse primaire Aide et Protection, *Dalloz* 1939. III. 65. En sus conclusiones el comisario de gobierno analiza la composición del organismo que comprende una estructura general y una regional, así como la composición del cuerpo funcionarial.

146 C.E. 13 de noviembre de 1959, Navizet, *Revue du droit public*, 1960, p. 1034.

Igualmente, -indica el profesor de Corail- la jurisprudencia en la época donde la noción de establecimiento público se vinculó estrechamente a la de servicio público, no dudó en fundamentar su identificación en elementos orgánicos, tal y como sucediera en la sentencia Caisse des Ecoles du VI arrondissement de París[147] en la cual se identificó al servicio público en vista del origen público (creación) del establecimiento, de la adopción de un estatuto modelo (organización) y del hecho que su gestión fuere confiada a un funcionario particular como lo son los "preceptores" (funcionamiento) y; en ese mismo sentido en las sentencias Demoiselle Pichot,[148] Ber-trandon,[149] Batín,[150] Musin,[151] Arnould,[152] Astruc,[153] Gheusi,[154] Sígalas,[155] Cié Air-Union,[156] Commune d'Huez,[157] Di Vita,[158] etc., la injerencia administrativa y la incorporación fueron elementos fundamentales.

En ese mismo sentido, pero esta vez en materia de servicios públicos gestionados por particulares, de Corail confirma que los mismos elementos orgánicos han sido tomados por la jurisprudencia administrativa. Así, en la sentencia Triller[159] se estableció que la actividad que realizaban los "contadores de compras" previstos por la ley del 6 de agosto de 1917 para que en nombre del Estado realizaran las operaciones de compras y de distribución necesarias para la reconstrucción de las regiones liberadas, participaban a la gestión de un servicio publico porque *"actúan según las reglas fijadas por los ministros competentes y bajo un estrecho control de la Administración";* en la sentencia Caisse Primaire Aide et Protection[160] los fondos de seguridad son calificados como

---

147 C.E. 22 de mayo de 1903, Caisse des Ecoles du Vie arrondisment de París, *Dalloz* 1904. III, p. 1.

148 CE. 21 de junio de 1912, Demoiselle Pichot, *Recueil* 1912, p. 712.

149 C.E. 9 de diciembre de 1932, Bertrandon, III, *Sirey,* 1933, p. 60.

150 C.E. 29 de junio de 1934, Battini, III, *Sirey* 1932, p. 85.

151 C.E, 2 de abril de 1943, Musin, *Recueil* 1943, p. 87.

152 C.E. 8 de diciembre de 1950, *Recueil,* 1950, p. 610.

153 C.E. 7 de abril de 1916, Astruc, *Revue du droit public,* 1916, p. 363. En el caso la naturaleza de servicio público fue descartada porque el control de la municipalidad se limitaba a la construcción del palacio filarmónico y no participaba en su funcionamiento.

154 C.E. 27 de julio de 1923, Gheusi, *Revue du droit public,* 1923, p. 560. En este caso la naturaleza de servicio público es reconocida principalmente porque la gestión del servicio es ejercida por un particular pero con la estrecha participación de la Administración.

155 C.E. 22 de junio de 1925, époux de Sigalas, *Sirey* 1928. III, p. 49. En dicho caso el comisario de gobierno niega la naturaleza de servicio público porque el concesionario minero no está vinculado a las tarifas máximas establecidas por la administración, permaneciendo autónomo en la explotación durante toda la duración de la misma.

156 C.E. 20 de diciembre de 1935, Cié Air Unió, *Sirey* 1928. III, p. 49.

157 C.E. 23 de enero de 1959, Commune d'Huez. *Actualité Juridique,* 1959, p. 65.

158 T.C. 4 de febrero de 1974, Di Vita, *Actualité Juridique* 1974, p. 439.

159 C.E. 7 de enero de 1927, Triller, *Revue du droit public,* 1927, p. 64.

160 CE. 13 de mayo de 1938, Caisse Primaired, Aide et Protection, *Dalloz* 1939, III, p. 63.

organismos privados asociados a un servicio público, porque *"la ley ha determinado su estructura así como el objeto de su actividad y ha previsto una intervención constante de la Administración en su funcionamiento"*. Igualmente en las propias sentencias, Monpeurt, Bouguen, Federation des Industries francaises d'articles de sport, Magnier, etc., se hace expresa mención de que el organismo o *"actúa bajo el control del Estado"* o éste tiene extrema intervención en la organización y funcionamiento del mismo.

De ese modo podría afirmarse que en términos generales tanto en lo que respecta a la identificación de una persona como pública como para resolver el problema de la identificación de la incorporación del ente privado a la Administración, tal y como lo demuestran la propia sentencia *Marana*, así como las sentencias *de Castex*,[161] *Eugene Marquis*[162] y *Narcy*,[163] la doctrina y jurisprudencia francesa acogen el conocido

---

161 CE. 21 de noviembre de1947, *Rec.* p. 433.

162 T.C. 20 de noviembre de 1961, Centre regional de lutte contre le cáncer "Eugene Marquis", *Revue du droit public*, 1962, p. 964, note Waline. Es interesante destacar que es ésta una de las sentencias utilizadas por el profesor Waline para justificar lo "inútil" de la noción de servicio público como noción base del derecho administrativo y destacar así la importancia de la noción de prerrogativas públicas.

163 C.E. 28 de junio de 1963, *Revue du droit public*, 1963, p. 1186. En efecto, la sentencia *Narcy* el Consejo de Estado, a fin de determinar si el Centro Técnico de las Industrias de Fundición, era un ente privado gestor de un servicio público y por ende si sus empleados estaban sometidos a la prohibición de cúmulo de empleos públicos, prevista por el decreto del 11 de julio de 1955, señaló: "Considerando que resulta de la instrucción que, desde su creación, el funcionamiento del Centro Técnico de las Industrias de la Fundición ha sido asegurado siempre por la mitad de las cotizaciones obligatorias (...); Considerando que (...) los ministros competentes están autorizados para crear, en toda rama de la actividad donde el interés general lo exige, establecimientos de utilidad pública llamados Centres técnicos industriales, (...); que con miras a ejecutar la misión de interés general que les ha sido confiada y de asegurar a la Administración un derecho de fiscalización sobre el cumplimiento de esa misión, el legislador ha confiado a los Centros técnicos industriales de ciertas prerrogativas de *potestad pública y las ha sometido a diversos controles de tutela;* como son en particular (...) que no pueden crearse para de actividad más que un Centro técnico industrial; que cada Centro está investido del derecho de percibir cotizaciones obligatorias; que los ministros están encargadas de la tutela de los Centros técnicos industriales, nombran los miembros de su consejo de administración y controlan su actividad por intermedio de un comisario del gobierno dotado de un derecho de veto suspensivo (...) el legislador ha considerado sin menoscabo del carácter privado del organismo, encargar a dichos Centros de la gestión de un servicio público". El profesor Chapus en su ilustre artículo "Le servicie public et la puissance publique" *(op. cit.*, p. 244, nota 12) nos advierte de no equivocarse y pensar que las sentencias concluyen directamente la existencia de un servicio público del simple análisis de los índices reveladores, pues el camino lógico comprende dos etapas: primero, se determina el vínculo entre el ente privado y el organismo público mediante el análisis de dichos índices, y luego, se ve-

sistema del análisis de los índices reveladores de publicidad, establecidos en las conocidas sentencias *Canal de Cignac,*[164] *Bricat*[165], *Société Nationale des entreprises de presse,*[166] *Navizet,*[167] *Eugene Marquis*[168] *y Chevassier,*[169] que responden a las preguntas: ¿Cómo fue creado? (es decir, si fue creado mediante Ley por un acto administrativo o bien por voluntad particular), ¿Cuál fue el fin perseguido en su creación? (si fue creado con el fin de satisfacer un interés general o un interés particular), ¿Qué tipo de injerencia tiene la Administración sobre el funcionamiento del ente? (lo que implica el régimen del nombramiento de sus miembros, de su presupuesto, de su organización interna, el control sobre el ejercicio de sus funciones que puedan tener las autoridades públicas), y en fin, ¿Qué tipo de prerrogativas goza el ente? (si goza de prerrogativas exorbitantes derecho común o está sometido a un régimen igualmente exorbitante).[170]

En consecuencia, debe concluirse que el análisis de los índices reveladores de publicidad antes referidos nos llevarán a inferir la incorporación de un ente a la Administración y así podremos luego determinar la existencia de un servicio público, aún cuando debe hacerse la salvedad de que según la doctrina, el análisis de tales índices no será necesario cuando tal incorporación o delegación se encuentre de manera expresa, ya sea porque exista un contrato de concesión del cual derive claramente el vínculo con la persona pública en nombre del cual se ejerce la actividad, o si es ejercida

---

rifica si la actividad es ejercida en vista a un interés público para concluir la existencia de un servicio público.

164 T.C. 9 de diciembre de 1899, Ass. Synd. du canal de Cignac. Grands Arrêts de la Jurisprudence administrative, p. 31. En el asunto Canal de Cignac, el Tribunal de conflictos se enfrentó a la cuestión de determinar si las "asociaciones autorizadas o forzozas previstas en la Ley del 21 de junio de 1865, constituían personas de derecho público o de derecho privado. La ley en cuestión preveía que en caso de inundaciones o cualquier situación de emergencia, los interesados deberían constituirse en sindicatos de propietarios con el fin de ejecutar trabajos de interés colectivo con para así asegurar o salvar las propiedades contra tales siniestros. Sin embargo, si alguna minoría de interesados o la mayoría de ellos, se negaban a participar en dichos sindicatos, el prefecto podría imponer la obligación forzosa a los rebeldes y constituir los sindicatos "autorizados" en el primer caso y "forzosos" en el segundo, los cuales podrían imponer contribuciones directa (impuestos) a sus miembros.

165 C.E. 20 de junio de 1919, *Recueil Dalloz,* 1922. 3. 12, note Puget.

166 Cour de Cassation 9 de julio de 1951, SNEP, *Recueil Dalloz* 1952, p. 141.

167 C.E. Sect. 13 de noviembre de 1959, Navizet, *Revue du droit public,* 1960, p. 1034, concl. C. Heumann.

168 T.C. 20 de noviembre de 1961, Centre Regional de lutte contre le cáncer "Eugene Marquis", *Revue du droit public* 1962, p. 964, note Waline.

169 C.E. 4 de abril de 1962, *Recueil Dalloz,* 1962, p. 327.

170 Sobre la complejidad para determinar la naturaleza jurídica pública de un ente *Cfr.* G. Hoffnung, "Réflections sur la nature juridique de la Commission des opérations de bourse", *Revue du droit public,* 1982, p. 1343.

por una sociedad de capital propiedad mayoritario del propio Estado, en cuyo caso la incorporación a la Administración es evidente.[171]

Sin embargo, a pesar de los esfuerzos de la doctrina y la jurisprudencia en determinar con precisión los índices reveladores de publicidad, que podríamos llamar "los índices reveladores de la incorporación" cuando se trate de determinar la gestión de un servicio público por un particular, no se ha logrado restarle el carácter subjetivo de tal labor, que obviamente quedará en manos del juez quien en su labor empírica no podrá más que señalar cuando dichos índices se han cumplido en los casos concretos que le toque decidir, dejando abierta la incertidumbre en el mundo infinito de las posibilidades.[172].

### b. *El elemento material*

Ahora bien, la cadena de problemas en la determinación de lo que debe entenderse por Servicio Público no deja de crecer pues luego de superar los obstáculos que representa la determinación de la existencia de la "incorporación" del ente a la Administración, nos encontraremos con la no menos difícil tarea de precisar lo que constituye un "interés público".

La determinación del interés público en una particular actividad también resulta sumamente complicado, toda vez el interés público no existe como oposición al interés particular sino más bien como el resultado de la suma o convergencia de éstos últimos.[173]

---

171 René Chapus, *Droit administratif general, op. cit.*, p. 378.

172 En efecto, en lo que respecta al "control" que tenga la Administración sobre el funcionamiento de la actividad y que para algunos autores es esencial, habría que preguntarse en un momento histórico donde el Estado esta en mayor o menor medida está siempre presente, ¿Qué actividad aunque no esté involucrado el interés general no es objeto de un control administrativo? Recordemos que en Francia hasta las panaderías se encuentran bajo un estricto control administrativo pues legalmente el Alcalde tiene a su cargo "el cuidado de reglamentar el cierre anual de las panaderías, ..., de manera de asegurar el aprovisionamiento a la población". Siendo así, deberíamos entonces preguntamos ¿Cuál sería el grado de control que se consideraría suficiente para calificar la actividad como "incorporada" a la Administración? o como diría Didier Truchet, ¿Cuál es la dosis de prerrogativas públicas o el control requerido para que una actividad de interés general se convierta en servicio público? Didier Truchet, "Label de service public et statut de service public", *op. cit.*, p. 428.

173 Jean Rivero, *Droit administratif, op. cit.*, p. 12; René Chapus, *Droit administratif general, op. cit.*, pp. 379 y ss. El profesor Chapus señala que "las actividades de las establecimientos públicos de enseñanza o de hospitalización, por ejemplo, sirven al interés público, pero lo sirven al satisfacer el interés propiamente privado (y a lo mejor altamnente egoísta) de los alumnos y de las pacientes. Ningún interés público se podría vincular al mantenimiento de la seguridad en las ciudades y pueblos y en las carreteras si los habitantes o viajeros no tuvieran ellos mismos el interés de que les sea brindada personalmente tal seguridad".

Por otra parte, la idea del interés público además de encontrarla en todas las actividades de los organismos públicos, pues éstos sólo actúan con miras a satisfacer tal interés, no es el monopolio exclusivo del poder público ya que innumerables actividades privadas son ejercidas con tal propósito sin que puedan catalogarse como servicio público.[174]

Ahora bien, a fin de identificar el interés público en una actividad y permitir su calificación como de servicio público, algunos autores[175] distinguen dos tipos de actividades ejercidas directa o indirectamente por personas publicas, a saber, las actividades de mayor servicio ("plus grand service") y las actividades de mayor utilidad" ("plus grand profit"). Las primeras tienden a satisfacer lo mejor posible el interés de terceros en relación con el organismo que presta la actividad, es decir, de todo o parte de los administrados. Las segundas tienden a satisfacer lo mejor posible el interés del propio organismo que presta la actividad, generalmente un mero interés financiero. Sin embargo las actividades de "mayor servicio" no excluye toda idea de utilidad o rentabilidad financiera, como sucede en el caso de servicios públicos industriales y comerciales en las cuales el organismo recibe ingresos de los usuarios en busca de una autosuficiencia económica, pero la satisfacción del interés de terceros privara sobre tal preocupación.

La jurisprudencia, salvo casos excepcionales, una vez identificada una actividad como de mayor servicio, le asigna la naturaleza de servicio público. Así, han sido reconocidas por la jurisprudencia como actividades de mayor servicio, tanto como la defensa, la organización económica, la seguridad y la enseñanza, actividades como el teatro, actividades recreativas, deportivas, de turismo, etc., ejercidas directa o indirectamente por una autoridad pública[176]. Por su parte las actividades de mayor utilidad, se reconocen como servicios públicos dependiendo de si el fin de las mismas es de manera exclusiva o principal a financiar una o varias actividades de mayor servicio, como sería el caso de las actividades de hipódromos, loterías y muy especialmente la recaudación de impuestos (no obstante, a la gestión de los bienes del dominio privado del Estado la jurisprudencia le niega el carácter de servicio público, con amplio rechazo de la doctrina[177] quedando excluidas todas aquellas actividades del Estado

---

174 André de Laubadère, *Traité de droit administratif, op. cit.*, p. 645. Para el autor lo que importa para las caracterizaciones de un servicio público es que la satisfacción de un interés general haya sido el fin de su creación: "una actividad se constituye en un servicio público desde que el poder público decide asumirla para darle satisfacción a un interés el cual se estima que sería, sin la intervención del Estado, insatisfecho, mal satisfecho o insuficientemente satisfecho.

175 Básicamente el profesor René Chapus, en su obra *Droit administratif général, op. cit.*, pp. 380 y ss., así como en su artículo "Service public et la puissance publique", *op. cit.*

176 Al respecto puede verse el acopio jurisprudencial presentado por René Chapus, *Droit Administratif Général, op. cit.*, p. 381.

177 J-M. Auby, "Contribution á l'etude du domaine privé de l'administration" *Etudes et Documents du Conseil d'Etat*, 1958, N° 12, p. 35; J-M. Auby y Roland Drago, *Traité con-*

empresario, que aunque creadas miras al fortalecimiento de la economía nacional, u otro tipo de justificación semejante, el interés financiero privará sobre cualquier otra consideración.

Sin embargo, tal distinción pareciera insuficiente para identificar el servicio público que como ha señalado algún autor,[178] sigue siendo "una noción vaga para constituir un criterio de identificación, pues no solo es altamente dependiente de circunstancias de tiempo y lugar,[179] sometida a la apreciación discrecional del juez y de las más diversas interpretaciones ideológicas. Como explica el profesor Weil: "se trata de una apreciación subjetiva que varia según la época y el estado de la costumbre. Es así como la explotación de un teatro, de un estadio, de una piscina o de un teleférico antiguamente no era considerado por el Consejo de Estado como un servicio público mientras que si lo es hoy en razón de la importancia que se le reconoce a las artes, al deporte y a las actividades recreacionales en nuestros días. El resultado de esa graduación en la importancia de los fines perseguidos es a veces desapercibida: El Consejo de Estado reconocía el carácter de servicio público al lanzamiento de unos fuegos artificiales en una fiesta comunal pero le negara tal carácter a la organización de una carrera de caballos efectuada en la misma ocasión; la explotación de las recursos hidráulicos es reconocida como un servicio público mientras que no lo es la explotación de los recursos mineros o petroleros; el carácter de servicio público es reconocido a algunas competencias deportivas organizadas por las federaciones deportivas sin que sean reconocidas sin embargo como servicio público las competencias deportivas en su totalidad; y si la mayoría de las organismos de dirección de la economía son vistos como ejecutores de una misión de servicio público, otros como los organismos profesionales son vistas simplemente como gestores de una actividad de interés general bajo el control del Estado".[180]

Incluso, el profesor de Corail expresa que el interés público constituye un elemento secundario como elemento para identificar el servicio público, ya sea que se trate de la finalidad dada al organismo al momento de su creación que cuando ésta es vista como el objeto mismo del servicio. En el primer caso, la actividad vista como el fin particular del ente, sea éste el mejoramiento del abastecimiento del país",[181] la "reconstrucción industrial de los departamentos desbastados",[182] la alimentación de la armada y de la población civil para evitar el desperdicio y la especulación,[183] la hi-

*tentieux administratif, op. cit.*, Tome 1, N° 484; G. Vedel "Les bases constitutionnelles du droit administratif", *Etudes et Documents du Conseil d'Etat*, 1954, N° 8, p. 44.

178 Jean Baptiste Geffroy, "Service public et prérrogatives de puissance publique", *op. cit.*, p. 77.

179 Cfr. Jourdan, Philippe, "La formation du concept de service public", *Revue du droit public*, 1987, pp. 89 y ss.

180 Prosper Weil, *Le droit administratif*, 10ème édition, Colección "Que sais je? 1964, p. 61.

181 C.E. 23 de diciembre de 1921, Sté général d'armement, *Revue du droit public*, 1922, p. 74.

182 C.E. 7 de enero de 1927, Triller, *op. cit.*

183 Sté des Moulins Brestois, *op. cit.*

giene,[184] el interés social,[185] etc., tiene poca importancia en la identificación del servicio como público pues de lo contrario no podría explicarse como la jurisprudencia ha reconocido el interés general perseguido por un particular sin calificar su actividad de servicio público, es decir, como sería posible decir entonces que toda actividad de interés general no es un servicio público. En el segundo, caso cuando el juez analiza el contenido propio de la actividad, no lo hace -según de Corail- para emitir un juicio de valor sobre la actividad sino como elemento que le permitirá deducir la incorporación del organismo a la Administración. El juez enumera el conjunto de tareas que realiza el organismo con el único fin de precisar si las mismas se refieren a áreas donde la Administración debe actuar. Así, la naturaleza de la actividad contribuye débilmente a identificar el servicio público, y según el citado maestro, sólo cuando la incorporación a la Administración se discute, el contenido de la actividad en cuestión es un indicio que ayuda a la prueba de tal incorporación.

Ahora bien, las anteriores consideraciones sobre los índices reveladores de incorporación y la existencia de un interés público son necesarias a los fines de determinar si una actividad ha sido entendida por la Ley como un servicio público, pues normalmente esta no señala en forma expresa que se trata de un servicio público, o bien se trata de una actividad creada dentro de la competencia del poder reglamentario, cuya naturaleza se hace necesaria descubrir.

Así, no debe pensarse que una actividad cualquiera que involucre un interés público puede ser considerada como un servicio público, pues en Francia, al igual que en Venezuela la creación de un servicio público, esto es, a la transformación de una actividad regularmente considerada como privada en un servicio público en sentido funcional es materia de reserva legal.[186]

---

184 C.E. 4 de marzo de 1910, Thérond, *Recueil*, 1910, p. 193.

185 T.C. 22 de enero de 1955, Naliato, *R.P.D.A.*, 1955, p. 53.11

186 En efecto, básicamente corresponde en Francia al poder público apreciar si existe una necesidad pública que justifique la creación de un servicio público, lo cual es una cuestión obviamente de oportunidad. Sin embargo, con anterioridad a la creación de la V República mediante la promulgación de la constitución de 1958, era absolutamente indispensable la intervención legislativa para la creación de un servicio público, en particular bajo el criterio según el cual toda creación de un servicio público se traduce en la limitación de las libertades individuales, especialmente cuando el servicio público que se cree implica una situación monopólica de la prestación. Sin embargo, la reserva expresa a la Ley que hacían las anteriores constituciones para la creación de un servicio público ha desaparecido con la Constitución de 1958, cuyo artículo 34 señala expresamente las materias de reserva legal, lo cual ha llevado a algunos autores a considerar que hoy día forma parte de la competencia del poder reglamentario aún cuando se admitan limitaciones al ejercicio de dicho poder (George Vedel, *Derecho Administrativo, op. cit.*, pp. 690 y 691). Sin embargo, el citado artículo 34 señala expresamente que son de reserva legal "las reglas concernientes a: -los derechos civiles y las garantías constitucionales acordadas a los ciudadanos para el ejercicio de las libertades públicas; (...); la creación de categorías de establecimientos públicos (sobre

Igualmente debe resaltarse que, como pueda apreciarse de las explicaciones precedentes, la doctrina y jurisprudencia francesa han superado las distinciones que antiguamente se efectuaban -y que se continúan hacienda en Italia y parte de la doctrina venezolana-[187] entre servicio público y policía administrativa (aplicables a la distinción que agrega la doctrina venezolana de actividad de fomento), reconociéndose en general que esta última en virtud del carácter de actividad de interés público ejercida por un ente administrativo constituye un servicio público.[188]

---

la interpretación de lo que debe entenderse por tal "creación de categorías" *Cfr.* René Chapus, *Droit Administratif Général,* pp. 246 y ss); *(...) la nacionalización de* empresas y las transferencias de propiedad de empresas del sector público al sector privado; (...), los principios fundamentales de la organización general de la defensa nacional, de la educación, del régimen de la propiedad, de los derechos reales y de las *obligaciones civiles y comerciales, (...) "por lo que cuando la creación de un servicio* público afecte alguna de dichas materias de reserva legal, sólo el legislador estará facultado para constituir una actividad como servicio público *(Cfr.* André de Laubadère, *Traité de droit administratif, op. cit.,* p. 659). Es en este tema de la creación de un servicio público que toma relevancia el trabajo de Pierre Delvolvé, "Service public et libertés publiques", quien afirma que "el servicio público constituye una amenaza a las libertades públicas; la noción de servicio público en sí misma constituye esa amenaza" *(Revue Française de Droit Administratif,* Enero-febrero, 1985, p. 1). Así, ha señalado la doctrina que "la autoridad administrativa no es competente más que cuando actúa en virtud de una disposición legislativa, sea ésta precisa o general" *(Cfr.* René Chapus, *op. cit.,* p. 404).

187 Tal es la posición del profesor Lares Martínez, *(Manual de Derecho Administrativo,* 5ª edición, UCV, Caracas, 1983, p. 259), que ha guiado a la doctrina patria, quien en un análisis de la doctrina francesa ya superada, y citando como apoyo la posición minoritaria sostenida por el decano Vedel y del maestro Waline, y que ven el servicio público en sentido restringido. No obstante, es de resaltar que el propio Vedel admite que la policía administrativa puede ser considerada un servicio público no sólo en sentido orgánica pues tiende a satisfacer la necesidad del orden, pero que prefiere evitar el "juego de palabras" y ver en el servicio público sólo la actividad de prestación *(Cfr.* George Vedel, *Derecho administrativo, op. cit.,* p. 665). También es importante recordar que los señalamientos del profesor Waline y del decano Vedel, se han interpretado en el sentido de distinguir · entre la noción amplia de Servicio Público (que incluiría la Policía Administrativa) y la posición restringida de dicho término.

188 En Francia la sentencia *Mimouni* del Consejo de Estado del 12 de abril de 1957 *(Recueil Dalloz,* 1957. 413, concl. Tricot), reconoció expresamente la naturaleza de servicio público de la actividad administrativa y a partir de la misma ha quedado concluida la discusión sobre la limitación meramente prestacional del Servicio Público, tal y como es actualmente concebida por la doctrina italiana, y que se ha pretendido sostener en Venezuela, incluso distinguiéndola de la actividad de fomento. En ese sentido *Cfr.* igualmente. T.C. 28 de mayo de 1979, Prefet du Val d'Oise, *Recueille Dalloz* 1979, p. 679; T.C. 23 de febrero de 1981, *Cruzel, L'Actualité Juridique, Droit Administratif,* p. 603; André de Laubadère, *op. cit.,*Tome 1, N° 1252 y 1286, p. 646. René Chapus, *Droit administratif général, op. cit.,* p. 390. No obstante, alguna jurisprudencia reciente, (C.E. 28

En todo caso debe considerarse que a los fines de la doctrina de las actos administrativos de origen privado, el término servicio público se ha utilizado en su acepción más amplia, inclusiva no sólo de las actividades prestacionales sino también de la policía administrativa[189] y de las actividades de fomento.[190]

Dicho esto, creemos que, si bien la determinación de que actividad es de interés general dentro de ésta cual es ejercida por un ente incorporado a la Administración, constituye un proceso donde interviene un alto grado de discrecionalidad del juez, se

---

de febrero de 1986, Ngako Jeuga, *Droit Administratif*, p. 49), al distinguir entre orden público y actividad de interés general se ha pretendido interpretar que la misma ha nuevamente distinguido entre policía administrativa y servicio público, cuando en realidad dicha jurisprudencia sólo ha aclarado que el objeto de la policía administrativa es más restringido que el interés general, y por ende que este último lo incluye.

189 Como sabemos la actividad de policía administrativa es el conjunto de actividades administrativas que tienen por objeto decretar las reglas generales y las medidas individuales necesarias para mantener el orden público, es decir, la seguridad, la tranquilidad y la salubridad. Por ende en los supuestos de actos administrativos de origen privado ejecutados par particulares encargados de una actividad de policía administrativa, ha de entenderse que al particular se le han atribuido prerrogativas públicas de reglamentación y de dictar actos administrativos como gestores del servicio público representado por la actividad que tienen a garantizar el orden público, como actividad de interés público.

190 En cuando a la actividad de Fomento es importante destacar algunas distinciones. En efecto, según la doctrina venezolana se entiende por actividad administrativa de fomento, "la acción desarrollada por la Administración, encaminada a estimular, ayudar y proteger las empresas privadas cuyas tareas sean favorables al interés general" (Eloy Lares Martínez, *Manual de derecho administrativo, op. cit.*, p. 267; Allan R. Brewer-Carías, *Fundamentos de la Administración Pública,* Tomo I, 2ª edición, Editorial Jurídica Venezolana, Caracas 1984, p. 107). De ese modo pareciera difícil que las tareas desempeñadas en la actividad de fomento pudieran constituir actos administrativos. Sin embargo, siendo los medios de fomento tan amplios tal posibilidad no puede ser descartada. Sin embargo, se señala que existen "medios jurídicos de fomento" (Lares Martínez, *op. cit.*, p. 268) que consisten en el otorgamiento de privilegios de modo que la empresa beneficiaria adquiera poderes jurídicos excepcionales. Pues bien, dichos poderes constituyen precisamente prerrogativas públicas que se suponen la administración atribuye al particular, no que el particular en ejercicio de una actividad de fomento atribuye a otro particular, y siendo así, dicha actividad de fomento mediante medios jurídicos, sólo podrían ser beneficiarios aquéllos particulares que ejercen actividades de servicios público. En consecuencia, podríamos afirmar que el ejercicio de una actividad de fomento, por constituir una actividad destinada a satisfacer un interés público (de promoción económica) debe considerarse un servicio público en el sentido amplio que señala la doctrina francesa, pero que sin embargo, su ejercicio por un particular debe ser considerado extremadamente raro, y cuando exista no podría constituir el ejercicio "medios jurídicos de promoción" pues significaría la delegación por un particular a otro particular de prerrogativas públicas.

ha dado una idea relativamente clara, dentro de la propia oscuridad de la noción, de lo que debe entenderse por una actividad de servicio público, correspondiéndonos ahora precisar -labor no menos sencilla- que debe entenderse por prerrogativas públicas, a fin de conocer cuando estamos en presencia de su ejercicio.

## 2. IDENTIFICACIÓN DE LAS PRERROGATIVAS PÚBLICAS

Veamos ante todo cual sería el fundamento de la noción de prerrogativas públicas y así lograr definirlas para luego hacer ciertas precisiones que nos permitirán su plena identificación y en especial dejar claramente establecido cual es el privilegio exorbitante que gozan los particulares en el momento que dictan un acto administrativo.

### A. Fundamento y definición

Para identificar las prerrogativas públicas[191] es necesario destacar algunas consideraciones que algunos importantes tratadistas del derecho francés, en particular el decano Vedel y los profesores Rivero, Venezia, Chapus y Amselek, han efectuado en relación al fundamento de las mismas y a su alcance, las cuales en su mayoría han consagrado los trabajos en que han sido expuestas como piezas fundamentales de la doctrina del derecho administrativo, por lo que su trascripción textual aunque ciertamente extensas no hubiese podido sustituirse por una redacción personal sin desmejorar substancialmente el valor esencial de su contenido. Además, a diferencia de la noción de servicio público, y sin que la de prerrogativas tenga menos importancia, los autores han dedicado menos tinta a describirla a definirla o a precisarla lo que exige para la comprensión de esta noción mayor atención a los escasos textos existentes en la materia.

El decano Vedel ha intentado dar cierta fundamentación a la idea de potestad pública y si bien reconoce la mala reputación que puede tener el término, considera que no tiene nada de misterioso: "La palabra y la idea de potestad pública tiene una mala reputación. Ella evoca el período de infancia del derecho administrativo francés, la desatinada distinción de los actos de autoridad y los actos de gestión, la delimitación arbitraria y complicada del contencioso administrativo y el contencioso judicial que se practicaba con anterioridad al arrêt Blanco. Ella evoca también la edad metafísica del derecho, donde se creía que el Estado poseía una voluntad, por esencia superior a la de los individuos. (...) Olvidando los abusos y las confusiones que ha podido dar lugar en el pasado -y para no recaer en ellas- preguntémonos ¿qué es la potestad pública? Nuevamente aquí es el derecho constitucional el punto del cual se debe partir. Los di-

191 Es importante destacar que la doctrina luego de revisar el termino de prerrogativa pública considera mas apropiado hablar de "gestión pública" toda vez que como veremos ésta no se identifica necesariamente como un "poder de mando" sino como una acción ejercida en condiciones exorbitantes de derecho común, lo cual incluye no sólo prerrogativas y privilegios sino también sujeciones y obligaciones.

ferentes órganos del Estados no tienen autoridad más que del soberano, es decir, de la nación o del pueblo francés. Pero de él toman prestado uno de sus atributos esenciales: el poder de mando, es decir, de tomar decisiones que se impongan a los individuos sin el consentimiento de éstos y, en ciertos casos, de ejecutar esas decisiones mediante el uso de la fuerza. (...) Sin embargo, no debe perderse de vista que el ejercicio de la soberanía no puede ser concentrado sin delegación ni dividido de las manos de la Asamblea Nacional. Incluso en un gobierno convencional el poder de mando debe ser subdelegado por la Asamblea a los órganos encargados de la ejecución de la Ley. Y, en un régimen que coma el nuestro, no deniega completamente la separación de poderes, el gobierno detenta, bajo la autoridad del legislador y en las materias de su competencia, el poder de tomar decisiones que se impongan a los individuos; ese poder proviene de la Nación, por la vía de los mecanismos parlamentarios y de la supremacía de la Ley. La noción de potestad pública no tiene nada de misterioso. Ella no manifiesta una voluntad metafísica[192] superior a aquélla de los individuos y que pertenezca a los gobernantes. Ella es simplemente la consecuencia de una creencia social con fuerza de regla jurídica: aquéllos que actúan, directa o indirectamente, en nombre de la Nación tienen competencias que carecen los simples particulares. La potencia pública, no es entonces, nada más que la detentación de competencias exorbitantes de derecho común, el derecho común siendo aquí el derecho privado. El término designa así un régimen jurídico especial característico como lo hemos dicho.(...). Debe agregarse, como lo ha mostrado recientemente Rivero, una segunda precisión. En efecto, se ha siempre insistido tradicionalmente sobre lo que la potestad pública define un régimen jurídico exorbitante de derecho común que acuerda a sus beneficiarios competencias más extendidas que aquéllas que tienen los simples particulares. Pero no se ha destacado suficientemente -es el mérito de Rivero de haber subrayado este punto- que el régimen de potestad publica, si bien comporta en relación con el derecho común, extensiones de competencia, comporta también restricciones de competencia".[193]

En efecto, señalaba el profesor Rivero[194] que "si la Administración, en efecto, en sus relaciones de derecho administrativo, aparece comúnmente coma dotada de un

---

192 La referencia al carácter "metafísico" de la noción tiene razón de ser como una respuesta a las observaciones del Comisario de gobierno Teissier en el arrêt Feutry en 1908 (T.C. 28 de febrero de 1908, feutry S. 1908, 3, 97) en la cual señaló que esa distinción (entre actos de autoridad y actos de gestión) no tiene ninguna base legal, no reposa sobre nada real y no corresponde a la realidad de las hechos... Adoptar una distinción semejante puramente *metafísica* y sobre la cual ninguna persona no ha podido ponerse de acuerdo, para constituir la base de una repartición de competencias, sería poner a los pobres justiciables frente a enigmas insolubles y a organizar es este país, el estado económico, el conflicto de atribuciones.

193 George Vedel, "Bases constitutionnelles du droit administratif", E.D.C.E., N° 8, pp. 160 y ss.

194 Jean Rivero, "Existe-t-il un, critère du droit administratif?, *Revue du droit public*, 1953, p. 287.

poder superior a aquél de los particulares en sus relaciones, sea coma protectora de éstos con una particular energía, no es menos cierto que con toda una otra serie de reglas la Administración aparece, al contrario, infinitamente menos libre en el ejercicio de su voluntad que las particulares. La regla de derecho administrativo vincula a menudo a esa voluntad, efectos mucho más poderosos que aquélla de las particulares, y es la potencia pública la que aparece entonces; pero algunas veces a la inversa, ella se encierra en límites ignorados por los particulares; no es más la Administración imperiosa, es la Administración atada, al lado de la potencia pública, la sirvienta pública. La derogación al derecho común, en ese caso, no se produce en el sentido de una mejoría en beneficio de la Administración de las derechos que este (el derecho común) reconoce a las particulares sino en una reducción de tales derechos" (...) "El fin del interés público común a todas las reglas del derecho administrativo produce, ..., una doble serie de derogaciones al derecho común. Las primeras -y aquí nos unimos a las conclusiones del Sr. Vedel- responden a la noción de potencia pública; aquí, para retomar la expresión ya utilizada, la derogación del punto de vista de la administración, se produce *en más:* las relaciones de particular a particular tomadas coma referencia de base, la administración se presenta con un conjunto de prerrogativas que permiten a su voluntad producir, frente a las personas privadas, efectos jurídicos que no se encontrarán en las relaciones de esas personas, fundadas sabre la igualdad jurídica. Aquí, el interés público exige, en beneficio de la Administración una mejora de las prerrogativas concedidas a todos por el derecho común. Al contrario, encontramos reglas en las cuales la misma exigencia del interés público termina por minimizar esas prerrogativas; es la derogación *en menos,* aquélla que niega a la administración las posibilidades jurídicas a disposición de las particulares; se trata de una manera menos explorada y menos sistematizada que la precedente pero los ejemplos que hemos señalado más arriba permiten pensar que la exploración puede ser fecunda. Todo ello puede resumirse en la fórmula siguiente: las reglas del derecho administrativo se caracterizan por las derogaciones del derecho común que exige el interés público, sea en el sentido de una mejoración en beneficio de las personas públicas, de las derechos reconocidos a las particulares en sus relaciones, sea en el sentido de una reducción de esos derechos".

## B. Confusiones y precisiones

Frente a las anteriores consideraciones generales sobre el fundamento y la extensión de este complejo término, el camino hacia una definición se abre sin obstáculos aparentes y se advierte que la expresión potestad pública o prerrogativas públicas debe entenderse en su sentido más amplio, es decir, por una parte, abarcando no solamente las prerrogativas que pueda gozar un organismo sino también las obligaciones a que puede verse sometido, y por la otra, advirtiendo que la exorbitancia de tales prerrogativas o sujeciones al derecho común no sólo significa que las mismas no existan en el derecho común, es decir, que se trate de una noción que pertenezca propiamente a las relaciones de la Administración y los administrados, que no conozca equivalente en derecho privado, en las relaciones entre particulares,[195] sino que también como

195 Jean-Claude Venezia, "Puissance publique, Puissance privée", *op. cit.*, p. 367.

comprehensiva de aquellas prerrogativas u obligaciones que aún cuando pueden establecerse en derecho privado no son habituales en él.[196]

En el caso de las prerrogativas *stricto sensu* "Se trata fundamentalmente de la potestad de tomar decisiones unilaterales susceptibles de ser impuestas a terceros y que presentan para estos un carácter obligatorio"[197] de "la presunción de legalidad, del valor provisional de las decisiones ejecutorias, que otorgan un beneficio auto tutela a la Administración; del privilegio de ejecución de oficio o forzosa";[198] en la existencia de un monopolio en el plano local; el derecho de percibir ingresos "parafiscales"; el poder de ejecutar de oficio ciertos trabajos de propiedades privadas; o la facultad de participar en la reglamentación económica; o la facultad de ejercer el retracto sobre propiedades privadas en miras a un interés general, o de reglamentación de actividades particulares; o de algunos[199] casos de la facultad de aplicar sanciones;[200] o la facultad de inscripción o registro de profesionales para habilitarlos en su profesión; de efectuar expropiaciones; de ocupar la propiedad privada con fines de interés público; etc. En ese sentido señala presidente de sección del Consejo de Estado Braibant[201]

---

196 René Chapus, "Le servicie public et la puissance publique", *op. cit.*, nota 39; George Vedel, "Les bases constitutionnelles du droit administratif, *Études et documents du Conseil d'Etat*, 1954, p. 43.

197 F. Moderne, "Decadencia del punto de vista orgánico en la definición del acto administrativo en derecho francés: los actos administrativos de origen privado", *op. cit.*

198 *Ibidem.*

199 Me refiero a algunos casos porque cuando se trata de sanciones disciplinarias emanadas de un organismo corporativo, como las colegios profesionales, éstas constituyen no actos administrativos sino decisiones judiciales recurribles en Casación ante el Consejo de Estado (*Cfr.* C.E. 12 de diciembre de 1953, de Bayo, *Rec.* 544; *R.D.P.*, 1954. 3 Concl. Chardeau).

200 Es importante destacar las observaciones del comisario de gobierno Galabert en sus conclusiones sobre el arrêt Peschaud quien afirma que el poder de sanción de que disponen las federaciones deportivas sobre sus miembros encuentran fundamento suficiente en "los poderes estatutarios normales de toda asociación", siendo ese precisamente el caso de las sanciones aplicadas por un club a uno de sus socios. Además propone que se reserve el carácter administrativo de una sanción sólo para aquellos casos en que el afectado es un deportista profesional pues ésta tendría el efecto de privarlo de ejercer su oficio, y sólo en ese caso la sanción sería reveladora del ejercicio de una prerrogativa pública, lo cual si bien no ha sido admitido ni por la doctrina ni por la jurisprudencia no deja de tener un valor significativo si se traduce como la necesidad de distinguir entre sanciones que constituyen un verdadero ejercicio de una prerrogativa pública, como sería la afectación de algún derecho fundamental, de aquellas que no representarían el ejercicio de tales prerrogativas. (Citado por Jean-Michel Huon de Kermadec, "Le contrôle de la légalité des décisións des fédérations sportives ayant le caractere d'acte administratif", *op. cit.*, p. 415. Confrontar igualmente Karaquillo, "Le pouvoir disciplinaire dans l'associations soportive" Dalloz, 1980 chron. p. 116).

201 Guy Braibant, *Le droit administratif français*, Dalloz, 1985, pp. 173 y ss.

que las prerrogativas públicas se manifiestan principalmente en el poder de decisión o de acción unilateral y en el poder ejecución; el primero, lo define como el poder de modificar unilateralmente el ordenamiento jurídico en forma autónoma y sin requerir el consentimiento de terceros, el segundo, como el poder de dictar actos con valor ejecutivo y hacerlos valer sin el concurso del juez.

En el caso de sujeciones exorbitantes pueden citarse la obligación de actuar conforme a competencias estrictamente regladas, que incluso dentro de una competencia discrecional no es comparable a la autonomía de la voluntad de los particulares; la sujeción a fines de interés general y en particular a los fines para los cuales la competencia ha sido atribuida, distinto a la libertad de fines con que puede actuar el particular; la imposibilidad de elegir a los cocontratantes dada la sujeción a procedimientos administrativos de elección, sea este de licitación, concurso privado, etc., o de elección de sus agentes; la existencia de una imposibilidad de disponer de sus bienes por la existencia de una condición de inalienabilidad; el sometimiento a procesos específicos de control, sea de tutela, jerárquicos o de cualquier otra naturaleza, etc.

Sin embargo, cabría preguntarse si la identificación de una prerrogativa pública deriva nuevamente de una etiqueta, de un "standard de anormalidad"[202] frente a una nueva "etiqueta" cuya asignación corresponderá nuevamente al juez, dejando a los particulares ante una nueva inseguridad jurídica de las tantas que ofrece el derecho Administrativo. La respuesta pareciera afirmativa.

Se dice que las prerrogativas son situaciones anormales o inusuales en los particulares, lo cual obviamente es absolutamente relativo dependiendo de a quién corresponda tal calificación, pues lo que para algunos en normal para otros puede no serlo. Ello no amerita mayor explicación. Pero peor aun es que ciertas situaciones consideradas evidentemente como prerrogativas públicas, son similares a ciertas situaciones entre particulares sin que a nadie se le ocurra sugerir que se trata del ejercicio de tan inusuales poderes. Pareciera entonces que las mencionadas prerrogativas no son monopolio del derecho Administrativo y nuevamente exigen la intervención orgánica de la Administración para poder ser catalogadas como públicas, aun cuando a ésta intervención sea directa o indirecta, es decir, que de alguna manera intervenga un ente "incorporado" a la Administración como ocurre en el caso del Servicio Público.

En efecto, expone el profesor Venezia en su citado artículo "puissance publique, puissance privée" que en derecho privado existen situaciones similares a las que se encuentra la Administración en ejercicio del privilegio de que gozan sus actos, conocido como "presunción de legalidad". Indica el autor que la presunción de legalidad se traduce en la práctica en que los recurrentes de un acto administrativo tengan la carga de la prueba de la ilegalidad de la actuación de la Administración. Pues bien ello ocurre en forma similar en derecho privado donde la carga de la prueba también la tiene quien alega el incumplimiento de un contrato, por lo que podría pensarse los

202 Jean Baptiste Geffroy, "Service public et prérrogatives de puissance publique", *op. cit.*, p. 81.

actos del cocontratante se consideraran legales hasta que se demuestre lo contrario. Sin embargo, a nadie se le ha ocurrido decir que se trata de una prerrogativa pública de quien incumple pues goza de una "presunción de legalidad". Igualmente señala el autor que existen actos de ejecución privada en los contratos sinalagmáticos que permiten al acreedor sin acudir al Juez "romper" el contrato en forma definitiva y por su voluntad unilateral[203] y tampoco allí puede hablarse de una prerrogativa pública. El autor aclara sin embargo que: "Sin duda, podría objetarse que si esa jurisprudencia de la Corte de Casación autoriza a uno de las contratantes a desprenderse unilateralmente de la ejecución de sus obligaciones, la misma no permite que éste realice, él mismo, bajo su propia autoridad, una ejecución más o menos completa de las obligaciones del otro contratante. Pero no debe perderse de vista que si el derecho positivo no autoriza en principio al acreedor a realizar el mismo la ejecución, admite sin embargo esa suerte de iniciativa del acreedor en ciertas situaciones donde sea aplicable el mecanismo de la compensación o el régimen del contrato de prenda, que si no en materia civil al menos en materia comercial, se ofrecen tantos ejemplos. No debe igualmente perderse de vista que el derecho privado permite al acreedor de realizar él mismo la ejecución a costa del deudor en ciertas hipótesis, a decir verdad más limitadas, que se explican por consideraciones de necesidad y de urgencia y que ilustran muy bien las prerrogativas reconocidas al acreedor por el artículo 1166 del Código Civil, bajo el nombre de acción oblicua, la facultad de reemplazo reconocida en derecho comercial al adquirente comerciante no librado o la posibilidad reconocida al inquilino de efectuar las reparaciones urgentes unilateralmente y a expensas del arrendador.(...)". Por otra parte, señala el autor que la mayoría de los actos administrativos creadores de derechos u obligaciones se producen a solicitud de parte interesada, lo cual -según Venezianos hace pensar en una especie de contrato sinalagmáticos imperfectos del derecho privado, es decir, en que los que dos particulares acuerdan la creación de derechos u obligaciones en favor de sólo uno de ellos, sólo que en éste caso la Administración sería uno de los cocontratantes. En fin, señala los casos en que los particulares ejercen verdaderas prerrogativas sobre otros particulares sin que pueda hablarse del ejercicio de potestades públicas como sería el caso del "acto de emancipación de un menor, reconocimiento de un hijo natural, rescisión unilateral de un contrato, renuncia a un derecho o a una situación (cuando ésta produce un efecto de pleno derecho sin necesidad de aceptación), el retiro de bienes en materia sucesoral o de comunidad" o "los actos de ejercicio de la patria potestad o las ordenes o instrucciones de los patronos a los trabajadores" o "los reglamentos internos de los condominios" o los cada vez más comunes de casos de concesión (o licencia) que celebran los particulares y que otorga a cada uno de ellos facultades de control, fiscalización, por ejemplo, con idéntica naturaleza en su ejercicio a la de los actos similares que tomaría la Administración en tal situación.

---

203 El autor explica con cierto detalle dicha doctrina del derecho Civil de los actos de ejecución privada con su respectivo apoyo jurisprudencial cuya reproducción excedería los límites de este trabajo. *Cfr.* J. Béguin, Rapport sur l'adage "Nul ne peut se faire justice à soi-même" en droit français, Travaux de la Association H. Capitant. T. XVIII, 1966. Citado por Jean-Claude Venezia, *op. cit.*, pp. 368 y 369.

En ese mismo sentido afirma el profesor Eisenmann, que "el acto unilateral aparece en derecho privado como un fenómeno de una amplitud, de una frecuencia y de una importancia mucho mas considerable de lo que admiten los más liberales, los más grandes representantes de la doctrina privatista. Si se hace un recorrido suficientemente largo, si se toma en consideración el conjunto de los hechos que deben tomarse en consideración, no sería más el caso de pensar ni por un instante que el acto unilateral sería un monopolio de la esfera pública ni la idea menos extrema que el acto unilateral sería de mínima importancia cuantitativa y cualitativamente en lo que concierne las relaciones privadas".[204]

Así, enumera el citado autor[205] un número importante de actos que la doctrina ha calificado -en su mayoría en forma unánime-[206] de actos privados unilaterales, tales reconocimientos de la paternidad, emancipación del menor, el ejercicio de una opción -especialmente en materia de sucesión y de comunidad-, rescisiones unilaterales de contratos -en particular de contratos a tiempo indeterminados-, retractos legales, autorizaciones, notificaciones -cuando constituyen actos jurídicos- el testamento, confirmación de actos jurídicos afectados de irregularidad originaria, la renuncia de derechos, las liberaciones, la confesión, etc., así como actos en ejercicio de la patria potestad y actos dictados en materia laboral, dictados en ejercicio de una autoridad muchas veces desdeñada por la doctrina civilista como fuente de actos privados unilaterales, todo lo cual permite afirmar que en los actos privados unilaterales pueden, en ciertos

---

204 Charles Eisenmann, *Cours de droit administratif*, Tome 1, L.G.D.J., París 1982, p. 421.

205 *Ibidem.*

206 Sin embargo, algunos de dichos ejemplos han sido cuestionados en su propia naturaleza de actos jurídico. Por ejemplo, en el caso de la confesión se indica que la misma no es más que el reconocimiento hecho por un individuo de un hecho alegado en su contra susceptible de producir consecuencias desfavorables en lo que a él concierne, por lo que no podría considerarse como un acto creador de normas, obligaciones o derechos, es decir, un acto jurídico, la confesión no es más que un medio de prueba. Igualmente, en lo que respecta a los actos denominados autorizaciones, notificaciones, confirmaciones, ratificaciones o liberaciones parte de la doctrina les niega el carácter de actos jurídicos autónomos toda vez que no representan sino parte o un fragmento de una operación creadora de derechos y obligaciones, de modo que no pueden ser consideradas separadamente, para la apreciación de su regularidad y en consecuencia para su examen judicial. Así, el acto de autorizaciones es una fase de la operación de edición de normas del acto autorizado, del conjunto acto de autorización más el acto autorizado y las confirmaciones no son más que una parte de conjunto acto confirmación más acto confirmado, etc., de modo que los autores indican que no debe confundirse "los simples fragmentos de actos por actos completos". En ese mismo sentido cuestionan si las ofertas privadas, el ejercicio de opciones, etc., son en realidad meras fases de actos complejos y no actos jurídicos por sí mismos. (Cfr. Charles Eisenmann, *Cours de droit administratif*, *op. cit.*, pp. 425 y 426).

casos, crear obligaciones a terceros, extinguir derechos ajenos, renunciar a un derecho, transferir derechos propios, atribuir un status legal, etc.[207]

Ante tales situaciones del ejercicio de verdaderas prerrogativas o supuestas anormalidades entre particulares -quizás menos evidentes entre quienes no se han detenido a comparar el universo de situaciones que presente el derecho común con la pocas situaciones dizque excepcionales del derecho administrativo- y ante la ausencia de una verdadera, general y objetiva definición de prerrogativas públicas -libre de subjetivismos y no sujetas al ejercicio de potestades discrecionales de apreciación por parte del juez- no puede menos que concluirse que la identificación de lo que debe entenderse por una prerrogativa pública sólo podría lograrse mediante un método de descarte, en el sentido de que sólo aquello que no pudiéramos explicar como uno de los mecanismos que ofrece el derecho privado e implique un cierto grado del ejercicio del poder soberano del Estado, podría ser calificado de una prerrogativa pública.

Pero son las cualidades de ejecutoriedad y ejecutividad de los actos administrativos, privilegio propio de la actividad administrativa, la que con mayor énfasis debe resaltarse en lo que respecta a la identificación de un acto administrativo de origen privado. En efecto, son muchas las prerrogativas públicas, distintas a tales privilegios, que se mencionan en las arrêts relativos a la doctrina que nos ocupa, (una imposibilidad de disponer de sus bienes por la existencia de una condición de inalienabilidad, el sometimiento a procesos específicos de control, sea de tutela, jerárquicos, monopolio o de cualquier otra naturaleza, etc.) pero la mayoría de ellas han sido utilizadas más como un indicio que permita inferir la "incorporación" del ente privado a la Administración y la existencia de un servicio público que para determinar la naturaleza de un acto.

Sin embargo, en todos las casos la ejecutoriedad y ejecutividad del acto en cuestión se encuentra presente coma uno cuestión fundamental (cobro de contribuciones parafíscales, reglamentación con la posibilidad de imponerse a sus destinatarios en forma compulsiva, imposición de sanciones, prohibición de realizar una actividad como la apertura de un consultorio, etc.) para determinar la naturaleza del acto de origen privado como administrativo.[208] Sin embargo, debe advertirse que en Francia

207 Charles Eisenmann, *Cours de droit administratif*, *op. cit.*, 427.

208 Hay quienes podrían argumentar que el privilegio de ejecutoriedad y ejecutividad derivan precisamente de la condición de acto administrativo que se le reconozca al acto de origen privado y no a la inversa, es decir, que por ser ejecutorios y ejecutivos se consideran actos administrativos. En otras palabras que tales privilegios no son una condición sino una consecuencia del carácter administrativo de los actos en cuestión. Sin embargo, vimos anteriormente que importantes actores consideran precisamente coma la principal prerrogativa pública e incluso como la propia definición de las mismas, "la potestad de tomar decisiones unilaterales susceptibles de ser impuestas a terceros y que presentan para éstos un carácter obligatorio" o "la presunción de legalidad, del valor provisional de las decisiones ejecutorias, que otorgan un bene-

la presunción de legalidad, esto es, la presunción de validez intrínseca de sus actos, la ejecutividad y la ejecutoriedad, es decir, el capacidad de causar efectos en forma inmediata, de ser eficaces desde el momento que son dictados sin necesidad de convalidación y de ejecutarse sin el concurso del juez, no son absolutas. En efecto, la presunción de legalidad es meramente *iuris tantum,* esto es, que admite prueba en contrario cuya carga tiene el destinatario y que debe hacer valer sea dentro del procedimiento administrativo o dentro del procedimiento contencioso, los cuales no tendrán efectos suspensivos; la ejecutividad no es propia sino de aquéllos actos que cumplen con un mínimo formal so pena de constituir una "vía de hecho";[209] y, en fin, la ejecutoriedad, sólo existe cuando un texto expreso lo autoriza frente a una resistencia pasiva o activa del particular invencible por otras vías o existe un grado extremo de urgencia justificada en la búsqueda de un fin de interés general, fuera de cuyos casos solo tiene la posibilidad de recurrir al juez represivo a fin de que este aplique las sanciones penales legalmente previstas contra el particular.[210]

---

ficio autotutela a la Administración, del privilegio de ejecución de oficio o forzosa" (Frank Moderne -precitado-), es decir, precisamente los privilegios de ejecutoriedad y de ejecutividad, consideramos que deben definirse ambos términos sobre todo pues es de nuestra opinión los mismos serán necesarios para explicar posteriormente algunas incongruencias que se han dado en Venezuela al aplicar la tesis de los actos de autoridad.

209 La teoría de la vía de hecho es obra de la jurisprudencia la cual considera que cuando la Administración en el ejercicio de las prerrogativas que le son propias dicta actos cuyo grado de irregularidad excede un mínimo razonable y atenta contra las libertades públicas o las derechos de propiedad de sus destinatarios, se separa de su función propia y el acto se transforma en una actividad material, desnaturalizando su carácter de acto administrativo. (*Cfr.* E. Desgranges, "Essais sur la notion de voie de fait" Thèse, Poitiers, 1937; Dufau, "La voie de fait: mort er résurrection d'un notion discutable" Dalloz, 1970 Chr., p. 29; Lecrecq, "Le déclin de la voie de fait", *Revue du droit public* 1963, p. 657)

210 Normalmente la negativa del particular de cumplir un acto administrativo se encuentra sancionada penalmente, tal y como lo prevé por una parte el artículo R26, 15, del Código Penal para el incumplimiento de los reglamentos de policía, y por las otras, la Ley del 11 de julio de 1938 y la ordenanza del 6 de enero de 1959 que prevén penas de prisión y multas a cualquiera que se niegue al cumplimiento de medidas legalmente ordenadas. Así mismo, en ciertos casos la ley prevé que sea la propia administración la que sancione al particular por su incumplimiento de los actos administrativos. Pero fuera de tales supuestos y conforme a la sentencia Soc. Immob. Saint-Just (T.C. 2 de diciembre de 1902) la ejecución de oficio se encuentra limitada estrechamente y tiene un carácter excepcional, tal y como señalara el comisario de gobierno Romieu en el citado caso: "un media empírico justificado legalmente, a falta de otro mecanismo, por la necesidad de asegurar el cumplimiento de la Ley" (*Cfr.* Chenot, *Le privilége d'action d'office de l'admmistration*", thèse, París 1954).

Ahora bien, conociendo las dificultades definitorias de las prerrogativas públicas y las reservas sobre el valor absoluto del denominado principio de ejecutividad y de ejecutoriedad de los actos administrativos, podemos afirmar sin más reservas que es precisamente la posibilidad de modificar el ordenamiento jurídico y afectar de mayor o menor manera, directa o indirectamente, los derechos personales o patrimoniales de los destinatarios, en forma tal que el acto se presuma legal y con valor ejecutivo y ejecutorio, lo que caracteriza a estos actos de origen privado dictados en la ejecución de un servicio público como actos administrativos. Ello pues, las otras prerrogativas distintas a al poder de decisión y de ejecución, aún identificadas en el caso que se examine, normalmente se referirán a la actividad en general que realiza el ente privado y no al acto en particular que dentro de tal actividad es objeto de examen, de modo que las mismas pueden sólo significar que el órgano en cuestión gestiona un servicio público.

## III. LOS ACTOS ADMINISTRATIVOS DE ORIGEN PRIVADO EN ITALIA

No es ocioso destacar que en Italia la propia definición de acto administrativo, en sentido estricto, se fundamenta principalmente en el criterio orgánico y en especial, lo que sería el criterio del profesor francés Prosper Weil, en la posibilidad de ser recurrido ante la jurisdicción contenciosa-administrativa.

Esta observación tiene una radical importancia a la hora de "importar" la concepción italiana a Venezuela, pues si bien aquella admite algunos efectos de los actos administrativos, como su ejecutoriedad y ejecutividad, a ciertos actos de las particulares auxiliares de las funciones y de las servicios públicos, es decir, se les ha reconocido como actos administrativos en sentido material, el carácter administrativo desde un punto de vista formal se les ha negado tanto como la competencia de la jurisdicción contenciosa administrativa para conocer de su impugnación.[211]

---

211 Señala Renato Alessi (*Derecho Administrativo*, Tomo I, Traducción de la 3ª edición italiana por Buenaventura Pellisé Prats, Editorial Bosh, Barcelona 1970, pp. 253 y 259) "que el acuerdo administrativo es la rnanifestación de un poder por parte de una autoridad administrativa, como tal, y con respecto a una relación en la que dicha autoridad sea parte para la satisfacción de intereses públicos concretes confiados a la misma" y que "la noción de *autoridad administrativa* puede ser en sentido subjetivo y objetivo a un mismo tiempo (es decir, dando relieve a ambos elementos que pueden servir para identificarla, esto es, por un lado, el encuadramiento dentro de la organización de la Administración Pública, y de otro lado, el ejercicio de la función administrativa como actividad característica y normal) o bien en sentido meramente objetivo, es decir, dando relieve únicamente al elemento objetivo de los dos citados, o sea, el ejercicio de la función administrativa de forma característica y normal, de manera que puedan comprenderse tanto las personas y entidades que ejercen funciones administrativas en virtud de un encuadramiento dentro de la organización de la Administración Pública, como simplemente en virtud de una adecuada relación de carácter externo que las liga al ente administrativo. Por lo tanto, en relación con el

Así ha indicado la doctrina[212] que "la naturaleza objetiva y la eficacia de los actos jurídicos efectuados por los organismos indirectos, pueden ser de interés y de útiles consecuencias en la doctrina de los actos jurídicos de derecho público y en aquella más particular de los actos administrativos. Pero las mismas no pueden ser utilizadas cuando se trata de resolver algunas cuestiones prácticas, sobre las cuales, más que la naturaleza objetiva de los actos influye la posición del sujeto del cual derivan. La definición de la naturaleza de estos actos y de la naturaleza de la relación que une a los privados a las entidades públicas titulares de las funciones por ellos ejercidas, no debe hacernos perder de vista la posición de simples privados, que los mismos guardan frente a terceros, y que no autoriza entonces a equiparar sus actos a los actos ejecutados por el Estado o de las entidades públicas directamente".

Además, en Italia la doctrina de los actos administrativos de origen privado es expuesta de una manera particularmente diferente a la forma en que ha sido expuesta en Francia, pues mas que un problema propio de la definición del acto administrativo, se considera como un problema de organización Administrativa ya que se analiza dentro del problema de la administración indirecta.

Así, los actos administrativos de origen privado sólo se presentan en algunos supuestos -y no en todos- dentro del fenómeno conocido en la doctrina italiana como "el ejercicio privado de la función o servicio público" y por ello la doctrina que nos ocupa sólo es tratado por vía de consecuencia al tratar dicho tema. Así, ha dicho el maestro italiano Guido Zanobini que "el problema que consiste en saber si los actos administrativos, o en general, si los actos jurídicos de derecho público pueden ser cumplidos no sólo por el Estado y otros entes públicos, sino también por un particular como órgano indirecto del uno y de los otros, se

---

elemento que estamos examinando, acuerdo administrativo, en sentido subjetivo y objetivo a un mismo tiempo, será solamente el acuerdo de una autoridad encuadrada dentro de la organización de la Administración Pública, mientras que en sentido meramente objetivo será acuerdo administrativo también todo acto refiriéndose al ejercicio de función o servicio, que emane de sujetos privados encargados en virtud de una relación idónea del ejercicio de una función o de un servicio público, con la consecuencia de que mientras que de la naturaleza de acuerdo administrativo de los primeros se derivarán todos los efectos que pueden derivarse tanto de la naturaleza subjetivamente administrativa como de la naturaleza objetivamente administrativa de los mismos, por el contrario, de la naturaleza de acuerdo administrativo de los segundos podrán derivarse solamente aquellos efectos que pueden seguirse de su naturaleza objetivamente administrativa, como por ejemplo, el efecto de la ejecutoriedad, pero no el efecto de la impugnabilidad ante las órganos jurisdiccionales administrativos (salvo el caso de que la ley disponga lo contrario) en cuanto, por lo general, son impugnables sólo los actos de autoridad encuadrada en la organización de la Administración Pública."

212 Guido Zanobini, *Scritti vari di Diritto Pubblico,* Milano, Editorial Dott A. Giuffrè, 1955, pp. 115 y 116.

confunde con aquél del extenso fenómeno de del ejercicio privado y de la organización indirecta".[213]

Sin embargo, es importante destacar el tratamiento que en Italia se le ha dado a este tema toda vez que muchos conceptos utilizados por la jurisprudencia venezolana derivan de conceptos del derecho administrativo italiano, los cuales, debe resaltarse, terminan siendo una adaptación del sistema francés a su concepción propia del derecho administrativo.

En efecto, a pesar de extensas consideraciones sabre el fin perseguido por los sujetos auxiliares de funciones o servicios públicos, de profundas disquisiciones sobre el fundamento del ejercicio de tales funciones o servicios, solo existirán actos administrativos de origen privado en Italia y, como hemos señalado, dentro de un aspecto únicamente material, cuando se cumplan las condiciones expuestas en el derecho administrativo clásico.

Prueba de ello es la afirmación del maestro Zanobini, llena de contenido y sustancia propia, según la cual: "Con respecto a todas estas manifestaciones de actividad, que *por el fin público a que se sirven,* aunque no exclusivamente, y *por los medios con que los privados disponen* para explicarlo, son objetivamente de derecho público..."[214]

Se presenta así como necesario, exponer las consideraciones generales que nos permitan conocer a que se refiere la doctrina italiana cuando habla del ejercicio privado de la función o servicio público, analizando luego la actuación de algunos de los más importantes sujetos auxiliares en búsqueda de los actos administrativos de origen privado.

## 1. IDENTIFICACIÓN DE LOS SUJETOS AUXILIARES DE LA FUNCIÓN PÚBLICA

Bajo el sistema italiano, la función administrativa se desarrolla no sólo por los órganos estatales (administración directa), sino también por entes auxiliares (administración indirecta) que se encuentran respecto del Estado en una posición de autarquía. Pues bien, dentro de la administración indirecta se ubican todos aquellos entes pertenecientes a la Administración descentralizada, tanto territorialmente (Región, Provincia y Municipio) como funcionalmente.

Sin embargo, además se admite que ciertos particulares ejerzan funciones o servicios públicos, sin que se consideren como órganos integrantes de la Administración o propiamente como Administración indirecta del Estado.

### A. Consideraciones generales

Así, bajo el nombre de "sujetos auxiliares de la función pública" se conoce en Italia a todas aquellas instituciones o figuras de la más variada índole cuyo común denomi-

213 Guido Zanobini, *op. cit.*, p. 11.

214 Guido Zanobini, *op. cit.*, p. 114.

nador es el ejercicio de una actividad de carácter público realizada en nombre, o cuando menos por cuenta del Estado, aunque sin llegar a identificarse subjetivamente con la Administración Pública, pero directa e indirectamente en función de un interés privado, y cuyo fundamento deriva de un acto legislativo o simplemente administrativo.[215]

Principalmente se engloban dentro de tal caracterización a *los profesionales encargados de una función pública,* tales como los notarios, los ministros del culto católico (que la Ley les atribuye la potestad de celebrar matrimonios con efectos civiles, en virtud del Concordato Lateranense) y los capitanes de buques de barco (como autoridad policial y civil de la embarcación), aunque no los procuradores de tribunales, los tenedores de libros, agentes comerciales, sanitarios, y profesores privados, que sólo realizan una función de necesidad pública distinta a la función pública administrativa.

Igualmente, son sujetos auxiliares *los concesionarios de servicios públicos.*

En fin, son auxiliares de funciones públicas *los particulares que ejercen una actividad administrativa pública al margen de cualquier título específico,* ya sea como consecuencia de

---

215 Renato Alessi, *Derecho Administrativo,* Tomo I, Traducción de la 3ª edición italiana por Buenaventura Pellisé Prats, Editorial Bosh, Barcelona 1970, p. 159. Por su parte el profesor Guido Zanobini señala sin embargo que "el instituto del ejercicio privado de la función o el servicio público no se refiere a una sola categoría de persona, sino que comprende dos categorías fundamentales: la categoría de aquél que ejerce una función pública o un servicio público por un interés propio, y aquél que ejerce una función o un servicio similar exclusivamente por el propio interés de la función o del servicio, es decir, del interés exclusivo del Estado o de otro ente público. Generalmente se define el ejercicio privado como ejercicio de funciones públicas por parte de privados "en su propio nombre y en su propio interés. Ahora, que en el concurso de estas dos condiciones el ejercicio sea privado, no se puede poner en duda; pero no parece que el concurso de ambas sea necesario. Hay, en efecto, cases no dudosos de ejercicio privado, en los cuales el agente opera sí como privado, sin aparecer como órgano de una entidad pública, pero no en el propio interés, sino en el interés exclusivo de la entidad a la cual jurídicamente pertenece el servicio o la función ejercida. ·Bastaría, para probarlo, citar casos en los cuales el privado presta un servicio público por una obligación que le ha sido impuesta por la Ley y en los cuales hay que reconocer que él no asume la cualidad de organismo público, lo que sucede por ejemplo en el testimonio y en el peritaje judicial obligatorio. Nunca se podrá decir en estos casos que el privado ejerce en su propio interés: el interés del servicio pertenece exclusivamente al Estado, es un interés exclusivamente público. Lo mismo se puede decir, aunque en menor escala, cuando el privado presta, como tal, un servicio público voluntariamente bajo remuneración por parte del Estado. En estos casos, podemos negar un interés propio del privado: pero este interés no lo consigue el privado con el ejercicio de su actividad, como por ejemplo el concesionario de un servicio público, sino que está conexo a ella sólo indirectamente, es un interés perfectamente análogo al del empleado público el cual despliega su actividad con el objeto de un lucro conexo al sueldo, pero que no tiene ningún interés propio en las tareas de su ejercicio". Guido Zanobini, "Scritti vari Diritto Pubblico", Milano, Editorial Dott. A. Guiffrè, 1955, p. 88.

una autorización legislativa general, como es el caso de aquellos que en ejercicio de una *acción popular* sustituye a los órganos de un ente público para hacer valer en juicio, en nombre propio y a su riesgo, derechos que corresponden al ente y que son desconocidos por otros; como consecuencia de situaciones de urgencia y necesidad, al margen de cualquier título específico o genérico, tal como ocurre con los *funcionarios de hecho*;[216] y, en fin, como consecuencia del ejercicio de algunos derechos políticos de los particulares, tal como *el ejercicio del derecho del sufragio*. Sin embargo, este último grupo heterogéneo de particulares que en Italia se considera que ejercen una función pública al margen de cualquier título específico ya sea en base a una autorización legislativa general, por razones de necesidad o en fin en virtud del ejercicio de alguno de sus derechos políticos, representan supuestos muy distantes de la doctrina de los actos administrativos de origen privado y no merecen ser estudiados dentro de éste tema, pues, por una parte, si bien el funcionario de hecho puede dictar actos que se consideran administrativos, ello encuentra explicación en una doctrina propia fundada en razones más que de derecho en razones de equidad,[217] y, por la otra, ni en el supuestos de la *acción popular* ni en el ejercicio de derechos políticos el particular la función pública no se traduce en la emisión de actos, que de existir, bajo ningún concepto podrían considerarse como administrativos.

Pues bien, los sujetos auxiliares se presentan frente a la Administración con la obligación de desarrollar efectivamente la función o el servicio confiado, sujetos a controles administrativos por parte del Estado con el fin de asegurar que su actividad se desarrolle efectivamente y en beneficio del interés de la Administración, e incluso como responsables administrativa y disciplinariamente ante los órganos bajo cuyo control actúan, los cuales tienen facultades para girarle al particular instrucciones de servicio con respecto a la organización y desarrollo del servicio, aun cuando los particulares mantengan un nivel de autarquía *análogo*[218] al de las entes públicos.[219]

---

216 Renato Alessi, *op. cit.*, pp. 68 y 69.

217 Señala el profesor Lares Martínez (*Manual de Derecho Administrativo*, 5ª edición, U.C.V., Caracas 1983, p. 453) que el funcionario de hecho o de facto es aquél individuo que en ciertas condiciones de hecho, ejerce funciones públicas como si fuera verdadero funcionario, como consecuencia de una investidura irregular pero admisible. El carácter que adquiere el funcionario de hecho no es conforme con las reglas del derecho; pero resulta aceptable en razón de la equidad, la necesidad o la conveniencia social y aparecen tanto en situaciones de normalidad institucional como en períodos excepcionales o de anormalidad institucional.

218 Se habla de un nivel de autarquía análogo al de los entes públicos, porque desde un punto de vista técnico jurídico la autarquía sólo es aplicable en las relaciones de las personas jurídicas públicas con la Administración Central y consiste en la autonomía, o potestad de organizarse jurídicamente y de dictar las normas jurídicas necesarias para ello, la potestad de administrar los intereses que le han sido confiados, aun cuando sean los propios intereses del Estado, la potestad de actuar con supremacía frente a los ciudadanos y de actuar conforme a sus competencias, así como la obligación de cumplir con la funciones públicas confiadas, sujetos a la tutela de la administración. *Cfr.* Renato Alessi, *op. cit.*, pp. 66 y 67.

219 Renato Alessi, *op. cit.*, p. 166.

Ademas, como función o servicio público, la actividad del particular debe someterse a un conjunto de sujeciones exorbitantes, tales como: la obligación de prestar el servicio o función a todo aquél que lo solicite; la obligación de amoldar su estructura interna a los conceptos de poder, autoridad y jerarquía, así como a las demás restricción de los derechos y facultades en relación a la organización del servicio (libertad del empresario en cuanto a la organización de los medios materiales y relaciones con el personal, etc.); y, las limitaciones en cuento a las tarifas de la función del servicio y su desarrollo.

Pues bien, de tal posición frente a la Administración y del carácter de servicio o función pública de la actividad que se ejerce, se justifican ciertas prerrogativas públicas tales como la ejecutoriedad de algunos de los actos de los sujetos auxiliares; la posibilidad de ejercer poderes de policía en relación al usuario del servicio, con posibilidad de aplicar sanciones pecuniarias; y, la posibilidad de aplicar sanciones disciplinarias a sus empleados, aun cuando la relación de empleo tenga naturaleza privada.

Incluso, en virtud de tales poderes, privilegios, facultades, obligaciones y sujeciones exorbitantes, se define la naturaleza pública de la relación de prestación que se establece entre el particular que ejerce la función o servicio y el destinatario de la función o usuario del servicio, así como la naturaleza *material o objetivamente* administrativa de algunos de los actos del encargado que atañen al desarrollo de la función o del servicio.

Se presentan así, los sujetos auxiliares prácticamente en forma similar a los entes públicos autárquicos. Sin embargo, hemos indicado que los sujetos auxiliares no forman parte de la Administración como complejo orgánico y además representan una categoría aparte y particular a la de los sujetos de la administración indirecta.

## B. Distinción con la administración autárquica

Pues bien, distinguir entre los distintos sujetos que actúan como auxiliares de las funciones o servicios públicos y la administración autárquica, puede que no resulte una tarea sencilla.

### *a. La dualidad de fines de las sujetos auxiliares*

Pues bien, la doctrina italiana ha hecho un esfuerzo en facilitar tal labor utilizando como método la identificación de la dualidad de fines que se persiguen con la actuación del sujeto auxiliar:

"El punto de distinción entre la entidad autárquica y el privado que ejerce funciones públicas, es este: que en la entidad autárquica, el fin propio por el cuál la entidad actúa es el mismo que hace calificar pública su función, es decir, el fin mismo que tiene el Estado para que esta función sea desempeñada; en cambio, en el caso del sujeto de derecho privado, el fin que este se propone en el ejercicio de una función pública es diferente al fin estatal al cuál esta función provee, no es un fin público sino un fin privado. Tanto el privado como la entidad autárquica desempeñan, a diferencia de los titulares de los organismos, la función pública para un fin propio: en el caso de la entidad autárquica este fin coincide con el fin del estado, es el mismo fin del Estado; en el caso del privado es un fin independiente al del Estado. En el primer caso la actividad del sujeto sirve para el perseguimiento de un sólo fin (el público), en el segundo sirve para el perseguimiento de dos fines (el público del Estado y el privado del sujeto); en el primer caso existe la coincidencia de los dos fines en uno solo, en el segundo sólo existe la incidencia. Consecuencia de esto es el hecho que sujetos de la autarquía no puedan ser sino personas jurídicas, mientras que sujetos del ejercicio privado pueden ser ya sean personas naturales como personas jurídicas".[220]

Sin embargo, quizás identificar la dualidad de fines no sea el verdadero elemento distintivo general, a menos que sea a los fines exclusivos de distinguir a los sujetos auxiliares en base al ejercicio de una profesión o al concesionario público, y no todos los sujetos auxiliares, de los entes autárquicos, pues según el propio Zanobini "el instituto del ejercicio privado no se refiere a una sola categoría de personas, sino que comprende dos categorías fundamentales: la categoría de aquellos que ejercen una función pública o un servicio público para un interés propio, y la de aquellos que ejercen una función similar o un servicio similar exclusivamente en el interés que le corresponde a la función pública o al servicio público, o sea en el interés exclusivo del Estado o de otra entidad pública Bastaría, para probarlo, citar caso en los cuales el privado presta un servicio público por una obligación que le ha sido impuesta por la Ley y en los cuales hay que reconocer que el no asume la cualidad de organismo público, lo que sucede por ejemplo en el testimonio y en el peritaje judicial obligatorio. Nunca se podrá decir en estos caso que el privado ejerce en su propio interés: el interés del servicio pertenece exclusivamente al Estado, es un interés exclusivamente público. Lo mismo se puede decir, aunque en menor escala, cuando el privado presta, como tal, un servicio público voluntariamente bajo remuneración por parte del Estado".[221]

En consecuencia, al lado de los fines surge como criterio diferenciador el del análisis de los controles a que uno y otro se encuentran sometidos.

### *b. Sujeción a controles jerárquicos y no de tutela*

Los entes autárquicos se caracterizan por su posición de independencia frente al Estado, independencia debida al hecho de que ellos realizan solo fines propios, no fines a ellos extraños.

Hacia el Estado ellos tienen sólo la obligación de actuar en sus propios fines y, en consecuencia, el Estado no los pone en una condición de subordinación, sino que solamente ejerce sobre ellos un control intrínseco, el cual en línea general es de pura legitimidad y, en casos que se extienden, viene del ejercicio, no tanto en el interés del Estado sino en el interés de la entidad misma, de allí el nombre de tutela, con el cual el control viene designado en estos casos.[222]

---

220 Guido Zanobini, *op. cit.*, pp. 89 y 90.

221 Guido Zanobini, *op. cit.*,p. 88.

222 *Ibidem.*

Por el contrario en el caso de los sujetos auxiliares, si bien también ejercen las funciones o servicios movidos por un interés propio, por la diversidad de este interés del interés público que corresponde a la función o al servicio ejercido, no son abandonados por el Estado a si mismos, sino que vienen vinculados con las obligaciones de derecho público, y sometidos a poderes de control de dirección y de disciplina. Mientras que en el caso de las entidades públicas, el Estado no puede pretender sino que la entidad consiga sus propios objetivos, en el caso de los privados el Estado exige que la entidad cubra la persecución de los objetivos estatales.

Los objetivos privados del sujeto constituyen solamente un límite a la obligación de cubrir la satisfacción de los intereses públicos que pueden ser satisfechos con la actividad del privado; por encima de este límite, el Estado puede regular la conducta del privado, en base a los mismos poderes que tiene sobre sus propios organismos, los poderes propios, o sea, del sujeto del interés.[223]

Si además consideramos aquéllos privados, que ejercen el servicio público o la función pública sin conseguir con esto también un interés propio, el Estado dispone hacia ellos de poderes iguales a los que gozan sus organismos directos y estos poderes no encuentran ningún límite. Los poderes que el Estado ejerce así sobre la una como sobre la otra categoría de sujetos privados, no tiene nada en común o análogo con los poderes de simple vigilancia que el Estado ejerce sobre las entidades autárquicas. Los poderes antes dichos deben hacerse entrar en la categoría de los poderes que se dicen de supremacía especial. De modo que los poderes que ejerce el Estado sobre los sujetos auxiliares son muchísimos más extensos que los que posee sobre los sujetos públicos autárquicos.[224]

Pues bien, hecha tales distinciones debemos recordar que en el ordenamiento jurídico italiano y de conformidad con las enseñanzas de la doctrina y la jurisprudencia de ese país, para que se pueda hablar de sujetos auxiliares de funciones o servicios públicos son varias las condiciones que deben cumplirse.

## C. Condiciones existenciales de los sujetos auxiliares

Ante todo es importante destacar que en la doctrina italiana no se encuentra claramente establecido la distinción entre *función pública* y *servicio público* (en sentido estricto). Sin embargo, según la doctrina dominante "mientras el *servicio*[225] se concreta

223 *Ibidem.*

224 *Ibidem.*

225 Veremos posteriormente y con profundidad los problemas definitorios y de identificación del servicio público de modo que no se hace necesario más que recordar algunos elementos de esta noción tan imprecisa y señalar algunas peculiaridades del derecho administrativo italiano, que con un léxico distinto trata el problema básicamente en la misma forma que el derecho francés de principios de siglo, pues aún considera que el servicio público como noción jurídica se limita a las prestaciones administrativas (con lo que niega el carácter de servicio público a la policía adminis-

en un mero otorgamiento de prestaciones, la función representa, además, el desarrollo de un poder jurídico, desarrollo como tal, de la personalidad jurídica del sujeto público. Cierto que cuando las prestaciones impliquen el ejercicio de un poder, o bien, cuando por el contrario, el ejercicio de un poder represente, además, el otorgamiento de prestaciones a los particulares, los dos conceptos vendrán a constituir un mismo fenómeno, lo que no quita el que los dos conceptos deban ser idealmente diferentes y que, desde un punto de vista práctico, no puedan existir meras funciones (que no se concreten en prestaciones) o meros servicios (que no impliquen desarrollo de un poder)".[226]

---

trativa, por ejemplo). Indica el autor que hemos utilizado como base del desarrollo, Renato Alessi, que: "Para precisar mejor el concepto de servicio público, aislándolo del conjunto de actividades administrativas dirigidas a procurar una utilidad a los ciudadanos, será conveniente destacar algunas características esenciales del concepto examinado: a) En primer lugar, el concepto de servicio público implica la idea de un cierto conjunto, más o menos desarrollado, a veces poco menos que embrionario, de medios personales o reales y sobre el cual se imprime, como elemento unificador, el común destino al ofrecimiento de determinadas prestaciones. Este conjunto de medios constituye, por lo tanto, una entidad más o menos destacada y autónoma, con cierto carácter objetivo y permanente, tal como para atribuir a la oferta del conjunto de prestaciones ... b) En segundo lugar, el concepto de servicio público implica la idea de una actividad dirigida a satisfacer necesidades que antes de ser colectivas son necesidades individuales, asumiendo el rango de necesidades colectivas tan sólo por su generalidad e importancia, que determinan el que su satisfacción venga a ser uno de los fines del fenómeno asociativo... c) Por último, el concepto de servicio público implica la idea de prestaciones que encuentran su fin simplemente en el interés público de su ofrecimiento, característica que se manifiesta en tres sentidos distintos: c-a) Ante todo, en el sentido de que la prestación del ente público debe representar el elemento esencial de la relación frente a la posible aportación económica por parte del usuario, aportación que no podrá por lo tanto sumir la figura jurídica técnica de una contraprestación, sino únicamente la figura accesoria de Derecho público de tasa ... c-b) En segundo lugar, en el sentido de que la realización de la prestación debe tener como fin inmediato y directo la satisfacción en sí y por sí, de necesidades individuales de importancia colectiva, en cuanto que debe concurrir un interés público en el hecho, en sí y por sí, del otorgamiento por parte del ente público de aquellas determinadas prestaciones a los particulares, independientemente de todo interés subjetivo, patrimonial (en sentido lato) a una posible retribución ... c-c) Por último, en el sentido de que debe tratarse de prestaciones en especie y no de prestaciones en dinero... ya que solamente tales actividades y bienes que no sean el dinero, son adecuadas para satisfacer de manera directa e inmediata las necesidades individuales de importancia colectiva, mientras que el dinero, bien instrumental por excelencia, no sirve para la satisfacción directa de ninguna necesidad." Renato Alessi, *op. cit.*, pp. 365 y 366.

226 Renato Alessi, *op. cit.*, pp. 165 y 166. También se ha señalado que hay servicio público cuando los beneficiarios de la actividad administrativa pueden ser individualizados, mientras que existe función pública cuando la actividad de la administración esta dirigida a la colectividad en general, sin que los destinatarios de ella puedan ser in-

Así, puede destacarse que la limitación de los servicios públicos en Italia a las solas actividades de la Administración y sus concesionarios que impliquen el otorgamiento de prestaciones, fue superada en Francia hace bastante tiempo, de modo que se admite que actividades de policía administrativa son también actividades de servicio público, a pesar de que con ellas no se otorgan prestaciones a los particulares.

Adicionalmente, debe señalarse que cuando se habla del ejercicio de un "poder" no se refiere exclusivamente al ejercicio de un "poder de mando" o prerrogativa pública por excelencia, como sería el caso del derecho administrativo clásico, sino que incluye todas aquellas actuaciones distintas al otorgamiento de prestaciones, que a pesar de no configurar actos administrativos o poderes propios de mando, constituyen prerrogativa públicas distintas a las sujeciones exorbitantes.

Ahora bien, como es lógico pensar, no todo otorgamiento de prestaciones ni todo ejercicio de poderes puede es catalogado en Italia como público a los fines de identificar los sujetos auxiliares. Para que se pueda hablar de sujetos auxiliares basta que se cumpla una condición esencial, esto es, que la función o servicio ejercido por el particular sean verdaderamente públicos. Sin embargo, dicha condición supone a su vez una serie de requisitos sumamente exigentes, los cuales en definitiva son los que representan las condiciones existenciales de los sujetos auxiliares.

### *a. Realización de funciones públicas o servicios públicos*

En efecto, los sujetos auxiliares deben ante todo estar encargados de realizar funciones o servicios que se consideren como públicos, tanto desde el punto de vista objetivo como desde el punto de vista subjetivo, es decir, funciones o servicios no sólo desarrolladas para el público y en beneficio del interés público, sino también funciones o servicios que el ordenamiento jurídico considerara como funciones exclusivas del Estado, de tal forma que cuando se conceda su ejercicio a un particular éste se considere investido de una función pública en interés y por cuenta del Estado.[227]

---

dividualizados (*Cfr.* Cino Vitta, *Diritto amministrativo*, Torino, 1955). Igualmente, se ha indicado que la función pública está vinculada a las funciones esenciales del Estado, teniendo por ello mismo un directo sustento normativo constitucional, mientras que el servicio público sólo se desenvuelve dentro de la esfera administrativa, con un sustento legal y reglamentario. Así, las funciones públicas, serían de existencia absolutamente necesarias para la subsistencia del Estado, ponen en juego de manera relevante las potestades y poderes de este, además de sep permanentes, nada de lo cual ocurre de manera tan terminante con los servicios públicos. (*Cfr.* Héctor Jorge Escola, *Compendio de Derecho Administrativo*, Volumen I, Buenos Aires, 1990. p. 490).

227 Guido Zanobini, "L'esercizio private delle funzioni e dei servizi pubblici", en *Tratado de V. Orlando*. V. II, p. 444. Sin embargo Alessi pareciera hacer una distinción entre el ejercicio de una función pública y el ejercicio de un servicio público, en el primero de los casos se requeriría que se tratara de una función exclusiva y monopólico del Estado, en el segundo de los casos podría tratarse de un servicio público aún cuando fuere tratado en régimen de competencia. Sin embargo, no logra comprenderse por qué al

Así, en Italia se excluyen de esta categoría a los particulares que realicen una actividad de simple *necesidad publica*[228] más propiamente de interés general o de utilidad pública y aquellas actividades que aún cuando pueden ser desarrollas directamente por el Estado como funciones estatales, pueden ser ejercidas también por los particulares como tales, en régimen de *competencia* con el mismo Estado. En éste último caso se incluye la enseñanza privada, pues como señala el autor italiano Alessi: "aún cuando la enseñanza constituya función pública estatal, no es función *exclusiva* del Estado, ni siquiera en cuanto a la mera titularidad",[229]de modo que cuando la enseñanza es ejercida por los particulares "es actividad particular dirigida al público, aún cuando en garantía de éste se someta a la vigilancia por parte del Estado y aun cuando éste exija ciertas garantías y el cumplimiento de determinadas condiciones para atribuir a la enseñanza privada y a los títulos expedidos por la misma un valor jurídico igual al de las enseñanza pública".[230]

Pero además, el hecho que identifiquemos una función o servicio como exclusiva del Estado tampoco bastará si la misma no es ejercida con el fin de satisfacer un interés general.

### *b. El cumplimiento de un fin de interés general*

No es posible admitir la existencia de una función publica o un servicio pública sin la existencia de un fin de interés general, aún cuando el particular en ejercicio de la función o servicio público también persiga directa o indirectamente un interés propio.

En efecto, la función no es más que el poder ejercido para el cumplimiento de determinados intereses, de un conjunto de intereses colectivos que la doctrina italiana denomina, el interés colectivo primario o interés publico, formado por "el conjunto de intereses individuales preponderantes de una determinada organización jurídica de la colectividad".[231] Sin embargo, la determinación del interés público necesario para legi-

---

explicar cuando una función no sería pública por no ser exclusiva y monopólico del Estado, utiliza el ejemplo de la educación universitaria superior, cuando en toda caso la actividad educativa -en base a su distinción- no sería una función sino un servicio. (*Cfr*. Renato Alessi, *op. cit.*, pp. 159 y 168).

228 Como funciones de necesidad pública la doctrina italiana se refiere a actividades de carácter técnico no propias del Estado, pero que en virtud de la necesidad que el público tiene de las mismas se encuentran sometidas a una regulación, control y fiscalización especial, tales como el ejercicio de funciones forenses, sanitarias, etc., para cuyo ejercicio se requiere de una particular habilitación del Estado, aún cuando en ciertas oportunidades especiales puedan ejercer funciones públicas.

229 *Cfr*. Renato Alessi, *op. cit.*, p. 160.

230 *Ibidem*.

231 El autor hace una extensa exposición sobre las distintos intereses colectivos, primarios y secundarios, y resumen las consideraciones más importantes que al respecto ha elaborado la doctrina: "Cada colectividad social nos ofrece una tupida red de intereses, en relaciones diversas entre ellos: intereses que coinciden entre sí e intereses en con-

timar el uso de la potestad de acción por parte de la Administración, y para catalogar una función como público, puede ser en forma precisa o imprecisa, según se trate de una actividad reglada o una actividad discrecional.[232]

En igual sentido, no cabe duda de que para que pueda hablarse de un servicio público debe existir un elemento material, una satisfacción de un interés general, pues las prestaciones que se realizan deben "tener como fin inmediato y directo la satisfacción, en sí y por sí, de necesidades individuales de importancia colectiva, en cuanto que debe concurrir un interés público en el hecho, en sí y por si, del otorgamiento por parte del ente público (o concesionario) de aquellas determinadas prestaciones a los particulares, independientemente de todo interés subjetivo o patrimonial (en sentido lato, a una posible retribución", y por ello "no pueden considerarse como servicios públicos las prestaciones que aunque dirigidas a satisfacer necesidades individuales de importancia colectiva, no se hacen en vista de un interés público dirigido a su satisfacción, en sí y por sí, sino en vista de una utilidad económico-financiera para el ente público (o concesionario)."[233]

Ahora bien, el ejercicio de una verdadera función o servicio publico no puede exisfo si el particular no ha sido sujeto pasivo de una delegación legislativa por parte del Estado para el ejercicio de una porción de su poder soberano o de un acto administrativo que le conceda la gestión del servicio.

### c. *Beneficiarios de una delegación o concesión*

La función como concepto jurídico constituye frente a los particulares el ejercicio de un *poder soberano,* limitado, en protección a los derechos de los particulares,

---

flicto entre sí. Cada interés, en cuanto es sentido por un solo individuo, es siempre, y necesariamente individual; pero en el caso de que un mismo interés sea de una colectividad más o menos amplia de individuos, el interés del que hablamos pasa a ser colectivo en cuanto es sentido por todos los individuos de la colectividad, expresión unitaria de una multiplicidad de intereses individuales coincidentes (...). Este interés colectivo primario, aún siendo la expresión unitaria de múltiples intereses individuales coincidentes de cada uno de las sujetos jurídicos (individuos o entidades jurídicas) miembros de la colectividad, se diferencian idealmente del interés individual de cada uno de los sujetos, que puede coincidir con dicho interés o estar en conflicto con el mismo. Estos intereses individuales propios de cada uno de los sujetos, miembros de la colectividad, han sido denominados intereses secundarios; intereses, por lo tanto, subjetivos en cuanto a que son propios de cada sujeto, o también, en sentido bastante lato, patrimoniales en cuanto conjunto de relaciones de las que es titular el mismo. La satisfacción del interés colectivo primario se obtiene con una tutela directa de este, con independencia de los intereses secúndanos eventualmente coincidentes, o directamente, es decir, mediante la satisfacción precisamente de los intereses secundarios que coinciden con el interés colectivo primario". Renato Alessi, *op. cit.*, p. 184.

232 *Ibidem*, p. 186.

233 *Ibidem*, p. 366.

por las exigencias propias del principio de legalidad, ya que la soberanía no existe de hecho sino de derecho.

De esa forma señala la doctrina italiana que "los órganos administrativos pueden imponer en concreto y coactivamente su propia voluntad, haciéndola prevalecer sobre la de los particulares, pero sólo cuando tal prevalencia haya sido establecida en abstracto, con referencia a futuras aplicaciones concretas de un acto primario, por una norma legislativa, lo que significa que la Administración podrá hacer prevalecer coactivamente los intereses públicos (cuyo cuidado tiene encomendado) sobre las antitéticos intereses individuales, pero sólo cuando se trate de intereses cuya prevalencia haya sido establecida directamente por un acto primario legislativo cuya aplicación concreta presuponga, precisamente, un futuro acto concreto por parte de la Administración. En caso contrario, el acto del órgano administrativo con el que se quisiera hacer *prevalecer intereses, aunque fueran públicos, pero cuya prevalencia no* hubiera sido establecida anteriormente y en abstracto por la Ley, se convertiría en un acto primario, directo, prohibido a la Administración por el principio de la división de poderes, con lo que a tal acto de producción jurídica vendría a faltarle toda base jurídica y su ejecución tendría que basarse simplemente en una prevalencia de hecho, en una relación meramente de fuerza".[234]

En consecuencia, si tales limites existen para la propia Administración no puede pensarse que éstos son menos cuando se calificar como función pública la actividad de un particular, y por ende las funciones públicas solo pueden ser ejercidas con base a una verdadera delegación legislativa.[235]

Sin embargo, el ejercicio por parte de un particular de un servicio público no requiere más que de un acto administrativo, el cual concede al particular la ampliación de su marco jurídico de actuación a áreas propias y exclusivas del Estado. Ello pues si bien la creación de un servicio público sólo puede ser efectuada por la Ley, ya que limi-

---

234 Renato Alessi, *op. cit.*, p. 182.

235 Renato Alessi, *op cit.*, p. 182. Así, señala el profesor de la Universidad de Bolonia, Renato Alessi, que la atribución de poderes a la Administración puede ser explícita o simplemente genérica o implícita: "El caso de atribuciones explícitas y específica no ofrece dificultad. Tal es, por ejemplo, la atribución de expropiar bienes de propiedad privada por razones de utilidad pública. Más delicado es el caso de la atribución genérica cuando la Ley expresamente conceda a la Administración una genérica potestad de decidir en una materia determinada, como por ejemplo la Ley municipal y provincial (art. 55) cuando concede a la Administración municipal la potestad genérica, en caso de urgencia y necesidad, de dictar disposiciones en materia de higiene. El caso de atribución implícita se da cuando, aún faltando una atribución expresa, incluso genérica, se trate de materias reservadas por disposición implícita del ordenamiento a la esfera discrecional de la Administración. Piénsese por ejemplo, en las cuestiones relativas al ordenamiento de los servicios públicos o la gestión de bienes demaniales. Es obvio que en tal caso, la potestad de actuar de la Administración está estrechamente delimitada por la materia".

ta la esfera de actuación de los particulares, la gestión de un servicio público no sólo no implica el ejercicio de funciones sino además es materia propia de la Administración, a quién compete decidir la forma de en que será gestionado.[236]

Así, para determinar que un particular es auxiliar de funciones o servicios públicos, la función o el servicio ejercido debe verdaderamente ser público, lo cual dependerá de que, sea el ejercicio de un poder o del otorgamiento de prestaciones, de que tanto la función como el servicio sean propios y exclusivos al Estado o del ente público en cuestión y que involucre la persecución de un particular interés público.

Ahora bien, debemos analizar la actuación de los principales sujetos auxiliares de la función o servicio público y verificar su encuadramiento dentro de la doctrina de los actos administrativos de origen privado.

## 2. LA ACTUACIÓN DE LAS PRINCIPALES SUJETOS AUXILIARES DE LA FUNCIÓN O SERVICIO PÚBLICO COMO FUENTES DE ACTOS ADMINISTRATIVOS DE ORIGEN PRIVADO

### A. Notarios, ministros del culto católico y capitanes

Primeros en la lista encontramos a los notarios, a los ministros del culto católico y a los capitanes de buques de barco, que en Italia se les ubica dentro de una única categoría de aquéllos particulares que ejercen funciones públicas en base a su profesión. Sin embargo, constituyen supuestos diferentes aunque gocen de algunas semejanzas.

#### *a. Consideraciones generales*

En efecto, el notario es un particular que voluntariamente asume como su actividad profesional principal y habitual, aunque pueda no ser exclusiva, el ejercicio de la función pública que se le encomienda, mientras que el caso de los ministros del culto católico y los capitanes de buques, se les ha asignado obligatoriamente el ejercicio de una función pública, que en cierto modo complementa su profesión habitual. Por ello,

---

236 Al respecto es interesante destacar la posición de Escola (*op. cit.*, p. 456) sobre la intervención de los particulares en la gestión de servicios públicos, que señala: "La participación de los particulares en la prestación de las servicios puede ser llevada a cabo de tres maneras: a) por el cumplimiento de una actividad paralela; b) Por participación en la realización del servicio; y c) por injerencia en dicha realización. En la colaboración por actividad paralela, el particular o administrado realiza, a nombre propio y sin integrar de ninguna manera la administración pública, una actividad de interés público, igual o semejante a la que cumple el Estado al prestar las servicios públicos que ha creado para atender esa misma necesidad o exigencia. En este caso, el particular cumple esa actividad por su cuenta y riesgo, aún cuando la administración tenga que autorizarlo previamente para que pueda iniciarla, y retenga posteriormente el control y vigilancia de su prestación. La colaboración por actividad paralela, de tal modo, aparece *como ejercicio privado de una función pública* y constituye una situación reglamentaria, que debe estar ceñida a las leyes y reglamentos que le sean aplicables.

para ser notario se requiere un acto formal de investidura que se concreta en el acto de nombramiento mientras que éste no es requerido para que el capital del barco o el ministro del culto católico ejerzan su función pública por el sólo hecho de la profesión que ejercen.

Sin embargo, es curioso resaltar que a pesar que según la Ley los notarios son *"funcionarios públicos"* creados para dar fe pública a los actos inter vivos y de última voluntad, etc., y que según la Ley también ejercen funciones concernientes a la administración de justicia, especialmente en materia de jurisdicción voluntaria, sustituyendo a la propia autoridad judicial en los casos que ésta pueda delegar sus funciones en los notarios, en Italia se considera que los mismos no son empleados públicos, sino particulares encargados del ejercicio de funciones públicas.

Se argumenta para ello que estos ejercen en forma independiente la función pública, por un interés propio y a su propio riesgo, en virtud de que los notarios abren sus despachas a sus propias expensas (aunque en el lugar asignado por el Estado) tal y como quizás haría cualquier otro profesional liberal; sus funciones se realizan en una relativamente libre competencia entre ellos (al menos entre los pocos autorizados dentro de un mismo territorio), en función del mejor servicio que se preste.

No obstante, los notarios son nombrados mediante decreto presidencial después del correspondiente concurso, existe un escalafón cerrado, su sistema de retribución está establecido en base a tarifas estrictamente establecidas por la Ley; el que la Ley notarial determine minuciosamente la forma de los actos notariales, las reglas y las condiciones que el notario debe observar en la custodia de los documentos y en la expedición de copias; de que están sometidos a la vigilancia, control y fiscalización del Ministerio de Gracia y Justicia, así como de los Fiscales de la República, dentro de sus respectivas jurisdicciones, etc.[237]

En igual sentido, los artículos 186 y siguientes del Código de navegación establecen que corresponde al comandante del barco, ya sus oficiales, la policía a bordo y que por ende todos los pasajeros están sometidos a los mismos, quienes podrán reclamar en relación del ejercicio de tales poderes ante el comandante del puesto o la autoridad consular.

Igualmente señalan los artículos 203 y siguientes que el comandante del barco ejerce durante la navegación las funciones de encargado del Registro civil. En igual sentido, cuando los ministros del culto católico celebran matrimonies lo hacen tanto como autoridades civiles como eclesiásticas y por ello el acto tiene el efecto exigido por la autoridad civil.

### *b. ¿Actos administrativos de origen privado?*

De ese modo, habría que preguntarse sí los actos dictados por los notarios, los capitanes de buques o los ministros del culto católico representan verdaderos su-

---

237 Renato Alessi, *op. cit.*, pp. 162 y 163.

puestos de actos administrativos de origen privado, tal y como son entendidos en el derecho administrativo clásico, o bien constituyen simples actos administrativos desde el punto de vista orgánico, es decir, dictados por verdaderos "órganos" de la Administración Pública.

Tanto el notario por una parte, como los ministros del culto católico y los capitanes de buque por otra parte, desde el punto de vista subjetivo se presenta como *oficiales públicos,* con todas sus consecuencias, y los actos realizados en ejercicio de su función son actos públicos, *actos administrativos o de autoridad,* igualmente con todas sus consecuencias ejecutivas y ejecutorias.[238]

---

238 En Italia los términos funcionarios y oficiales públicos tienen una connotación distinta al derecho administrativo clásico. El profesor Lares Martínez *(Manual de Derecho Administrativo,* 5ª edición, Caracas 1983, p. 404) hace una extraordinaria y resumida explicación sabre sus diferencias señalando: "En líneas generales, la doctrina italiana atribuye precisos caracteres a los conceptos de *funcionario* y de *empleado público,* desde puntos de vista muy diferentes a los escogidos por la doctrina francesa. Los funcionarios son los titulares de los órganos, esto es, de los *oficios públicos,* según la terminología corriente en los juristas italianos. Según D'Alessio, los funcionarios son personas que a causa del oficio público al cual están adscritas son llamadas a formar la voluntad del ente público, a ejercer su representación: y empleados, los que están a disposición de dichos entes, para la prestación permanente, profesional y remunerada de su actividad. Conforme al nombrado autor, la característica del funcionario consiste en que concurre a formar la voluntad del Estado u otra entidad pública en que ejerce la representación de una u otra. Caracteriza al empleado la prestación de su actividad personal a la administración de modo permanente, profesional y remunerada. Para Petroziello, son funcionarios *los individuos que ponen su propia actividad al servicio del Estado, o de los otros entes públicos, en general, para querer actuar en nombre y en el interés de los mismos.* Para los autores citados, las calidades de funcionario y de empleado público no son inconciliables: ambas pueden concurrir en una misma persona". Por su parte el autor italiano Renato Alessi *(op. cit.,* pp. 81 a 95) varias veces citado señala: "Se ha hablado de *centros de funciones* como la esencia de las *órganos* del Estado. Ahora bien, la noción *centro de función* se puede desdoblar en dos elementos: objetivo uno y subjetivo otro. El primero comprende la función, o mejor, el grupo de funciones atribuidas a la persona física; el segundo que comprende esta individualidad física; o sea, de un lado el oficio y del otro el *funcionario,* usando la terminología que consideramos más acertada. (...) Se ha dicho que el funcionario constituye una de las figuras subjetivas a las que da lugar la organización administrativa. Las otras figuras son las del *oficial público,* el *encargado de servicio público,* el *empleado público* y el *funcionario honorario.* Hemos tenido ya ocasión de mencionar el contenido de la figura del funcionario público, contenido que viene dado par la adscripción a un oficio de la Administración, es decir, que desarrolla una *función* en sentido estricto. Tal contenido se desdobla en dos elementos; el encuadramiento en la organización de la Administración pública en virtud precisamente de la *adscripción* al oficio, y la naturaleza de auténticas funciones que representa las actividades atribuidas a la persona física y derivadas de dicho oficio.

Sin embargo, el supuesto del auxiliar de la función pública en base a la profesión, no sería propiamente un supuesto de acto administrativo de origen privado, pues el particular en realidad aún cuando actúa en su propio nombre actúan como oficiales y no como particulares, es decir, prácticamente como órganos de la Administración Pública, mucho más cerca de la Administración que de su condición de particulares. Sucede que posiblemente por razones de técnica de organización el "encuadramiento" de éstos sujetos auxiliares dentro del complejo orgánico de la Administración Pública italiana no se admita. Sin embargo, la doctrina es unánime en señalar y admitir de que los notarios, los capitanes de buques e incluso los ministros del culto católico ejercen "cargos públicos" u "oficios públicos", que en cualquier otro sistema no se dudaría para ubicarlos como integrantes de la Administración Público.

---

Ahora bien, para que una persona pueda ser calificada como funcionario público es necesaria y suficiente la concurrencia de ambos elementos. Es, ante todo, condición necesaria, porque deben concurrir ambos elementos: encuadramiento en la organización administrativa (Administración pública en sentido subjetivo) y atribución de una auténtica función (en sentido estricto), o sea, de actividad de naturaleza volitiva o, cuando menos, ideológica, encaminada al desarrollo de una potestad pública (o cuando menos que contribuya a tal desarrollo). Si falta el primer elemento podrá tenerse la figura del *oficial público* donde existe la atribución del ejercicio de un imperium dirigido al exterior, según indicaremos más adelante, pero no la figura del funcionario, ya que la persona de que se trate, al no estar encuadrada en la organización de la Administración pública, es un simple *particular encargado de una función pública.* Si, por el contrario, falta el segundo elemento, estaremos en presencia de la figura del empleado público (donde subsiste una relación de empleo público entre la Administración y el encargado de misiones públicas) pero no ante la figura del funcionario, .... Por el contrario, la figura del *oficial público* (que tiene una finalidad penalística más que administrativa) tiene un contenido más amplio y más restringido que el *funcionarios público,* según el punto de vista desde el que se examine. Tiene un contenido más amplio en cuanto que no requiriéndose el encuadramiento en la organización de la Administración pública, sino solamente el desarrollo de una función pública, no se limita a comprender a los funcionarios, encuadrados en la Administración y adscritos a un oficio público, sino que se extiende a los particulares investidos de funciones públicas, como, por ejemplo a los notarios. En cambio, tiene un contenido más restringido en atención a que por la finalidad penalística de la figura,... la noción de *función pública,* cuyo ejercicio califica precisamente al oficial público, se entiende en un sentido restringidísimo, o sea, únicamente en el significado de *ejercicio de imperium,* con exclusión por lo tanto, de toda otra actividad instrumental susceptible de calificarse como función pública a los meros fines administrativos. De lo dicho aparece ya el contenido de la figura, también con finalidad penalística, de *encargado de servicio público,* que contraponiéndose principalmente a la figura del oficial público comprende esencialmente a todos aquellos que (tanto si están encuadrados en la Administración o son simples particulares encargados de servicios públicos; en el primer caso sean o no auténticos funcionarios) no tienen la condición de oficial público".

En efecto, la doctrina señala que tratándose de verdaderas y propias funciones, y no de servicios, "su desarrollo se realiza a tráves de aquéllos que, en el plano orgánico, son los *oficios* del ente, elemento objetivo de aquellos que son los *órganos* del propio ente, tanto si se trata de funciones desarrolladas directamente por el ente o confiadas a los particulares (por ejemplo, el oficio de notario, el oficio de encargado del registro civil o de policía judicial de que está investido el capitán del buque mercante). Por el contrario, los que son meros *servicios* vienen prestados materialmente por personas físicas ligadas por una relación jurídica con el ente, pero al margen de los verdaderos y propios servicios. De esto se desprende que mientras el ejercicio privado de una función presupone necesariamente (naturalmente cuando no derive directamente de la Ley como el casos del comandante de barco) un acto de adscripción a un cargo (acto de nombramiento) (aun cuando no se trate, repetimos, de cargos encuadrados subjetivamente en la Administración Estatal), no puede decirse otro tanto en el caso de meros servicios, para los que la atribución a un particular se produce en base a una acto de otorgamiento del derecho a ejercer el servicio por cuenta del ente público, por lo que correlativamente se puede afirmar que, como se ha dicho, este mero acto de otorgarmiento (representado por la concesión) puede tener lugar solamente para aquellos que son meros servicios, ya que para las verdaderas y propias funciones, se requiere de un acto de *nombramiento* para un *cargo*".[239]

No obstante, es importante destacar que los actos de estos sujetos auxiliares, que puedan considerarse como administrativos, aún considerando cuando se tratasen de supuestos de actos administrativos de origen privado, también constituirían actos administrativos si se aplicara las más estrictas condiciones del derecho administrativo clásico, pues éstos habrían sido dictados en ejercicio de una delegación legislativa del poder de mando, como principal prerrogativa pública, y a nadie se atrevería a negar que la actividad notarial, de policía o de registro civil constituiría en Francia una actividad de servicio público.

## B. El auxiliar de servicios públicos sobre la base de una concesión administrativa

En una segunda categoría encontramos aquellos que ya no en base a una delegación legislativa genérica ejercen una función pública, actúan sobre la base de una concesión administrativa de carácter particular para la prestación de un servicio.

### *a. Consideraciones generales*

Así, por cuanto el particular presta un servicio y no una función, en el sentido que hemos distinguido infra, ello no presupone necesariamente un acto de adscripción al cargo (ya sea par nombramiento o por virtud de la propia Ley) como ocurre con los notarios, ministros del culto católico o capitanes de barco, sino que la atribución se

239 Renato Alessi, *op. cit.*, p. 166.

produce en base a un acto de otorgamiento del derecho de ejercer el servicio *por cuenta* del ente público, mediante un mero acto de concesión.

Pues bien, la ampliación de la esfera jurídica de actuación del particular que se produce con el acto de concesión consiste en el derecho del concesionario de ejercer el servicio, por cuenta de la Administración, y por lo tanto como servicio público goza de una cierta posición jurídica, con especiales privilegios y sujeciones exorbitantes, es decir, sujeciones distintas o poco comunes a los que goza o se somete cualquier particular.[240]

En efecto, en primer lugar el concesionario gozaría del derecho al ejercicio del servicio, contra el cual la Administración no podría obtener ilegítimos obstáculos pues debe además contribuir al establecimiento de las condiciones necesarias para que éste desarrolle el respectivo servicio. Además, el particular tiene el derecho a organizar el servicio, pudiendo predisponer -salvo disposición en contrario del acuerdo de concesión- de los medios y materiales que considere técnicos e idóneos para desarrollar la actividad (incluso, de conformidad con la Ley, con facultades expropiatorias e de imposición de las servidumbres públicas necesarias). Sin embargo, tanto en las relaciones con su personal como el desarrollo del servicio, si bien desde el punto de vista teórico gozaría de plena libertad, expresas limitaciones legislativas y reglamentarias existen respecto: a la modalidad del contrato, la selección del personal, etc.; la forma de dictar los reglamentos del servicio, que normalmente están sujetos a controles previos por la autoridad administrativos y a normas reglamentarias que fijan en términos generales su contenido; a la tarifas de cobro que representarán el ingreso del concesionario; etc. Que en realidad lo que hacen es adaptar la prestación del servicio a las conocidas "leyes del servicio público": igualdad, continuidad, adaptación o mutabilidad, etc.

Igualmente, al lado de tales privilegios y cargas, pueden encontrarse verdaderos poderes que pueden ejercer los particulares a quienes se les ha concedido la ejecución de un servicio público y que se traducen esta vez en verdaderas funciones

---

240 Según la más autorizada doctrina italiana sólo sería posible dar en concesión servicios públicos que se encontraran en situación de monopolio, considerando ilógico que puedan existir servicios públicos realizados en régimen de competencia o que simplemente de existir sea necesario o siquiera útil darlos en concesión. Tal posición ha sido sostenida por el maestro Guido Zanobini, en su obra magistral sobre el tema de las sujetos auxiliares ya citada "L'esercizio privato delle funzioni e dei servizi pubblici" en el *Tratado de V. Orlando*, V. II. p. 444. Sin embargo, Alessi considera que "No podemos estar de acuerdo con esta opinión, no sólo porque la práctica demuestra que son objeto de concesión servicios que se prestan en régimen de competencia o cuando menos no en régimen de monopolio jurídico, sino también por el hecho de que no nos parece exacta la afirmación de que sólo las concesiones de servicios que sean de competencia exclusiva del ente público vienen a ampliar efectivamente la esfera jurídica del particular concesionario, puesto que si en este caso la ampliación pudiéramos decir que es macroscópica, consistiendo en el derecho, anteriormente inexis-

necesarias para el cumplimiento de la actividad y en virtud del propio interés público. En éstos casos en que el término función y servicio se confunden pues no sólo encontramos una actividad destinada al otorgamiento de prestaciones sino además al ejercicio de poderes.

Así, en relación a los dependientes del concesionarios está el poder de regular la conducta del personal en lo concerniente al rendimiento del servicio, el cual se traduce tanto en el poder normativo, es decir, en la facultad de dictar normas internas y obligatorias para el personal, como en el poder disciplinario, es decir, en la facultad de aplicar las sanciones necesarias por la violación de las normas del servicio. Igualmente, frente al público destinatario del servicio, el concesionarios en ciertos casos puede ejercer poderes de policía o disciplinarios, es decir, el concesionarios puede dictar las normas a las cuales deberá atenerse el usuario en la utilización del servicio, con la posibilidad de establecer sanciones pecuniarias a los transgresores o bien privándolos del servicio.

### *b. La naturaleza de su actuación*

Sin embargo, tanto el ejercicio por parte del concesionario de poderes reglamentarios en relación al servicio como del ejercicio del poder disciplinario del concesionario frente a sus empleados y usuarios, debe tener como fundamento una delegación expresa legislativa, para que constituya el ejercicio de una verdadera función publica y para que el acto que emane de su ejercicio tenga el carácter y las consecuencias de un acto sometido al derecho público.[241]

En efecto, el poder disciplinario deriva en el caso de los concesionarios de las delegaciones, implícitas o explícitas que pueda hacer la ley. Sin embargo, podría pen-

---

tente, de ejercer el servicio, no es menos cierto que también existe una ampliación de la esfera jurídica (aunque menos perceptible a primera vista), en el caso de servicios en régimen de competencia. Aquí la ampliación nacida de la concesión consiste en el derecho del concesionario de ejercer el servicio público por cuenta de la Administración, y por lo tanto como servicio público, gozando de una cierta posición jurídica, con especiales poderes y derechos de los que no goza cualquier particular que quiera prestar el mismo servicio por su propia cuenta, o sea como servicio privado siendo ésta distinta posición jurídica, así como otras posibles ventajas de orden práctico, las que pueden inducir a un particular que podría prestar determinado servicio libremente por su propia cuenta, a prestarlo como concesionario de un ente público, lo mismo que razones de interés público pueden inducir a la Administración a prestar un servicio, no obstante, la posible concurrencia de los particulares", No obstante tal posición de Alessi iría en contradicción por lo señalado por él mismo en la página 159 de su obra citada, según la cual para que se pueda hablar de sujetos auxiliares no pueden tratarse sino de actividades monopólicas del Estado o exclusivas de éste. (Renato Alessi, *op. cit.*, p. 168).

241 Guido Zanobini, "L'esercizio privato delle funzioni e dei servizi pubblici", *op. cit.*, p. 498.

sarse equivocadamente que en Italia la función disciplinaria ejercida por un concesionario puede derivar directamente del acto de concesión, considerando que ello es una facultad propia de la Administración, o que deriva de la supremacía especial que existe entre los empleados o los usuarios del servicio y el concesionario.

En Italia el ejercicio del "poder disciplinario" es uno de los poderes implícitos y propios de la Administración, es decir, que no requieren de una delegación expresa ni general del Poder Legislativo, y por ello podría pensarse que los mismos son normalmente atribuidos al gestor de un servicio público por el propio órgano administrativo. Es decir, que el ejercicio de funciones disciplinarias por parte del concesionario derivaría en general de una delegación que hace la Administración de los poderes implícitos que en razón de la materia, relativa a los servicios públicos son propios de ésta.

El poder disciplinario es definido como "aquél que corresponde a la Administración Pública para castigar con determinadas sanciones el comportamiento de quienes estén ligados a la Administración por relaciones en las que concurra una relación de *supremacía especial*[242] que se ejerza sobre los mismos, cuando el referido comportamiento perjudique el debido cumplimiento de la relación administrativa principal".[243] Tal *supremacía especial,* constituye –según la doctrina dominante– el fundamento de la potestad disciplinaria y es lo que permite distinguir ésta última de otros poderes punitivos, el general del Estado de carácter penal y de los llamados poderes disciplinarios

242 Según la doctrina italiana, al lado de la supremacía general que goza la Administración pública frente a los particulares, pueden existir posiciones especiales de supremacía más acentuada de la Administración frente a los administrados, cuyo fundamento sería distinto al de la simple titularidad del poder imperio: "El fundamento de estas posiciones especiales de más acentuada supremacía radica en la necesaria accesoriedad de estas posiciones en cuestión respecto a otras relaciones intercurrentes (*sic*) entre la Administración y los administrados, relaciones para cuyo mejor ejercicio se hace necesaria una más destacada supremacía de la Administración frente al otro sujeto de la relación, siendo por ello que aparecen como relaciones de supremacía accesorias de otras relaciones principales. Contenido genérico de esta supremacía es una situación de especial sujeción personal del individuo frente a la Administración, más acentuada de la que sea la normal sujeción frente a la Administración considerada simplemente como titular del poder de imperio. (...) además del contacto personal del individuo con la esfera de la Administración, es condición necesaria para la existencia de una relación de especial supremacía de la Administración sobre los individuos, la insuficiencia del normal poder de policía, fundado sobre la supremacía general de la Administración, para regular y reprimir actividades de los individuos con el fin de asegurar el mejor ejercicio de una determinada relación administrativa.

243 Renato Alessi, *op. cit.*, p. 231. *Cfr.* Rasponi, "Il potere-disciplinare", Padova 1942, Tomo I; Romano, S., "Il potere disciplinare de lie pubbliche amministrazioni" (citado par Rasponi, *op. cit.*); y en particular ver Zanobini, "Le sanzioni administrative", Torino 1932.

privados "de los que existen algunos ejemplos en Derecho Privado y de los que disfrutan, por ejemplo, la presidencia de las asociaciones, círculos e instituciones semejantes, frente a sus miembros y que por tener fundamento contractual quedan totalmente al margen del poder disciplinario de la Administración".[244] Igualmente, es el concepto de *supremacía especial* el que en Italia justifica la no aplicación del universal principio *"nullum crimen sine lege, nulla pena sine lege"* de modo que las faltas disciplinarias no requieren que se encuentran establecidas por ley o reglamento. Igualmente, la supremacía especial es la que justifica el carácter administrativo de los actos que derivan del poder disciplinario.

Así, podría interpretarse equivocadamente que la violación de los deberes inherentes al cargo que ocupe un empleado del concesionario que comprometa indirectamente la buena marcha del Servicio o de las transgresiones de los propios usuarios de las normas interiores establecidas para la buena marcha de un servicio, e incluso el propio comportamiento del usuario que sin implicar la transgresión de una norma específica pero que constituya un obstáculo por la buena marcha del servicio, justifica plenamente el ejercicio del poder disciplinario por parte del concesionario, como funciones públicas delegadas por propio acto de concesión y no necesariamente derivadas de una delegación legislativa.

Sin embargo, tal equivocación no debe cometerse si nos percatamos que la fundamentación del poder disciplinario de la Administración, no puede ni es la misma que la del poder disciplinario que ejerzan los particulares. Ello, pues las relaciones de supremacía especial sola y únicamente se justifican en las relaciones de la Administración en sentido orgánico con sus dependientes, y cuando más se ha extendido a las relaciones que puedan existir entre ésta y los usuarios de los servicios públicos gestionados en forma directa o las relaciones de la Administración con los sujetos auxiliares de la función o servicio público.

No podría entonces aplicarse por "analogía" dicha relación de supremacía especial, y derivar los efectos de la misma, a las relaciones entre dos particulares, por mucho que uno de ellos ejerza un servicio público, pues como bien hemos indicado cuando el ejercicio de un servicio público implica el uso de poderes, el ejercicio de verdaderas funciones, las mismas deben ser públicas y expresamente delegadas por Ley.

Además, debe advertirse que algunos de los poderes que frente a los empleados del servicio y frente a los usuarios gozan los concesionarios de servicios públicos, podrían tener una naturaleza simplemente contractual, así, cuando el particular decide utilizar el servicio se acoge, como contrato de adhesión, a las condiciones generales del servicio que incluye la normativa dictada por el concesionario. Así, dichos actos carecerían de ejecutoriedad y su cumplimiento tendría que ser demandado por vía ordinaria. De hecho si bien en Italia el personal del servicio tiene la facultad de constatar las infracciones, levantando las correspondientes actas que hacen fe según la Ley

---

244 Renato Alessi, *op. cit.*, p. 232.

como las de la policía judicial, haciéndolas gozar de efectividad, las infracciones de las normas sólo dan lugar a la denuncia ante la autoridad judicial y al correspondiente proceso penal, o de ser el caso a la conciliación administrativa, restando toda ejecutoriedad a dichos actos.

Por su parte, en el caso de la función reglamentaria la ley que regule el servicio preverá su ejercicio por el concesionario y normalmente dispondrá de algún tipo de control previo o posterior por parte del Ministro respectivo. De lo contrario el acto reglamentario dictado por el concesionario no podrá considerarse más que como una simple instrucción de servicio de naturaleza meramente contractual[245] y sin derivar carácter de actos administrativos.[246]

Ahora bien, debe admitirse que de ser considerados actos administrativos algunos de los actos de los concesionarios del servicio público, dichos actos cumplirían las mismas condiciones que en el derecho administrativo clásico se exigen a los actos administrativos de origen privado, toda vez que estarían presentes tanto la noción de servicio público como la de poder de mando o de prerrogativa pública en sentido estricto y aún cuando el fundamento de la existencia de tal prerrogativa sea una delegación legislativa o *simplemente* administrativa.

## C. Consideraciones finales (irrecurribilidad ante el contencioso)

Ya hemos indicado que algunos actos dictados por los particulares que actúan como auxiliares de las funciones o servicios públicos se consideran en Italia como actos objetiva o materialmente administrativos en virtud del fin público a que sirven y por los medios que utilizan al dictarlos. También hemos indicado que la doctrina mayoritaria considera que dichos actos, en virtud de la naturaleza jurídica del sujeto del cual emanan, no se pueden equiparar a los fines del contencioso administrativo, a los actos dictado directamente por el Estado y demás entes públicos.

Sin embargo, ello merece ciertas aclaratorias pues la jurisprudencia a los efectos de la Ley del contencioso administrativo de 1865, ha admitido la posibilidad de que algunos actos de los sujetos privados investidos de funciones públicas sean considerados como verdaderos actos administrativos, en particular, los actos dictados por los concesionarios de servicios públicos en ejercicio de una función que le ha sido delegada. Así, la IV Sección del Consejo de Estado, ha interpretado la Ley que lo regula en el sentido de admitir su competencia para conocer los recursos contra actos de la sociedad concesionaria.

No obstante, si bien esa jurisprudencia demuestra el carácter substancialmente administrativo de dichos actos, la doctrina más calificada se ha calificado la misma como una verdadera "equivocación".[247]

---

245 *Ibidem.*

246 Renato Alessi, *op. cit.*, p. 230.

247 Guido Zanobini, *Scritti vari di Diritto pubblico, op. cit.*, p. 116.

En efecto, señala Zanobini que no puede interpretarse de la jurisprudencia que ha admitido la competencia del contencioso administrativo para conocer de las actos materialmente administrativos de las sociedades concesionarias de servicios públicos, que los actos emanados de los sujetos auxiliares se encuentran sometidos a esa jurisdicción. Ello pues, cuando el órgano contencioso ha admitido su competencia lo ha hecho no en atención a la naturaleza material del acto sino a que ha considerado, equivocadamente, que las sociedades concesionarias forman parte del complejo orgánico de la Administración pública. Según el autor citado no podría ser de otro modo pues, por una parte, las razones que dieron origen a los órganos del contenciosos administrativo y a los límites de la competencia del orden judicial, fueron meramente de naturaleza subjetiva, es decir, para evitar las intervenciones del poder judicial en la gestión de la Administración Pública como complejo orgánico en violación del principio de separación de poderes que informa la Estado moderno; y, por la otra, la competencia del contencioso administrativo fue creada para dar a los ciudadanos una defensa contra las eventuales abusos del poder ejecutivo y no contra los propios ciudadanos.

Así, dada la importancia de las consideraciones del citado autor consideramos pertinente su cita que, aunque extensa, resulta en extremo interesante:

> las restricciones que fueron hechas en aquélla Ley en relación a las competencias de la autoridad judicial, no pueden tener sino una justificación meramente subjetiva, *ratione personae*, no objetiva, *rationes materia*. La Ley habla claro a este propósito, *controversias en las cuales esté implicada la Administración pública:* es la cualidad pública del sujeto autor del acto la que determina la restricción, no la naturaleza material del acto considerado en sí mismo. Desde el momento en que los actos jurídicos en cuestión, aunque de derecho público por su función y por sus efectos, deriven de privados, de sujetos que no hacen parte del poder ejecutivo y que menos todavía representan al Estado o una entidad administrativa, está excluido que ellos puedan entrar entre aquéllos contemplados en la Ley de 1865. La jurisprudencia verdaderamente ha comprendido que tal debía ser la interpretación de la Ley, sin embargo cayó en un error en la interpretación de los hechos: en considerar, o sea, como así se ha expresado, que *las sociedades concesionarias de las grandes servicios del Estado formen parte integrante de la Administración pública.*
>
> De la misma naturaleza es la equivocación, a donde más recientemente ha caído la IV Sección del Consejo de Estado, reteniéndose competente a juzgar sobre las recursos traídos por terceros contra los actos administrativos de entidades privada concesionarias de servicios públicos. El artículo 22 de la Ley sobre el Consejo de Estado habla de *actos de autoridad administrativa o de un cuerpo administrativo deliberante.* La competencia jurisdiccional del Consejo de Estado fue creada para

> dar a las ciudadanos una defensa contra los eventuales abuses del poder ejecutivo, en aquéllas materias en las cuales todavía ella no tenía, en virtud de la ley de 1865. No haciendo parte las sociedades concesionarias del poder ejecutivo, los ciudadanos no necesitan de ser defendidos contra ellos mismos, más de lo que necesitan ser defendidos contra cualquier otra sociedad privada con la cual tienen un relación de interés. Igualmente hay que excluir, contra los actos de los organismos indirectos, cualquier forma de recursos administrativos. Los recursos administrativos deben tener siempre por fundamento una relación de dependencia jerárquica, la cual no existe en la relación que une a las autoridades del Estado con las privados que ejercen funciones públicas.
>
> Si se quisiera dudar de todo esto, por la consideración que los actos de tales entidades privadas puedan constituir un peligro particular para los ciudadanos, en cuanto puedan ser ejecuciones de poderes públicos análogos a aquéllos privados del poder ejecutivo, se puede contrariamente relevar que la protección deficiente que ha sido dada a los terceros referente a las actos administrativos de estos órganos indirectos, es compensado por la mayor extensión, que tiene en relación a los mismos la autoridad judicial.[248]

Dichas consideraciones han sido ampliamente admitidas por la doctrina y jurisprudencia italiana, que ve el contencioso administrativo como el contencioso de la Administración Pública y no de los actos administrativos. Sin embargo, consideramos que calificados como administrativos, los actos deberían poder ser conocidos por la jurisdicción contencioso administrativo, en virtud de la especialidad de la materia y la experticia de los jueces administrativos para conocer de ella, al igual de que deberían ser procedentes los recursos en sede administrativa contra cualquier acto, administrativo o no, de los gestores de un servicio público.

No obstante, hemos de admitir que el problema de la competencia de los órganos del contencioso administrativo italiano, en poco debería afectar el análisis de la naturaleza material de los actos emanados de los sujetos auxiliares de funciones o servicios públicos.

Pues bien, coma ha podido apreciarse los sujetos auxiliares constituyen una variada lista que incluye supuestos distintos a los que suponen la doctrina de los actos administrativos de origen privado tal como ha sido tratada en Francia y a la vez presenta un ámbito de aplicación mas limitado y con una fundamentación más exegética que doctrinal. Además se ha podido apreciar que tanto desde el punto de vista de los principios generales del derecho administrativo italiano como del análisis de las principales actuaciones de los sujetos auxiliares de la función

---

248 *Ibidem*, pp. 116 y 117.

administrativa, la doctrina clásica de los actos administrativos de origen privado permanece invariable aún cuando la forma en que se expone y el léxico *utilizado varíen substancialmente.*

En consecuencia, son las nociones de servicio público y de prerrogativas públicas las que en los dos países que mayor influencia han tenido en Venezuela, determinan el carácter administrativo de un acto de origen privado.

# CONCLUSIÓN DE LA PRIMERA PARTE

Luego del análisis histórico efectuado puede afirmarse que tanto en el derecho administrativo francés como en el italiano se encuentra plenamente reconocido que los particulares pueden excepcionalmente dictar actos administrativos. Sin embargo, también resulta de dicho análisis que la doctrina de los actos administrativos de origen privado, en ambos sistemas jurídicos, descansa sobre nociones tan vagas e imprecisas que sólo la prudencia de los jueces puede impedir que se utilice como instrumento para invadir el campo de aplicación de otras ramas jurídicas.

Según ésta doctrina, en Francia sólo pueden dictar actos administrativos aquellos particulares que son gestores de un servicio público. Esta condición es absolutamente necesaria y su aplicación es estricta. No obstante, si bien es cierto que para identificar tal situación la doctrina y jurisprudencia a dado ciertos parámetros, es sólo el Juez en su libre discrecionalidad, quien en definitiva apreciará el carácter de la actividad. La "incorporación" del ente a la Administración, que representa la manifestación contemporánea del criterio orgánico, responde a los conocidos índices reveladores de publicidad cuyo contenido altamente subjetivo es conocido por todos. La identificación del "interés general" involucrado en toda actividad de servicio público, que representa el elemento material de la definición, depende de las circunstancias de tiempo y lugar, época y costumbre, y se somete a las más diversas interpretaciones ideológicas. En todo caso debe considerarse que a los fines de la doctrina de los actos administrativos de origen privado, el término servicio público se ha utilizado en su acepción más amplia, inclusiva no sólo de las actividades prestacionales sino también de la policía administrativa y de las actividades de fomento.

Pero no basta que el "particular" realice una actividad de servicio público. Es también indispensable para que el acto sea considerado como administrativo en el sistema francés, que el mismo responda al ejercicio del poder de decisión o de acción unilateral y del poder de ejecución de modificar el ordenamiento jurídico y afectar de mayor o menor manera, directa o indirectamente, los derechos personales o patrimoniales de los particulares, prerrogativas las cuales, como expresión de la soberanía del Estado, requieren normalmente de una expresa y precisa delegación legislativa.

Pues bien, es sólo la aplicación estricta de ambas condiciones lo que permitirá verdaderamente mantener a la doctrina de los actos administrativos de origen privado a sus verdaderos límites y evitar interpretaciones excesivas que hagan aplicable el derecho administrativo y la competencia contencioso-administrativa, a situaciones realmente sometidas al derecho privado y al orden judicial.

La simple manifestación de voluntad de un particular que realice una actividad de servicio público no bastará para calificar el acto de administrativo, aún cuando tal manifestación sólo busque el logro de la actividad de interés general que se gestiona. A la inversa, no podrá "interpretarse" que un acto dictado fuera del ejercicio de una actividad de servicio público representa el ejercicio de la potestad decisión o de ejecución, pues no puede concebirse la existencia de una delegación de prerrogativas públicas a particulares que no sean gestores de un servicio público, que realicen actividades de simple interés general o de un sólo interés particular.

Es probable que el lector desprevenido considere que en Italia tales condiciones no son exigibles en la misma medida que lo son en Francia. Sin embargo, si se analiza con detenimiento puede perfectamente apreciarse que la diferencia entre ambos sistemas es únicamente terminológica y metodológica.

De hecho cuando un particular se le atribuye en Italia el ejercicio de una función, es decir, una actividad administrativa no prestacional de interés general y que involucre el ejercicio de un poder, y dentro de tal ejercicio se dictan actos administrativos, podremos estar seguros que se cumplen las mismas condiciones que se exigen en el derecho administrativo francés. Idéntica apreciación podemos tener cuando se le atribuya a un particular la gestión de un servicio y en la misma se dicten actos administrativos.

Claro podría argumentarse que en el primer caso, ejercicio de una función, al no ser una actividad prestacional no estaríamos en presencia de un servicio público. Pues bien, eso sería cierto sólo si se adopta el sentido restringido del término "servicio público" que utiliza la doctrina italiana, pero sería totalmente falso si, en ánimos a la uniformidad de criterios que hemos escogido, al analizar el acto se adopta la noción más amplia que el derecho administrativo francés contemporáneo da al término servicio público, en especial dentro de la doctrina de las actos administrativos de origen privado, es decir, comprensivo de toda actividad de interés general, aún no prestacional, ejercida por un sujeto incorporado a la Administración.

Igualmente, se podría señalar que aparentemente en Italia un particular que realice una simple actividad prestacional, que ejecute un servicio público, puede dictar actos administrativos, es decir, sin que concurra el ejercicio de prerrogativas públicas. Sin embargo, nada podría estar más alejado de la verdad pues precisamente el particular, al dictar un acto considerado coma administrativo, convierte el ejercicio de un servicio público en el ejercicio de una función, o más propiamente confunde el ejercicio de servicio con el de la función, desvirtuando la apariencia y descubriendo nuevamente la concurrencia de condiciones que existe en el derecho administrativo francés.

Por ello consideramos que a pesar que en italiana la doctrina sobre los actos administrativos de origen privado no exista como tal, que la misma deba ser extraída del tema de los sujetos auxiliares de funciones o servicios públicos así como de los principios generales del derecho administrativo italiano (expuestos en forma infinitamente más complicada que en Francia), y que corresponde al investigador elaborar sus propias conclusiones para luego hacer su propia formulación, debemos concluir que tanto en Italia como en Francia para que un acto de origen privado se considere administrativo ha de ser dictado dentro del ámbito de una actividad de servicio público y constituir el ejercicio del poder soberano de mando.

# SEGUNDA PARTE

# LA DOCTRINA DE LOS ACTOS ADMINISTRATIVOS DE ORIGEN PRIVADO EN VENEZUELA

# INTRODUCCIÓN

La influencia del derecho francés en Venezuela no ha impedido el desarrollo de concepciones propias para resolver los distintos problemas que se presentan en el rico y extenso campo del derecho administrativo. Sin embargo, en ese afán de "evolución", de separarse de las raíces fundamentales de esta rama jurídica y de sus conceptos elementales y cuya lógica permiten dar al derecho administrativo un cierto grado de sencillez, más la jurisprudencia que la doctrina venezolana ha creado interpretaciones sin la debida formulación de los principios generales y relativamente absolutos, que permitan al interprete aplicarlas a todos los casos semejantes, presentando así al derecho administrativo patrio como una rama jurídica sin ámbito de aplicación realmente definido, incluso para aquellos dedicados a un verdadero esfuerzo de sistematización.

Es muestra de ello, el que no podamos conocer una definición cierta del acto administrativo o, lo que es quizás mas grave, el que tengamos una definición de acto administrativo que permita ser aplicada para caracterizar actos la más variada naturaleza.

En lo que se refiere a la definición del acto administrativo es quizás el menosprecio del criterio orgánico y formal, unido a un desarrollo excesivo del criterio material, lo que nos ha llevado a extremos indeseados: por una parte se ha pretendido limitar el control contencioso administrativo al excluir de éste ciertos actos de la Administración Pública, y por la otra, se ha extendido dicho control en forma desmedida a actos emanados de particulares.

Este último supuesto, que ocupa el interés de éste trabajo, es el que ilustra más acertadamente ese desatinado deseo de la jurisprudencia de "innovar por innovar", quizás para que no la culpen de "importar por importar".

En efecto, inicialmente la jurisprudencia reconoció ciertos actos de origen privado sin una formulación específica sobre las condiciones necesarias para su existencia de este tipo de actos. No pasaría mucho tiempo, para que señalara que bastaba la existencia de prerrogativas públicas delegadas por Ley, para que un particular en su ejercicio dictara actos administrativos. Ninguna mención se hizo sobre la necesaria presencia de un servicio público, dando la impresión de que pudieran existir prerrogativas públicas con independencia de toda consideración de interés general. Incluso, llegó a admitirse sin ningún rigor lógico, la suficiencia y alternatividad de las nociones de servicio público y de prerrogativas públicas, como condiciones existenciales de los actos administrativos de origen privado.

Sin embargo, los errores cometidos inicialmente fueron paulatinamente corregidos. Pronto se presentó la doctrina de los actos administrativos de origen privados, en forma armónica con el derecho comparado. Estrictas condiciones serían ahora necesarias para calificar de administrativos los actos de los particulares, su reconocimiento tendría carácter excepcional: En lo adelante, para poder calificar como administrativo algún acto emanado de un particular debe encontrarse presente tanto el ejercicio de prerrogativas públicas que en forma precisa y especial hubiesen sido delegadas por una Ley a un particular, como la actividad de servicio público.

Sin embargo, en el proceso se produjeron ciertas contramarchas, que de no haberse corregido habrían permitido extender el campo de aplicación de la doctrina de los actos administrativos de origen privado tan lejos como lo hubiera permitido la discrecionalidad del juez: se llegó a pensar que bastaría que los actos de los particulares fueran dictados con el difuso fin de servicio público, para que pueden considerarse como administrativos, independientemente de la existencia o no de prerrogativas públicas.

Igualmente, durante el proceso, se mezclaron conceptos propios del sistema jurídico italiano, totalmente inaplicables al supuesto de los actos administrativos de origen privado y pertenecientes a la teoría de la organización administrativa, con conceptos propios del derecho administrativo clásico, ambos sacados del contexto en el que se presentan en su país de origen y adaptándolos cuando fuere necesario, para tratar de fundamentar en ello la posición jurisprudencial, sin percatarse de la absoluta confusión que crearon y que continúa creando.

Sin embargo, no sólo durante el proceso de formulación de los principios que alimentan esta doctrina se cometieron errores, sino que ademas se cometieron excesos en la aplicación de los mismos a los ca.sos concretos que fueron objeto de analisis por la jurisprudencia, y que por increibles que parezcan hoy son adrnitidos por la doctrina mayoritaria.

Pero todo ello no es parte sino de la epidemia *ius publicista* que ha sufrido el paí durante los años ochenta y que desde la década de los sesenta se viene gestando con la tendencia a menospreciar los criterios orgánico y formal como criterios definitorios del acto administrativo y de muchas otras instituciones de esta rama jurídica, para permitir que el criterio material se adueñe de la escena.

En ese sentido, es indispensable entender el efecto que ha tenido el criterio material en nuestra doctrina y jurisprudencia, dentro del marco de la problemática definitoria del acto administrativo, y estudiar las variaciones cronológicas que ha experimentado la jurisprudencia en relación al tema, para conocer el contexto en el cual han tenido lugar las sentencias cuyos postulados constituyen la doctrina de los actos administrativos de origen privado, y que constituirán el objeto principal de nuestro análisis.

# I. LA PROBLEMÁTICA DEFINITORIA DEL ACTO ADMINISTRATIVO Y LOS ACTOS DE AUTORIDAD

El problema de la doctrina de los actos administrativos de origen privados en Venezuela encuentra su origen en la inexistencia de una definición cierta y estable del acto administrativo y en particular al intento doctrinal y jurisprudencial de desarrollar conceptos "más avanzados" que permitan unificar el tipo de control jurisdiccional de actos que supuestamente sólo se diferencian de la diversa naturaleza de los entes de los cuales emana. Es el producto de un crecimiento desmedido del criterio material, que si bien encuentra su principal reflejo en la problemática definitoria de los actos administrativos, se manifiesta en la mayoría de los temas del derecho administrativo.

Así, si bien inicialmente no era posible concebir que los particulares dictáramos actos administrativos, hoy nos invade una epidemia ius publicista cuyo principal efecto es una infinita ansiedad de ver en toda actuación privada algo de administrativo, descalificando de antemano toda explicación propia del derecho común sobre el carácter privado de la misma.

## 1. EL CRITERIO ORGÁNICO VS. EL CRITERIO MATERIAL

En Venezuela, al igual que en la mayoría de los países de derecho continental, y en particular a mediados del presente siglo, el derecho administrativo ha sufrido una influencia innegable del derecho administrativo francés. Y es a raíz de tal influencia que la mayoría de los conceptos de derecho administrativo han sido definidos de conformidad con los principios franceses y han sufrido una evolución semejante a la que éstos han experimentado.

Sin embargo, también debe admitirse que a medida que ha evolucionado la doctrina administrativa en Venezuela, ésta ha intentado desarrollar un camino propio para resolver los problemas fundamentales que presenta esta rama jurídica: En algunos casos nuestra doctrina se ha revelado a las enseñanzas del derecho administrativo clásico[249] para formular posiciones -que aunque no se compartan- constituyen alter-

249 Puede destacarse en ese sentido el empeño del profesor Brewer -muy loable ciertamente- de buscar concepciones autóctonas del derecho administrativo y muy especialmente en los temas de los contratos de la Administración y de la responsabilidad administrativa. Así, en su artículo "La evolución del concepto de contrato administrativo" publicado en el *Libro Homenaje al Profesor Moles Caubet* (Tomo 1, U.C.V, Caracas 1981, p. 41) señala que "...el problema, en nuestro caso, es que el concepto de los contratos administrativos, como categoría jurídica contrapuesta a los contratos de derecho privado de la Administración, ha sido tributario, solamente, de las concepciones teóricas y de los criterios de la doctrina y jurisprudencia francesa, pero no de las justificaciones prácticas y pragmáticas de aquélla distinción. La repartición de competencias jurisdiccionales en Francia, ha sido factor clave en el nacimiento y desarrollo del derecho administrativo y en la concepción misma del contrato administrativo; en definitiva, ha sido la justificación del propio derecho administrativo. En nuestros países y en la gran

nativas válidas frente a la realidad patria; en otros casos se han acogido doctrinas de países menos desarrollados que el derecho administrativo francés y que en definitiva son una copia defectuosa de éste.[250]

## A. El criterio orgánico

Ahora bien, a pesar de la marcada influencia del derecho francés, y con motivo de la realidad constitucional venezolana que permitía una concepción más moderna del principio de separación de poderes,[251] en lo que a la definición del acto adminis-

---

mayoría de los que han sido tributarios del derecho francés, ello no ha ocurrido, ni es así. De allí la tendencia observada, una vez lograda la necesaria madurez doctrinal, por abandonar tantas teorías y concepciones basadas en una situación de origen adjetivo, circunstancial por lo demás, y por estructurar nuestras propias concepciones. No se trata de innovar por innovar, sino de sustantivizar el propio derecho administrativo conforme a las peculiaridades de nuestros países para dejar de importar por importar. Allí, la labor de los últimos veinte años de doctrina española la cual, sin desconocer los aportes de las concepciones francesas, ha desarrollado una formidable labor doctrinal cuya influencias se comienzan a hacer sentir en nuestros países".

En el mismo sentido pero en lo que respecta a la Responsabilidad Administrativa señala: "Uno de los signos característicos de la teoría de la responsabilidad administrativa en Francia, donde por primera vez se admitió, es su total autonomía e independencia respecto a la responsabilidad Civil. (...) Muchas causas están en el origen de esta construcción francesa. Sin embargo, para nosotros una de las causas principales de esta construcción original derogatoria del derecho común, radica en la insuficiente regulación que el Código Napoleón trae en sus artículos 1.382 y siguientes sobre la responsabilidad civil extracontractual. En Venezuela, la situación es radicalmente distinta. Contamos con un Código Civil con una magnífica y moderna regulación de la responsabilidad extracontractual inspirada en el Proyecto de Código Franco-italiano de las Obligaciones. Por ello creemos que, en ausencia de una reglamentación legal de la responsabilidad administrativa, puede intentarse fundamentar la responsabilidad extracontractual de la Administración en los principios del Código Civil." *(Cfr.* Allan R. Brewer-Carías, *Las instituciones fundamentales del derecho administrativo y la jurisprudencia venezolana,* E.J.V., Caracas 1964, p. 420).

250 En particular, es de destacar la profunda influencia que en la Corte Primera de lo Contencioso Administrativo ha tenido la doctrina italiana en particular a través de la exmagistrada de la Corte Suprema de Justicia en Sala Político Administrativa, Magistrada Hildegard Rondón de Sansó. (Véase por ejemplo *El procedimiento administrativo,* Editorial Jurídica Venezolana, Caracas 1983)

251 Quizás es ocioso destacar que en Venezuela tenemos una Separación de Poderes relativa y flexible pues, por una parte, no existe una asignación exclusiva y excluyente de las diversas funciones estatales ya que como señala el artículo 118 de la Constitución "Cada una de las ramas del Poder Público tiene sus funciones propias; pero los órganos a los que incumbe su ejercicio colaborarán entre si en la realización de los fines del Estado"; y, por la otra, existen órganos constitucionales con autonomía funcional

trativo se refiere, los criterios orgánico y formal han dado paso al criterio material o funcional.

Mientras el acto administrativo era definido en función del órgano del cual emanaba, no podía surgir la doctrina de los actos administrativos de origen privado, siendo imposible que un particular manifestara su voluntad con carácter imperativo, amparada de la presunción de legalidad, legitimidad y veracidad, haciéndola ejecutiva y ejecutoria, pues ello sólo podía ser obra de la Administración Pública[252] como complejo orgánico.

Así, el control del contencioso administrativo se veía limitado a conocer de los actos de la Administración Pública, quedando excluidos del mismo cualquier acto emanado del Poder Legislativo o del Poder Judicial, además de los actos administrativos de origen privado, por el sólo hecho de emanar de un órgano no perteneciente a dicho complejo orgánico.[253]

---

como son la Contraloría General de la República, la Fiscalía General de la República, el Consejo Supremo Electoral y el Consejo de la Judicatura, que no pueden integrarse dentro de la estructura de ninguno de los tres poderes tradicionales, Ejecutivo, Legislativo y Judicial.

252 Recordemos que en Venezuela -no sin contradicciones jurisprudenciales- se entiende que el término "Administración pública" comprende tanto la Administración Pública Nacional como la Administración Pública Estatal y Municipal, de modo que en algunas oportunidades se habla de "las Administraciones Públicas" en plural. Ahora bien, la determinación de los órganos que comprenden cada una de las Administraciones Públicas menores, esto es, la Estatal y Municipal, se parte del concepto de Administración Pública Nacional, ya que aquéllas son tradicionalmente estructuradas de una forma semejante a esta. Así, la jurisprudencia ha indicado ese "...conjunto orgánico que conforma la Administración Pública Nacional en el régimen constitucional venezolano, está a su vez integrado por tres conjuntos orgánicos: en primer lugar, la Administración Central, regida tanto por la Ley Orgánica de la Administración Central, destinada al conjunto de los órganos que dependen directamente del Ejecutiva Nacional (entre los cuales se destacan los Ministerios y las Oficinas Centrales de la Presidencia de la República), como por la Ley Orgánica de la Procuraduría General de la República, que califica a esta como órgano de representación jurídica y asesoría de la Administración Pública Nacional (Presidente y Ministerios); en segundo lugar, la Administración Descentralizada, conformada por los institutos autónomos regulados en el artículo 230 de la Constitución, las personas jurídicas de derecho público con forma societaria, las empresas del Estado, las Fundaciones del Estado y las Asociaciones Civiles del Estado; y en tercer lugar, por las administraciones con autonomía funcional establecidas en la Constitución (Contraloría General de la República, Fiscalía General de la República, Consejo de la Judicatura o que tienen su fundamento en ella, como es el Consejo Supremo Electoral" (*Cfr.* C.S.J.-S.P.A, 28 de noviembre de 1988, *Revista de Derecho Público*, N° 38, Caracas 1989, pp. 80-82).

253 El artículo 206 de la Constitución establece que "...los órganos de la jurisdicción contencioso-administrativa son competentes para anular los actos administrativos ...".

En efecto, hasta los años sesenta tanto la doctrina como la jurisprudencia dominante Venezolana permanecieron ceñidas al criterio orgánico para definir el acto administrativo y el ámbito de competencia de la jurisdicción contencioso administrativa.

El, profesor Lares Martínez en su manual de derecho administrativo publicado en 1964 acogía plenamente el criterio orgánico para limitar el acto administrativo a los actos dictados por la Administración Pública, y consideraba que eran éstos y sólo éstos los que interesarían al derecho administrativo y los que estarían "sujeto a los recursos creados por el ordenamiento jurídico para hacer efectiva la supremacía de la Ley sobre los mandatos de la Administración", pues los actos sancionados por las Cámaras Legislativas sin importar su contenido estarían sometidos al derecho constitucional y los actos de los tribunales civiles y penales, al derecho procesal y penal.[254]

Por su parte José Guillermo Andueza considera que el criterio orgánico, junto con el criterio formal, es el criterio utilizado por la propia Constitución "para la distribución constitucional de las competencias entre los órganos del Estado", explicando que "...el Congreso dicta leyes y otros actos. Para diferenciar estos diversos tipos de actos hay que acudir al criterio formal, es decir, hay que atenerse al procedimiento y forma prescritos para la producción de una Ley o de un acto de control. Los actos administrativos, son aquellas declaraciones de voluntad de la Administración Pública sometidas al derecho administrativo. Esta manifestación de voluntad se expresa en diversas formas: los decretos, las resoluciones, las circulares e instrucciones de servicio, etc. Y los actos judiciales son aquellas declaraciones emanadas de un juez para concretar la sentencia, que resuelve un conflicto de intereses, pero también puede adoptar la forma de auto, con el cual se dirige el proceso o se conceden autorizaciones que desde el punto de vista material pueden tener la naturaleza de acto administrativo."[255]

En fin, el profesor Farias Mata[256] ha señalado que "...lo que podría reconducir a unidad la teoría del acto administrativo es la observación de que los sometidos al régi-

---

Por ello al igual que en Francia la definición del acto administrativo influye definitivamente en la determinación de la competencia de los órganos de dicha jurisdicción.

254 Tal posición ha sido totalmente modificada para acoger el criterio material en las ediciones más recientes del referido Manual.

255 *Cfr.* "Actos recurribles por inconstitucionalidad en la Ley Orgánica de la Corte Suprema de Justicia", en publicación del Instituto de Derecho Público: *El control jurisdiccional de los Poderes Públicos en Venezuela,* Caracas, 1979, p. 58, y "El control de la constitucionalidad y el contencioso-administrativo", en Antonio Moles-Caubet y otros: *Contencioso Administrativo en Venezuela,* Caracas, 1981, pp. 76 y 77.

256 *Cfr.* "La doctrina de los actos excluidos en la Jurisprudencia del Suprema Tribunal", en Archivo de Derecho Público y Ciencias de la Administración", Volumen I, 1968-1969, p. 335; y "Procedimiento para la fijación de Cánones de Arrendamiento en el derecho venezolano" en *Studia Jurídica,* N° 3, Caracas 1973, pp. 423 y 425. Tal posición se ha visto suavisada solo para destacar, en el voto salvado de la sentencia *Francisco Ruiz Becerra vs. Consejo de la Judicatura* del 28 de febrero de 1985, que "en Venezuela ha sido a menudo desdeñada la importancia del criterio orgánico –sin que sea necesario llegar al otro extremo de considerarlo preponderante o monopólico– en la identificación del acto administrativo".

men administrativo son solamente los dictados por la Administración" (...) "siendo la referencia al criterio orgánico de clasificación de los actos administrativos demasiado evidente, tanto en la Constitución como en la Ley, para que la Corte pueda sustituirlo por otro".[257]

En forma similar, la antigua Corte Federal definía el acto administrativo como aquellas "manifestaciones de voluntad de la Administración Pública que afectan a la situación jurídico-administrativa personal o patrimonial de un administrado, como son las que crean o definen una situación de derecho administrativo"[258] e incluso encontramos que a nivel legislativo el artículo 7 de la Ley Orgánica de Procedimientos Administrativos, define el acto administrativo -aún cuando se critique tal definición por "inútil, incompleta y errada"-[259] desde un punto de vista primordialmente orgá-

---

257 Voto salvado de la sentencia de la Corte Suprema de Justicia en Sala Político Administrativa, del 26 de marzo de 1985 (caso *Francisco Ruiz Becerra vs Consejo de la Judicatura*) (Consultada en original). En dicho voto salvado explicaba el profesor Farias como tanto el constituyente como el Legislador destacan el criterio orgánico: "En cuanto aquél, obsérvese cómo las disposiciones de los ordinales 3°, 4°, 6°, 7° y 8° del artículo 215, determinan las materias de la competencia de este Supremo Tribunal a través de los órganos de los cuales emanan los respectivos actos: *Cuerpos legislativos; cuerpos deliberantes de Estados o Municipios; Ejecutivo nacional; controversias entre la República, Estados Municipios* ... Y en relación con el legislador, por no citar sino algunos ejemplos: la Ley Orgánica de Procedimientos Administrativos entiende por actos administrativos -artículo 7°, que aún a diferentes criterios para identificarlos- las declaraciones emitidas *por los órganos* de la administración pública, a las cuales asimila también las emanadas de administraciones *estatales, municipales, Contraloría y Fiscalía General de la República* (artículo 1°); y asimismo la Ley Orgánica de la Corte Suprema de Justicia, al enunciar las competencias de este Supremo Tribunal, incesantemente acude al criterio orgánico (artículo 42, ordinales: 1°, 3°, 4°, 9°, 10°, 11, 12, 14, 15, 22, 23, 26) para identificar las actos sometidos a su control, surgidos de *cuerpos legislativos* nacionales y *cuerpos deliberantes* de los Estados o Municipios; del *Poder Ejecutivo Nacional;* de los *órganos* unipersonales o colegiados del *poder público;* del Consejo Supremo Electoral *o de otros órganos del Estado* de igual jerarquía a nivel nacional; controversias entre y contra la *República* o algún *Estado o Municipio* o *Institutos Autónomos* o entre *autoridades políticas o administrativas;* de abstención o negativa de *autoridades nacionales...* La enunciación sería interminable si se analizan las veces que el criterio orgánico sirve de sostén para la atribución de competencias no sólo a la Corte sino también a otros tribunales contencioso-administrativos".

258 Corte Federal, Sentencia del 3 de junio de 1959, citada por Allan R. Brewer-Carías, *Las instituciones fundamentales del derecho administrativo y la Jurisprudencia venezolana,* U.C.V., Caracas 1964, p. 99.

259 Brewer-Carías en su libro *El derecho Administrativo y la Ley Orgánica de Procedimientos Administrativos* (Colección de Estudios Jurídicos, N° 16, E.J.V., Caracas 1982, pp. 138 y ss.) sostiene: "Esta definición del acto administrativo, sin duda, recoge lo que la doctrina ha calificado como definición del acto por el órgano del cual emana...

nico al señalar que "Se entiende por acto administrativo, a los fines de esta Ley, toda declaración de carácter general o particular emitida de acuerdo con las formalidades y requisitos establecidos en la Ley, por los órganos de la Administración Pública".

Sin embargo, el criterio orgánico resultaba poco flexible a las variables situaciones que presenta el desarrollo de la actividad administrativa, impidiendo de esa forma catalogar como administrativos los actos de idéntica naturaleza emanados de un órgano no perteneciente al Poder Ejecutivo, por una parte, y por la otra, haciendo necesario acudir a ciertas precisiones extrañas a las solas consideraciones subjetivas, como sería el régimen exorbitante de derecho común al que deben estar sometidos los actos, para evitar incluir como tales los "actos privados de la Administración", es decir, los actos dictados por ésta bajo un régimen preponderante de derecho común.

## B. El desarrollo del criterio material

Las inflexibilidad del criterio orgánico y la imposibilidad de definir el acto administrativo en base sólo a la consideración subjetiva, sin acudir a nociones satélites, daban pie a la búsqueda de nuevos criterios ya desarrollados en el derecho administrativo clásico. Así, el criterio material más pronto que tarde comenzó a admitirse doctrinalmente incluso en aquellos que autores inicialmente defendieron el criterio orgánico, buscando un concepto "más acorde con la realidad jurídica".[260]

Ya Brewer-Carías[261] en su tesis de grado publicada en septiembre de 1964 promovía el criterio material señalando que cuando la Corte se refería a la "Administra-

---

Al acoger esta definición orgánica del acto administrativo, la Ley, en realidad, ha realizado una definición inútil, incompleta y errada, porque en nuestro criterio, en el derecho administrativo venezolano, no es admisible la definición orgánica de los actos administrativos...es una definición inútil, ya que queda claro,..., que la definición que se da al acto administrativo es a las fines de esta Ley... Por tanto, decir en el artículo 7 que acto administrativo, a las efectos de esta Ley, son los emanados de la Administración Pública, es absolutamente inútil porque la Ley en realidad, sólo puede regular los actos administrativos emanados de la Administración Pública... Pero además, se trata de una definición incompleta y errada porque, el acto administrativo no es sólo el que emana de las órganos de la Administración Pública... la noción del acto administrativo en el Ordenamiento Jurídico Venezolano, no puede derivarse de una sola definición orgánica, sino que tiene que ser establecida por una combinación de criterios, orgánico, material y formal, y no puede condicionarse al ejercicio de una función específica del Estado".

260 Hildegard Rondón de Sanso, "Introducción al Estudio del Acto Administrativo", *Libro Homenaje a la Memoria de Roberto Goldshmith*, Caracas 1967, p. 792.

261 *Cfr.* Allan R. Brewer-Carías, *Las instituciones fundamentales del derecho administrativo y la jurisprudencia venezolana, op. cit.*, p. 99; *Derecho Administrativo*, Tomo I, 2° edición, U.C.V., Caracas 1981, pp. 3381 y ss; *Fundamentos de la Administración Pública*, Tomo I, 2° edición E.J.V., Caracas, 1984, pp. 60 y ss.; *Instituciones Políticas y Constitucionales*, Tomo I, E.J.V. 1, pp. 407 y ss.; "El problema de la definición del acto

ción" no podía entenderse que utilizaba el término en un sentido orgánico "relativo a los órganos que componen lo que nuestra Constitución denomina la Administración Pública"[262] sino como "toda autoridad pública actuando en función administrativa",[263] por lo que el acto administrativo debía definirse por su propia calidad o contenido y no por la naturaleza del órgano del cual emana, es decir, como "toda declaración de voluntad que emane de una autoridad pública para producir determinados efectos jurídicos, actuando en función administrativa".[264]

---

administrativo", en *Libro Homenaje al Doctor Eloy Lares Martínez, U.C.V.*, Tomo 1, Caracas 1984, pp. 25 y ss.

262 Allan R. Brewer-Carías, *Las instituciones fundamentales del derecho administrativo y la jurisprudencia venezolana, op. cit.*, p. 102. Sin embargo, el autor no daba para la fecha ninguna explicación del porqué debía interpretarse de esa forma la intención de la Corte cuando se refería a la Administración Pública, obviando el hecho que de hablar de la "Administración" inicializada en mayúscula parecería suficiente para pensar que la Corte sí se refería al complejo orgánico pues de lo contrario se habría referido a la "administración" con minúscula. Al efecto, recordemos la explicación del profesor Lares en su *Manual de Derecho Administrativo* (5° edición, Caracas 1983, p. 14) según la cual: "En el derecho público se utiliza la palabra administración en el significado estricto, exclusivamente en relación con el Estado y entidades menores de carácter estatal, como Estados integrantes de la Unión Federal, los Municipios y los institutos autónomos. También dentro de este campo restringido, el término administración es usado en dos sentidos diferentes, en el sentido objetivo, como actividad, tarea o función del Estado y en el sentido subjetivo, esto es, como cuerpo o conjunto de entes u órganos ordinariamente encargados de ejercer la expresada actividad o función. Este cuerpo o conjunto de entes u órganos que tienen a su cargo principalmente la tarea de hacer cumplir las leyes constituye la Administración Pública, o más brevemente, la Administración (escrito con mayúscula)".

263 *Idem*, p. 117. El autor caracteriza la función administrativa desde el punto de vista formal como, "la actividad realizada en ejecución inmediata de la Legislación y mediata de la Constitución y que no consiste en la declaración de lo que en un caso es derecho con fuerza de verdad legal", distinguiéndose así de la función jurisdiccional, de legislación y de gobierno al estilo de Merkl, pero destacando además que la misma puede ser ejercida por cualquiera de los órganos del Estado, aún cuando no pertenezcan al Poder Ejecutivo y que se distingue por su finalidad de Servicio Público entendida como "toda actividad que en ejecución de la Ley y como gestión de los intereses públicos, realiza una autoridad pública con el objeto de mantener y hacer mantener incólumes las garantías constitucionales; a respetar y hacer respetar los derechos constitucionales de los ciudadanos; a hacer cumplir los deberes constitucionales de los ciudadanos; o a cumplir las obligaciones constitucionales del Estado venezolano, con miras a obtener el bienestar general y la seguridad social".

264 Allan R. Brewer-Carías, *op. cit.*, p. 116. Hoy dia el autor revisando la definición propuesta en su tesis, es más específico y define el acto administrativo como "toda manifestación de voluntad de carácter sublegal, realizada, primero por los órganos del Poder Ejecutivo, es decir, por la Administración Pública, actuando en ejercicio de la

Igualmente, el profesor Lares Martínez a pesar que en su conocido Manual de Derecho Administrativo, publicado unos meses antes de la tesis de Brewer, en mayo 1964,[265] definía el acto administrativo en sentido orgánico, ha terminado por plegarse a la posición mayoritaria para definir el acto administrativo, en base al criterio material, como "todas las declaraciones emanadas de los órganos del Estado -y no sólo de la Administración- actuando en ejercicio de la función administrativa, productoras de efectos jurídicos".[266]

Por su parte, el mismo profesor Farias-Mata, admite que la preeminencia del criterio orgánico en la definición de acto administrativo prevista en el artículo 7 de la Ley Orgánica de Procedimientos Administrativos es sólo aparente, pues la propia Ley "en su señalado artículo inicial entiende, así sea relativamente, como órganos administrativos -a los solos fines del control de la legalidad de los actos por ellos emitidos- a los municipales y a la Contraloría y Fiscalía General de la República, obviamente distantes del Poder ejecutivo"[267] y que no se debe llegar al extremo de considerar al criterio orgánico como preponderante, predominante o monopólico".[268]

De esa forma la tendencia a definir el acto administrativo desde un punto funcional, es decir, con base a su propia naturaleza o contenido se consolidó fuertemente en nuestra jurisprudencia. La Sala Político Administrativa de la Corte Suprema de Justicia en diversas oportunidades ha expresamente indicado que "la condición

---

función administrativa, de la función legislativa y de la función jurisdiccional; segundo, por los órganos del Poder Legislativo (de carácter sublegal) actuando en ejercicio de la función administrativa; y tercero, por los órganos del Poder Judicial, actuando en ejercicio de la función administrativa y de la función legislativa" *(El Derecho Administrativo y la Ley Orgánica de Procedimientos Administrativos,* E.J.V., Caracas, 1982. p. 141; "El problema de la definición del Acto Administrativo" en *libro Homenaje a Eloy Lares Martínez,* UCV, Caracas, 1984, pp. 25 y ss.).

265 Eloy Lares Martínez, *Manual de Derecho Administrativo,* Primera Edición, Caracas 1964.

266 Eloy Lares Martínez, *Manual de Derecho Administrativo,* 5a edición, Caracas 1983, p. 140. Notemos la deficiencia de tal definición al referirse únicamente a la función administrativa pues de conformidad con el criterio material el ejercicio de funciones legislativas o jurisdiccionales por órganos no pertenecientes al complejo orgánico de la Administración, también puede dar lugar a caracterizar los actos como administrativos.

267 Luis H. Farias Mata, "Las bases del contencioso administrativo en Venezuela: precisiones y perspectivas", Trabajo mimiografiado, expuesto el día 5 de mayo de 1986 en el auditorium de la Universidad Católica Andrés Bello con motivo de los actos preparados por esta Institución para conmemorar los 25 años de vigencia de la Constitución de 1961.

268 *Voto Salvado* de la Sentencia Francisco Ruiz Becerra vs. Consejo de la Judicatura, del 28 de febrero de 1985. (consultada en original).

del acto administrativo no emana, necesariamente, de la índole del organismo que lo realiza, sino de la función o facultad que ejerce al realizarlo"[269] y que "las más recientes y avanzadas teorías de derecho público que establecen una distinción entre las funciones o actividades del Estado y los actos dictados en ejercicio de la función. En ese sentido, se adopta una definición material de las funciones del Estado, es decir, basada en la naturaleza de la actividad estatal y no en la forma o el órgano del cual emana, y se sostiene que, para llegar a dicha caracterización material, resulta indispensable no confundir la función misma con el acto que emana de su ejercicio, o sea que no se debe mezclarse la naturaleza de la actividad estatal (función) con el resultado de su ejercicio".[270]

---

269 Corte Federal y de Casación en Pleno, 4 de abril de 1951, "no son los nombres o denominaciones sino la naturaleza o contenido lo que da a los actos, tanto de los funcionarios como de los particulares, su verdadero carácter y significación propia" *(Cfr. Gaceta Forense* N° 7, 1952, p. 17), Corte Federal y de Casación en Pleno, 30 de octubre de 1952, "los actos administrativos, como los judiciales, fiscales,... lo son por su naturaleza, por la cuestión que en ellos se ventila, y no cambia ese carácter ni suspende ni restringe la facultad del funcionario a quien la ley le da competencia para conocer y decidir, la circunstancia de que otra autoridad conozca de asunto semejante y aún conexo con aquél" *(Gaceta Forence* N° 12, p. 18); (citadas por Allan R. Brewer-Carías, "Derecho Administrativo", Tomo I, 2a edición, U.C.V., Caracas 1981, p. 389); C.S.J.-S.P.A., 16 de Julio de 1963, 26 de mayo de 1968, del 2 de junio de 1977 y 10 de enero de 1980 (Miranda Entidad de Ahorro y Préstamo) (Consultadas en original). Estas sentencias resumen la razón por la cual el criterio orgánico se ha considerado esencial, al señalar: "Tal conclusión surge del supuesto, admitido y reconocido por la doctrina administrativa, que atribuye carácter complementario y de recíproca cooperación a los diversos organismos a través de los cuales el Estado ejerce sus funciones, en forma tal que unos y otros según las atribuciones que respectivamente les señalan las leyes, realizan eventualmente actos de índole distinta a las que por su naturaleza les incumbe. Este parecer no desconoce el principio de la separación de Poderes ni la ineficacia de los actos realizados con usurpación de autoridad. Por el contrario, en opinión de ésta Sala la división de poderes no coincide plenamente con la separación de funciones, pues corrientemente se asignan al Poder Legislativo potestades típicamente administrativas y aún jurisdiccionales y al Poder Judicial, funciones administrativas como el caso del nombramiento de jueces que hace este mismo Tribunal, y a la inversa, se atribuyen al Poder Ejecutivo, funciones legislativas, como la reglamentación parcial o total de las leyes sin alterar su espíritu, propósito y razón, que es considerado como ejemplo más típico de la actividad legislativa del Poder Ejecutivo, toda vez que el Reglamento es norma jurídica de carácter general dictado por la Administración Pública, para su aplicación a todos los sujetos de derecho y en todos los casos que caigan dentro de sus supuestos de hecho. En otros casos, la autoridad administrativa imparte justicia, decide una controversia entre partes litigantes en forma similar a como lo hace la autoridad judicial..."

270 *Ibidem.*

## 2. EL CRITERIO MATERIAL Y LOS "ACTOS DE AUTORIDAD"

Ahora bien, el criterio material en su aplicación ha traído consecuencias naturales y habría que admitir que positivas, pues ha permitido someter a un mismo control y un mismo régimen actos cuya naturaleza esencial era idéntica y que sólo diferían en la naturaleza de su autor. Sin embargo, pareciera que la jurisprudencia ha sobredimensionado su importancia, llegando a excesos indeseados.

### A. Consecuencias naturales en la aplicación del criterio material

La definición material del acto administrativo ha traído como consecuencia natural inicial que se considere que ni todos los actos de la Administración Pública son actos administrativos ni todos los actos administrativos provienen de la Administración Pública.

En efecto, la jurisprudencia de la Corte en varias oportunidades ha indicado que "no se debe atribuir el carácter de administrativo a todo acto que emane del Ejecutivo Federal o que sea cumplido en su nombre por sus empleados o agentes; que el Ejecutivo, por virtud de su función administrativa, puede originar dos tipos de reacciones jurídicas, según que obre como poder público en el ejercicio del *jus imperi* o según que obre como sujeto de derechos y obligaciones sin ejercer su *jus imperi*. En el primer caso, el Ejecutivo Federal actúa ejerciendo su poder impositivo y el otro u otros sujetos de la relación jurídica creada en virtud de ese poder, se encuentran frente al ejecutivo en un plano de subordinación; en el segundo caso, cuando el Ejecutivo actúa como sujeto de derecho y obligaciones, tal como cualquier otro sujeto de derecho, la relación jurídica que surge es producto de la concorde voluntad de todos y se encuentra en un plano de coordinación"[271] por lo que "conviene no olvidar las diferencias sustanciales entre los diversos actos de la Administración Pública, pues las autoridades administrativas no sólo producen actos administrativos, sino que según su competencia pueden producir actos sometidos al derecho privado".[272]

En ese sentido es ilustrativo la bien conocida sentencia de *Leopoldo Díaz Bruzual,*[273] donde la Corte consideró que un acto del Presidente de la República que guardó todas las formalidades de un decreto presidencial, es decir, de un acto emanado del máximo jerarca de la Administración Pública (criterio orgánico), y de carácter sublegal (criterio formal), no constituía un acto administrativo toda vez que no había sido dictado en función administrativa.[274]

---

271 *Gaceta Forense,* 2a Etapa, N° 49, p. 200 (1967).

272 C.S.J.-S.P.A. 11 de agosto de 1965, *Gaceta Oficial* N° 27.845 del 22 de septiembre de 1965. Ver igualmente sentencias del 30 de enero de 1987 del 5 de junio de 1986 y del 18 de julio de 1985, consultadas en original.

273 C.S.J.-S.P.A. 18 de junio de 1985, *Gaceta Forense,* 3era etapa, N° 129, Vol. I, 149 y ss. (1985).

274 Señala la sentencia en cuestión luego de analizar la naturaleza privada del Banco Central de Venezuela (cuestión bastante controvertida en la doctrina, antes de la

Igualmente, puede citarse la sentencia *Fetraeducación*[275] en la cual la Corte desestimó su competencia para conocer de un acto emanado del Ministro de Edu-

---

última reforma de la Ley del Banco Central que definitivamente le reconociera su carácter especial pero de derecho público) que "si bien la designación de todos los miembros del Directorio proviene del Presidente de la República, no actúa éste en el caso como jerarca de la Administración Pública Nacional, sino como un órgano de la compañía anónima a quien, en sustitución de la asamblea, se le ha conferido la tarea de seleccionar los miembros que integrarán el órgano principal de la administración privada del ente creado. La designación efectuada por el Presidente no constituye entonces un acto administrativo estatal, sino parte del proceso administrativo privado de organización de una compañía anónima, que se rige -salvo norma especial en contrario de la ley del Banco Central de Venezuela- por las disposiciones pertinentes del Código de Comercio" (...) "En ejercicio pues de una potestad de derecho privado, como órgano sustitutivo de la asamblea en virtud de la Ley del banco Central de Venezuela -que tiene jurídicamente el mismo valor que el contrato constitutivo de la sociedad (artículo 84 de la Ley de 1939)- el Presidente de la República revocó la designación del presidente del Instituto que en uso de la misma facultad había efectuado su antecesor en el cargo (artículo 19 de la Ley vigente)" y que "El empleo de la forma de Decreto para ejercer dicha facultad no era necesaria, porque, como se ha dicho no constituyen actos administrativos estatales, ni la designación ni la revocación. Pero se trata de un elemento puramente externo que en nada puede desnaturalizar la esencia del acto de derecho privado ejecutado por el Presidente de la República".

Pudiéramos no obstante pensar que la Corte no desestimó la naturaleza administrativa del acto en virtud a la función ejercida sino con base a un criterio orgánico, simplemente en consideración de que se trataba de "un órgano de la compañía anónima" y no de un órgano administrativo, sin embargo, la referencia al "ejercicio de una potestad de derecho privado" nos hace pensar que la Corte analizó el asunto más como un problema material que como un problema orgánico. Cualquiera sea la situación llama sin embargo poderosamente la atención que la propia Sala en fecha 11 de Julio de 1989 con motivo de la impugnación del Decreto Ejecutivo N° 7 de 2 de febrero de 1989, por medio del cual el Presidente de la República designó a Pedro R. Tinoco R., Presidente del Banco Central de Venezuela, se declaró competente "conforme a lo dispuesto en el Ordinal 24 del artículo 42 en conexión con el Artículo 43 de la Ley Orgánica de la Corte Suprema de Justicia" y "en atención a la naturaleza jurídica del acto administrativo cuya nulidad se solicita". (C.S.J.- S.P.A. 17 de julio de 1989, consultada en original).

275 C.S.J.-S.P.A. 5 de junio de 1986, *Gaceta Forense,* 3° etapa, año 1986, abril-junio, Vol. I, N° 132, p. 279. La Corte señaló en esa oportunidad: "...el contencioso-administrativo se justifica cuando las situaciones jurídicas de las particulares en sus relaciones con la Administración estén reguladas por normas de Derecho Administrativo *(vgr.* relaciones de empleo público, servicios públicos, ejercicios de derechos cívicos, etc.). No es contencioso administrativo, por el contrario -como ha expresado la Corte en los fallos citados y en otros de análoga orientación- cuando la relación que se crea

cación, a través de la Dirección de Informática, que descontó un (1) día de salario a todo el personal obrero a su servicio, por cuanto se trataba de un acto de la Administración Pública no sometido al derecho administrativo sino regido par la legislación laboral.

En fin, recordemos las sentencias que han excluido la competencia del contencioso administrativo a las actos de registro público bajo el argumento según el cual la declaratoria de nulidad del acto recurrido incidía directamente en la validez del acto civil objeto de la protocolización[276] siendo que el contencioso administrativo se reduce a "las asuntos derivados de un acto administrativo de la actividad de algún sujeto de la Administración Pública que contenga una relación jurídica, cuyos efectos se extienden al campo del derecho público" y no a "situaciones ... en que el funcionario administrativo cumple su actuación con arreglo a ciertas formalidades legales, como consecuencia de un proceso judicial entre particulares y en el cual se ventilan asuntos que pertenecen a la esfera del derecho privado..." pues "... ni el contenido ni las efectos de esa actuación expresan la existencia de una decisión de la autoridad capaz de establecer un vínculo directo entre la Administración Pública y los administrados, cuyos derechos puedan ser afectados por esa decisión".[277]

---

entre la Administración y los particulares está regida por normas de Derecho Privado (civil, mercantil, laboral, etc.), pues en tales casos, aunque intervenga la Administración Pública, tanto el acto como los derechos y obligaciones que de él derivan son de índole privada y en la solución de sus conflictos se aplican normas del derecho privado"... "Por lo expuesto, concluye la Sala que su competencia y la de los otros órganos de la jurisdicción contencioso-administrativa en lo atinente a los recursos contencioso-administrativos de anulación, ha de quedar circunscrita al conocimiento de las pretensiones que se dirijan a impugnar actos emitidos por los órganos de la Administración Pública en ejecución de normas de derecho administrativo y, por consiguiente, se encuentran excluidos del control de esa misma jurisdicción los actos de la Administración Pública emitidos con arreglo a otras ramos del ordenamiento jurídico positivo".

276 C.S.J.-S.P.A., del 13 de marzo de 1967, *Gaceta Forense* N° 55, 1967, p. 106-113. El caso particular se refería al registro de un remate judicial y la Corte indicó expresamente: "No podía la Corte decidir el presente recurso, sin invadir el fuero de la jurisdicción ordinaria, porque para declarar la inexistencia del registro del acto de remate a que se refiere la demanda, tendría que pronunciarse también sobre la inexistencia del remate judicial por haberse realizado en contravención a las disposiciones del artículo 376 del Código de Procedimiento Civil, lo cual es de la competencia de los tribunales ordinarios" La interpretación natural de dicha sentencia permite sostener que tal limitación del contencioso administrativo para conocer de los actos de Registro no existía si la declaratoria de nulidad no afecta la validez o existencia del acto jurídico civil que se pretende protocolizar.

277 *Ibidem*. Recordemos que la situación es diferente en los casos de negativas del Registrador para la protocolización de documentos pues en dichos casos la propia Ley de Registro Público regula el recurso jerárquico ante el Ministro de Justicia

Por otra parte, el poder Ejecutivo dicta actos en función de gobierno y en función legislativa, esto es, actos de gobierno y Decretos Leyes, de confonnidad con el artículo 190, ordinales 6° y 9°, artículo 240 y artículo 190, ordinal 8° de la Constitución, respectivamente, con naturaleza substancialmente diferente a la de los actos administrativos. Ello es evidente en el estado actual de nuestra doctrina y no merece mayores comentarios.

Asimismo, no son los órganos de la Administración Pública los únicos capaces de producir actos administrativos, sino que también un órgano jurisdiccional o legislativo es capaz de producirlos.

En efecto, la jurisprudencia del contencioso-administrativo es pacífica en señalar que los actos que se dicten los jueces en ejercicio de las facultades disciplinarias y correccionales[278] incluso las órdenes de arresto disciplinario, "aunque no se trata

---

contra cuya decisión procede el respectivo recurso contencioso administrativo de anulación.

278 Existen otros tipos de actos dictados por los Jueces pero cuya naturaleza administrativa deriva no sólo de la función que ejercen sino también con base al criterio orgánico pues en dichos casos el Tribunal actuaría no como órgano del Poder Judicial sino como sustituto de un órgano administrativo por virtud de la Ley. Así, los actos dictados por la secretaría de los tribunales de comercio actuando en virtud del artículo 17 del Código de Comercio, como "Registro Mercantil o de Comercio" es decir como registro en que los comerciantes asentan todos los documentos que según el Código deben anotarse en el Registro de Comercio, lo hacen como "órgano administrativo" y no como "órgano judicial en función administrativa". En ese sentido lo ha establecido la propia Corte Suprema en sentencia de Sala de Casación Civil de fecha 21 de septiembre de 1989 (consultada en original) actuando como Tribunal constitucional al conocer del amparo interpuesto por la empresa INVERSIONES E INMOBILIARIA REVALCA C.A. al señalar: "De la misma solicitud de Amparo Constitucional antes transcrita, aparece que el solicitante le imputa la violación de la garantía constitucional de la libertad económica, contenida en el artículo 96 de la Constitución de la República de Venezuela, al Registrador Mercantil que es, en el caso, el mismo titular del Juzgado Segundo de Primera Instancia en lo Civil, Mercantil, Tránsito y Trabajo de la Circunscripción Judicial del Estado Trujillo. Igualmente en la parte petitoria de la Solicitud de Amparo, pide el exponente que se ordene al mencionado Registrador Mercantil, dejar sin efecto legal el oficio N° 2421 de fecha 16 de octubre de 1987, dirigido al Registrador Subalterno del Distrito Valera del Estado Trujillo. Del análisis de lo solicitado, aparece que la petición de Amparo Constitucional no obra contra una resolución o sentencia, o acto emanado de un Tribunal de la República actuando como órgano jurisdiccional, que sería el caso en que la acción de Amparo debe interponerse ante un Tribunal Superior al que emitió el pronunciamiento. Si bien, en el caso, el acto al cual se le atribuye la violación de la garantía constitucional emana de un Juez y de un Tribunal, no ha sido dictado con ocasión del ejercicio de la función propiamente jurisdiccional de ese órgano. No ha sido obrando como Tribunal creado y constituido para dirimir las conflictos de intereses que se susciten entre partes en reclamación de

el autor del acto de un órgano de la Administración Pública sino del Poder Judicial, ..., por su contenido funcional, ... constituye un acto administrativo",[279] así como las medidas tomadas por órganos del Poder Judicial relativas a la administración de su personal, o la organización del tribunal, al orden y respeto del recinto de las tribunales[280] son de naturaleza administrativa, especialmente cuando nombra y remueve sus funcionarios.[281] .

En igual sentido existen un conjunto de actos dictados par el Poder Legislativo por ejemplo al dictar las reglamentos internos de las Cámaras y aplicar las sanciones que en ellos se establezcan para quienes lo infrinjan (artículo 158, ordinal 1° de la Constitución), al calificar a sus miembros y conocer de sus renuncias (artículo 158 ordinal 2° de la Constitución) al organizar el servicio de policía de las Cámaras (artículo 158, ordinal 3° de la Constitución), al dictar actos tendientes a remover los obstáculos

---

algún derecho, ni siquiera ha sido dictado en actuación de jurisdicción -graciosa o voluntaria. En criterio de esta Sala, el acto al cual se le atribuye la violación constitucional ha sido realizado por el Registrador Mercantil del Estado Trujillo y no por el Juez de Primera Instancia, y en consecuencia es de índole absolutamente administrativa y por ello no se encuentra dentro del predicado del artículo 4° de la Ley Orgánica de Amparo Sobre Derechos y Garantías Constitucionales, pues, no emana de un Tribunal de la República, obrando como tal".

279 C.S.J,-S.P.A. 7 de noviembre de 1967 (consultada en original), CPCA, 4 de abril de 1983, en *Revista de Derecho Público,* N° 14, 1983, p. 160.

280 C.S.J.-S.P.A. 19 de julio de 1984, (caso Alí Quiñones Medina) en *Revista de Derecho Público* N° 19, 1984, p. 122. Ponencia de Josefina Calcaño de Temeltas. La Corte señala textualmente; "...el desarrollo del contencioso-administrativo en Venezuela, inspirado en las más actualizadas doctrinas administrativas, así como la presencia de los instrumentos jurídicos que lo orientan o regulan (Ley Orgánica de la Corte Suprema de Justicia, Ley Orgánica de Procedimientos Administrativos), permite establecer a la hora actual que dichas decisiones conforman una especie de la categoría genérica de actos administrativos, porque, a través de tales providencias, el tribunal actúa, no en ejercicio de la función jurisdiccional que le es propia, sino en función administrativa. En efecto, tanto la doctrina como la jurisprudencia reconocen que cuando los órganos del Poder Judicial toman alguna medida relativa a la administración de su personal *(vgr.* nombramiento, destituciones, permisos, etc.), o a la organización del tribunal (reglamentos), o al orden y respeto en el recinto de los tribunales (sanciones correctivas o disciplinarias), no están resolviendo una controversia entre partes declarando derecho aplicable con fuerza de verdad legal (función jurisdiccional), sino actuando como sujetos de derecho en una determinada relación jurídica, como gestores del interés público y, por consiguiente, las declaraciones de voluntad que emitan en cualquiera de los supuestos anotados, son de naturaleza administrativa y no jurisdiccional".

281 C.SJ-S.P.A. 26 de mayo de 1981 Consultada en original. CPCA sentencia del 13 de diciembre de 1984, ponente Hildegard Rondón de Sanso, *Revista de Derecho Público,* N° 20, 1984, p. 128.

que se opongan al ejercicio de sus funciones (artículo 158, ordinal 4° de la Constitución) o la ejecución de su presupuesto (Artículo 158, ordinal 5° de la Constitución), lo cual ha sido reconocido por la propia jurisprudencia de la Corte.[282]

Tales no son sino las consecuencias naturales en la aplicación de una definición material del acto administrativo, las cuales en el estado actual de nuestra doctrina y jurisprudencia son imposibles de negar y a veces hasta ocioso destacar. Sin embargo, la jurisprudencia, en la aplicación de la definición material del acto administrativo, ha caído en excesos indeseados que no son más que un preámbulo al nacimiento deformado de la doctrina de los actos administrativos de origen privado.

### B. Los excesos en la aplicación del criterio material

No han faltado quienes destaquen el peligro de sobredimensionar la importancia del criterio material frente al criterio orgánico y de frenar una tendencia iuspublisista que tiende a ver en toda actividad algún rasgo que permita caracterizarla de pública.

En ese sentido, destaca la posición del magistrado Farias-Mata quien en varias oportunidades ha señalado que "en Venezuela ha sido a menudo desdeñada la importancia del criterio orgánico -sin que sea necesario llegar al otro extremo de considerarlo preponderante, predominante o monopólico- en la identificación del acto administrativo. Desdeño colindante con el menosprecio, al no tomar en cuenta la relevancia que a tal criterio le conceden el constituyente y el legislador".

Asimismo, Brewer-Carías, precursor de la definición material del acto administrativo en Venezuela, ha expresamente rechazado la utilización del criterio material como criterio único y excluyente para tal fin, indicando: "Me aparto también de la sola utilización del criterio material que en otra época, catorce años atrás, yo mismo utilicé y que define el acto administrativo por el ejercicio de la función administrativa, pues identifica lo inidentificable: acto estatal con función estatal, cuando ambos conceptos son substancialmente distintos. La utilización de este solo criterio, por ejemplo, dejaría fuera de su categorización como actos administrativos a los actos dictados por autoridades administrativas en ejercicio de la función jurisdiccional... Esto me ha llevado a la conclusión de que, por tanto, el rechazo de un criterio único y mágico para definir el acto administrativo -esencialmente heterogéneo en su forma y contenido- conduce a

282 C.S.J.-S.P.A. 19 de diciembre de 1974. Consultada en original. Dicha sentencia que trataba no sobre un acto del Poder Legislativo Nacional sino al nombramiento de los miembros de la Comisión delegada de una Asamblea Legislativa, se señaló textualmente: "La designación de los miembros de la Comisión Delegada por la Asamblea Legislativa de un Estado si bien es un acto legislativo atendiendo al órgano del que emana es, desde el punto de vista material, un acto administrativo, por cuanto, en virtud del mismo, se crea una situación jurídica subjetiva en relación con determinados funcionarios del cual dimana para estos derechos y deberes que los inviste de una situación especial en relación con los restantes miembros del cuerpo legislativo".

propugnar la definición del acto administrativo a través de una mezcla de criterios: el orgánico, el material, el formal."[283]

Pues bien, el menosprecio del criterio orgánico y revalorización del criterio material, desconociendo tan valiosas advertencias doctrinarias, ha dado lugar a excesos jurisprudenciales, que, por una parte, ha llevado a excluir del control contencioso administrativo a actos que en sana lógica deberían ser considerados administrativos, y, por la otra, han extendido dicho control a actos de particulares.

Así, encontramos excesos tan extravagantes como el caso de la sentencia Francisco Ruiz Becerra vs. Consejo de la Judicatura,[284] del 25 de febrero de 1985, confirmada entre otras por la sentencia Hilario Pujol Quintero, del 1° de julio de 1986,[285] donde la

---

283 Allan R. Brewer-Carías, "El problema de la definición del acto administrativo", *op. cit.*, pp. 41y 42.

284 C.S.J.-S.P.A. 28 de febrero de 1985, Consultada en original. Ya la Corte había declarado inadmisibles recursos en materia de actuación disciplinaria del Consejo de la Judicatura, en sentencia de fecha 7 de marzo de 1974, (*Gaceta Forense* N° 83, año 1974, pp. 213 y ss): "La Ley Orgánica del Poder Judicial, que es la que disciplina la organización y funcionamiento del Consejo de la Judicatura, atribuye a este funciones administrativas de gran importancia, pero también le confiere funciones jurisdiccionales al definir su competencia para conocer de oficio, por denuncia o a instancia de parte de las faltas cometidas por los funcionarios que ella misma indica. En tal caso las decisiones que emanan de dicho cuerpo no son actos administrativos sino fallos o sentencias según los términos usados por el mismo legislador, y, en tal virtud, están excluidas del ámbito de aplicación del recurso a que se refiere el ordinal 9° del artículo 7 de la Ley Orgánica de la Corte Federal. Pero aún en el caso de que el Consejo de la Judicatura no fuere por su organización y funciones un Tribunal especialmente constituido para conocer de las juicios que se sigan contra los funcionarios a que se refiere la Ley por faltas que esta determina, las decisiones que dicte dicho cuerpo en ejercicio de esa potestad, quedarían siempre excluidas del control jurisdiccional de la legalidad que ejerce la Corte sobre los actos de la Administración Pública en cualesquiera de sus niveles...".

285 C.S.J.-S.P.A. 1° de julio de 1986. Dicha sentencia resume la tesis expuesta por la sentencia Francisco Ruiz Becerra en los siguientes términos: "En sentencia dictada por esta Sala el 25 de febrero de 1985 y publicada el 28 de los mismos mes y año (caso Francisco Ruiz Becerra), se dejó claramente establecida la naturaleza tridimensional del Consejo de la Judicatura que, de acuerdo con las normas constitucionales y legales que rigen su existencia y funcionamiento, tiene facultades normativas, administrativas o jurisdiccionales según las diversas modalidades del cumplimiento de la misión que le ha sido asignada. Su función jurisdiccional se manifiesta cuando ejerce el poder disciplinario que le ha sido expresamente conferido por el texto constitucional y que ha sido desarrollado en el Título V de la Ley de Carrera Judicial, donde se encuentran las normas procedimentales de un juicio regular que garantiza el derecho de defensa requerido tanto por la Constitución como por los convenios internacionales suscritos por la República. Con fundamento en las diversas razones expuestas en el referido

Corte Suprema de Justicia en Sala Político Administrativa desestimó la naturaleza administrativa de un acto emanado de! Consejo de la Judicatura[286] en materia disciplina-

---

fallo, la Corte no solamente declaró el carácter jurisdiccional de las decisiones dictadas por el Consejo de la Judicatura en materia disciplinaria, sino igualmente que, de conformidad con lo dispuesto en el artículo 62 de la Ley de Carrera Judicial, contra dichas decisiones no era admisible recurso alguno como entonces la Corte lo advirtió y hoy lo reitera, no ocurre lo mismo con cualesquiera otros actos -normativos o administrativos- emanados del Consejo de la Judicatura, sometidos naturalmente al control jurisdiccional de esta Corte Suprema, bien por la vía del recurso de inconstitucionalidad o del contencioso-administrativo". Algunos comentarios sobre la referida sentencia puede verse: Alberto Rausseo, "Las decisiones disciplinarias del Consejo de la Judicatura, ¿Nuevos actos excluidos del control jurisdiccional?, en *Revista de la Fundación Procuraduría General de la República,* Año 2, N° 2, Caracas 1987, p. 123, y en esa misma revista, "Dictámenes de la Procuraduría General de la República: Consejo de la Judicatura. Régimen de recurribilidad de sus actos, p. 173.

Sin embargo, el criterio de la Corte sobre la naturaleza tridimensional del Consejo de la Judicatura se modificó radicalmente con la sentencia de la Corte en Pleno del 6 de agosto de 1991, con ponencia de la Dra. Josefina Calcaño de Temeltas, al corregir que "El Consejo de la Judicatura es un órgano de naturaleza administrativa y que esa misma naturaleza tiene todas las atribuciones que ejerce, incluidas las que realiza en función disciplinaria". Véase igualmente sentencia de esa misma Sala del 28 de mayo de 1987, caso Morita Hernández vs. Consejo de la Judicatura en *Revista de Derecho Público,* N° 31, 1987, p. 107; Sentencia de esa misma Sala del 7 de marzo de 1988, caso Nora E. Díaz de Balza vs. Consejo de la Judicatura, en *Revista de Derecho Público,* N° 34, 1988, pp. 120 y ss.

286 Es necesario aclarar que de conformidad con la Ley Orgánica del Poder Judicial y según la sentencia del 20 de noviembre de 1983, de la Corte Suprema de Justicia en Sala Político Administrativa, con ponencia de Josefina Calcano de Temeltas, publicada en la *Revista de Derecho Público,* N° 16, 1983, p. 171, los actos administrativos de los jueces concernientes al personal a su servicio (Secretarios-alguaciles) son recurribles por vía contencioso administrativa, no estando sometidos a revisión por el Consejo de la Judicatura: "A la luz de las disposiciones transcritas se desprende que el poder disciplinario sobre los funcionarios (Secretario, Alguacil) y demás empleados de los tribunales, corresponde en forma exclusiva a los respectivos jueces bajo cuya subordinación se encuentran. En el caso concreto de los Secretarios se ha vista que su nombramiento y remoción es potestad de los jueces (art. 91), y las decisiones que éstos tomen en uno u otro sentido no están condicionadas a la aprobación o control de ningún otro órgano en sede administrativa, ya que sólo se prevé la participación correspondiente al Ministerio de Justicia, o al Consejo de la Judicatura a los fines de la administración presupuestaria y registro del personal judicial que ejerce este organismo. Es más, en cuanto a las sanciones disciplinarias por las faltas cometidas precisa claramente que éstas serán impuestas por el Juez, sin ulterior recurso (artículo 132). De lo anterior se deduce que, el Consejo de la Judicatura no tiene ninguna potestad de control sobre los actos de los Jueces en materia de administración de su personal, y específicamente

ria sobre los Jueces[287] porque materialmente se trataba de un acto jurisdiccional, y por ende no era dictado en estricta función administrativa, abriendo con ese criterio -hoy superado-[288] las puertas a actos excluidos del contencioso administrativo.

---

de sus Secretarios. La potestad disciplinaria del Consejo de la Judicatura sobre los Jueces está circunscrita a la actuación de los mismos por las faltas que cometan en ejercicio de sus cargos, tipificadas en la Ley de Carrera Judicial promulgada el 30 de diciembre de 1980.

287 La Corte por el contrario se reconocía, para la fecha de esa sentencia, competente para conocer algunos actos del Consejo de la Judicatura como el de no confirmación de jueces que tenían el derecho adquirido a la reelección. *Cfr.* sentencias de la Corte Suprema de Justicia en Sala Político Administrativa del 7 de junio de 1982 -caso Zamora Izquierdo- y 22 de marzo de 1984 -caso Suárez Fonseca- y 30 de junio de 1986 -caso Maritza Josefina Alvarado Mendoza- esta última publicada en la *Gaceta Forense,* 3° etapa, año 1986, abril-junio- Vol. I- N° 132, p 393.

288 Dicho criterio fue parcialmente corregido por vía legislativa al dictarse la Ley Orgánica del Consejo de la Judicatura del 7 de octubre de 1988 (*Gaceta Oficial* N° 34.068 del 7 de octubre de 1988) cuyo artículo 79 del nuevo texto legislativo señala textualmente: "Artículo 79: Contra las decisiones dictadas por el Tribunal Disciplinario del Consejo de la Judicatura, podrá interponerse recurso de nulidad por ante la Sala Político-Administrativa de la Corte Suprema de Justicia, únicamente cuando la sanción interpuesta sea de destitución. El término para intentar el Recurso será de diez (10) días hábiles, contados a partir de la fecha de su destitución." Obviamente dicho artículo al limitar el recurso contencioso a los actos de destitución, excluía a ciertos actos administrativos que en materia disciplinaria tomara el Consejo de la Judicatura como el de suspensión de ejercicio del cargo contra jueces, lo cual era contrario al artículo 206 de la Constitución. En consecuencia, la Corte Suprema de Justicia con base en el artículo 20 del Código de Procedimiento Civil comenzó a admitir los recursos de nulidad contra dichos actos de suspensión de ejercicio cambiando la postura sostenida en la sentencia Francisco Ruiz Becerra. Sin embargo, la situación quedó definitivamente resuelta cuando la Corte Suprema de Justicia en Sala Plena, decisión la inconstitucionalidad del artículo 79 de la Ley Orgánica del Consejo de la Judicatura, en sentencia del 6 de agosto de 1991 señalando: "...habiéndose establecido en el capítulo precedente de este fallo la organicidad administrativa del Consejo de la Judicatura, ello conduce, por vía de consecuencia, a reconocer idéntica naturaleza administrativa a todos los actos que de ese órgano emanan. Pero aún si se rechazara la calificación de acto administrativo por la providencia del órgano que lo dictó, los actos disciplinarios del Consejo de la Judicatura son también actos administrativos si se acude al criterio material o sustancial de los mismos, es decir, atendiendo a la naturaleza de la función o actividad del órgano estatal productor del acto, porque resulta que todas las atribuciones que le han sido conferidas al Consejo de la Judicatura por el legislador son realmente potestades típicamente administrativas"..."Precisado, pues que las sanciones disciplinarias dictadas por el Consejo de la Judicatura son actos administrativos desde cualquier ángulo que se les analice, resulta irrefutable que tales actos, sin distinción alguna, están sometidos al control de su regularidad constitucional y legal por

En ese mismo sentido aquellos casos donde se procedió a limitar el concepto de acto administrativo a sólo aquéllos actos dictados "por una autoridad pública actuando en ejercicio de la función administrativa" como señala la sentencia de esa misma Sala del 11 de agosto de 1965 Stud Santa María,[289] permitiendo la restricción del ámbito del control jurisdiccional, que la citada sentencia Fetraeducación del 5 de junio de 1985[290] adoptó, al lapidariamente señalar que "el contencioso administrativo se justifica cuando las situaciones jurídicas de los particulares en sus relaciones con la Administración estén reguladas por normas de Derecho Administrativo... No es contencioso administrativo, ... cuando la relación que se crea entre la Administración y los particulares está regida por normas de Derecho Privado (civil, mercantil, laboral, etc.) pues, en tales casos aunque intervenga la Administración Pública, tanto el acto como los derechos y obligaciones que de él derivan son de índole privada y en la solución de sus conflictos se aplican normas de Derecho Privado".[291]

---

parte de la jurisdicción contencioso-administrativa y, concretamente, de la máxima autoridad judicial en ese campo: la Sala Político Administrativa de este Supremo Tribunal, con arreglo a lo previsto en el artículo 42, ordinal 12, de la Ley Orgánica de la Corte Suprema de Justicia. En consecuencia, al omitir el legislador en el artículo 79 de la Ley Orgánica del Consejo de la Judicatura, la recurribilidad del acto administrativo sancionatorio de suspensión del cargo, ha contrariado la letra y el espíritu de la norma contenida en el artículo 206 de la Constitución de la República, el cual no excluye ningún acto administrativo del control de la jurisdicción contencioso-administrativo, y así expresamente se declara".

289 C.S.J.-S.P.A., sentencia Stud Santa María del 11 de agosto de 1965.

290 C.S.J.-S.P.A., 5 de junio de 1986 consultada en original, C.S.J.-S.P.A. Auto del 30 de marzo de 1987, caso Asociación Nacional de Supermercados y Afines, (en original), C.S.J.-S.P.A., sentencia del 28 de abril de 1987, caso Sociedad Mercantil Arenera Las Mercedes C.A., en *Revista de Derecho Público,* N° 30, 1987, pp. 140 y 141; C.S.J.-S.P.A., sentencia del 15 de diciembre de 1987, caso Banco del Orinoco vs. Asitrabanca, en *Revista de Derecho Público,* N° 33, 1988, p. 125; C.S.J.-S.P.A. sentencia del 18 de abril de 1988, caso Inversiones Penoca C.A. vs. Ministerio del Trabajo, en *Revista de Derecho Público,* N° 34, 1988, p. 123; C.S.J.-S.P.A. sentencia del 13 de octubre de 1988, caso El Faro S.A. vs. Ministerio del Trabajo, *Revista de Derecho Público,* N° 36, 1988, p. 100; C.S.J.-S.P.A. del 24 de noviembre de 1988, en *Revista de Derecho Público,* N° 36, 1988, p. 101; C.S.J.-S.P.A. sentencia del 30 de enero de 1989, en *Revista de Derecho Público,* N° 37, 1989, p. 98;.C.S,J.-S.P.A. sentencia del 30 de mayo de 1989, caso Supleagro C.A., en *Revista de Derecho Público,* N° 38, 1989, p. 113; C.S.J.-S.P.A. sentencia del 5 de abril de 1991, Revista de Derecho Público, N° 46, p. 135, C.S.J.-S.P.A. sentencia del 17 de abril de 1991, consultada en original.

291 Sobre el significado de la sentencia en relación a la competencia del contencioso administrativo. *Cfr.* Eugenio Hernández-Breton, "De los límites exteriores de la jurisdicción contencioso administrativa" en *Revista de la Fundación Procuraduría General de la República,* Año 3, Número 3, Caracas 1988. pp. 175 y ss.

## C. Los actos de autoridad

La sobre extensión del papel del criterio material en la definición del acto administrativo también ha permitido extender peligrosamente los límites del contencioso administrativo a ciertos actos dictados por particulares, que no cumplen con las condiciones excepcionales y necesarias para que según las enseñanzas del derecho administrativo comparado se les pueda asignar el carácter de actos administrativos.

Al respecto ha señalado la doctrina que: "la continua interacción entre el derecho público y el privado, los excesos intervencionistas del Estado, han determinado que el campo del derecho privado se haya reducido notablemente. Marchamos a paso acelerado hacia una completa publicización del derecho. Esta tendencia ha sido también aprobada por la jurisprudencia de los tribunales contencioso-administrativos al querer, en un afán desmedido, someter todo acto a su control. En cada acto se ve algo de administrativo, de público. No dudamos que esta reacción se deba a una necesidad de brindar protección al ciudadano, al hombre común y corriente que indefenso se enfrenta a un Estado inmenso y avasallante sin disponer de mecanismos procedimentales de protección adecuados. Pero, la publicización de ciertos sectores del derecho privado ha tenido nefastas consecuencias."[292]

Tales afirmaciones reflejan precisamente el problema causado en parte por la doctrina de los actos administrativos de origen privado en Venezuela que, bajo la denominación de los "actos de autoridad", la jurisprudencia de la Corte Primera de lo Contenciosos Administrativo ha desarrollado, para catalogar como administrativos los actos emanados de un particular, cuya defectuosa formulación y aún peor aplicación amenazan con reducir el ámbito de aplicación del derecho común en beneficio del derecho administrativo.

### *a. Antecedentes*

Históricamente la jurisprudencia ha reconocido expresamente que los Colegios Profesionales dictan actos administrativos. Sin embargo, a pesar de existir alguna discusión sobre la naturaleza de éstas personas jurídicas[293] nuestra jurisprudencia contencioso administrativa -a diferencia de la doctrina y jurisprudencia francesa- al parecer ha preferido ver en ellos una naturaleza pública.

---

292 Eugenio Hernández-Breton, *op. cit.*, p. 186.

293 Así, par ejemplo Brewer-Carías los ubica como personas de derecho público aunque no estatal (*Cfr.* Allan R. Brewer-Carías, *Fundamentos de la Administración Pública,* Tomo I, 2° edición, Colección Estudios Administrativos N° 1, Editorial Jurídica Venezolana, Caracas 1984, p. 243) mientras que el profesor José Luis Aguilar Gorrondona, en aplicación del artículo 19 del Código Civil, considera que las Colegios Profesionales como persona corporativas de tipo asociativo, son de estricto derecho privado (*Cfr.* José Luis Aguilar Gorrondona, "Derecho Civil-personas" 6°, *Manuales de Derecho,* Universidad Católica Andrés Bello, Editorial Arte, Caracas 1982, p. 50).

Así, si bien en las sentencias que han tenido por objeto el análisis de actos de Colegios Profesionales, se ha hecho mención a las funciones propias de la Administración que éstos realizan y las prerrogativas públicas de que gozan, ello ha sido más para determinar la naturaleza pública de los mismos que para determinar la naturaleza administrativa de sus actos en base a una doctrina propia de los actos administrativos de origen privado.

En efecto, las primeras sentencias sobre los actos de los Colegios Profesionales hacían referencia tanto a la función propia a la Administración que ejercían estos entes corporativo como a las prerrogativas que en virtud de tal función se les había atribuido para caracterizar sus actos como administrativos. Es decir, la Corte parecía utilizar en perfecta armonía con la doctrina francesa tanto la noción de servicio público como la de prerrogativa, administrativa de los actos que conocía.

En ese sentido, la Corte Primera de lo Contencioso Administrativo de fecha 12 de febrero de 1981[294] ya señalaba que "Los Colegios Profesionales tienen por atribución directa del ordenamiento jurídico funciones que le son propias a la Administración (servicio público), y les da facultades administrativas sobre los miembros del Colegio (prerrogativas públicas), siguiendo la técnica que en Derecho administrativo se denomina la auto-administración. Así, se les otorga, por ejemplo, el control objetivo de las condiciones de ingreso en el Colegio y la potestad disciplinaria sobre sus miembros" (paréntesis nuestros).

Sin embargo, al destacar la mayoría de las sentencias la naturaleza pública, aunque no estatal, de los Colegios Profesionales, hacen pensar que la Corte no consideraba a los autores de los actos recurridos como verdaderos "particulares en ejercicio de funciones públicas" o sus actos como "actos de autoridad" o "administrativos de origen privado". Por el contrario, da la impresión que simplemente considera que los actos de tales personas corporativas son administrativos por emanar simplemente de entes de naturaleza jurídica pública.

Así, en sentencia del 9 de junio de 1983,[295] la Corte Primera de lo Contencioso Administrativo, con ponencia del Magistrado Román J. Duque Corredor, decidió conocer de los actos del Colegio de Oficiales de la Marina Mercante en virtud del carácter de "ente público no estatal".

Así, señaló: "... el Colegio de Oficiales de la Marina Mercante es un organismo de carácter profesional, con personalidad jurídica y patrimonio propio, cuyos fines son: servir de guardián de la dignidad, derechos y fueros profesionales de sus miembros; fomentar el engrandecimiento y desarrollo de la marina mercante venezolana; auspiciar el progreso de las ciencias náuticas; promover y auspiciar fórmulas de previsión social en favor de sus miembros; vigilar el ejercicio profesional, tanto

---

294 CPCA, sentencia del 12 de febrero de 1981, *Revista de Derecho Público*, N° 5, enero-marzo 1981, Editorial Jurídica Venezolana, p. 88.

295 CPCA, sentencia del 9 de junio de 1983, *Revista de Derecho Público*, N° 15, julio-septiembre 1983, Editorial Jurídica Venezolana, pp. 132 y 133.

en beneficio del interés público como de la institución misma; promover y estimular la solidaridad de sus integrantes en la realización de los objetivos que le son propios. Por tanto, por su origen, naturaleza jurídica y fines que se le atribuyeron, *el citado organismo se inscribe dentro de los llamados entes públicos no estatales*, y por tanto, también sujetos en cuanto a su actuación, al control de su legitimidad y legalidad por parte de la jurisdicción contencioso-administrativa, al tenor de lo dispuesto en el ordinal 3° del artículo 185 de la Ley Orgánica de la Corte Suprema de Justicia[296] (subrayado y cursivas nuestras).

Igualmente, en sentencia de fecha 11 de agosto de 1983,[297] la Corte Primera de lo Contencioso Administrativo, con ponencia de la Magistrado Hildegard Rondón de Sansó señalo: "Se observa respecto a la cuestión planteada, que si bien el Colegio de Ingenieros de Venezuela es una *persona jurídica de derecho público,* tal y como lo indica el artículo 21 de la Ley de Ejercicio de Ingeniería, Arquitectura y Profesiones Afines, dictada por Decreto N° 444 del 24 de noviembre de 1958 y lo revela su propia naturaleza; sin embargo, los funcionarios administrativos que contrata para la prestación de sus servicios no son empleados públicos..." (Cursiva y subrayado nuestro).[298]

Quizás por esa razón lamentablemente a dichas sentencias no se les asignó el valor que tienen dentro de la doctrina de los actos administrativos de origen privado y sus enseñanzas no fueron utilizadas en la elaboración de la tesis de los actos de autoridad que en forma autónoma desarrollaría la propia Corte Primera de lo Contencioso Administrativo.

Por nuestra parte, pensamos que independientemente de la línea del razonamiento jurídico seguido por los magistrados del contencioso-administrativo en las sentencias sobre actos emanados de Colegios Profesionales, éstas constituyen los primeros antecedentes de la doctrina de las actos administrativos de origen privado en Venezuela y son incluso la prueba misma de que en nuestro país se han seguido las enseñanzas del derecho comparado en esta materia y que de haberse respetado no se habrían cometidos tantos errores.[299]

---

296 CPCA, sentencia del 9 de junio de 1983, consultada en original.

297 CPCA, sentencia del 11 de agosto de 1983, consultada en original.

298 Consultada en original.

299 Más adelante veremos como el desarrollo de la doctrina de los actos administrativos de origen privado ha afectado las consideraciones sobre los Colegios Profesionales, para admitirse que a pesar de su discutible naturaleza, es la función de servicio público y las prerrogativas que ejercen lo que permite calificar de administrativos sus actos al igual que cualquier otro acto administrativo de origen privado. En efecto, el 22 de Septiembre de 1987, la Corte Suprema de Justicia, en Sala Político Administrativa y con ponencia del Magistrado José Luis Albornoz (C.S.J.-S.P.A. 22-9-87, *Revista de Derecho Público,* N° 32, octubre-diciembre de 1987, p. 87.) Señaló: "La Corte consideró que para el derecho moderno los organismos profesionales se sitúan en la frontera del derecho público y el derecho privado, conservando del primero las prerrogativas del poder público, tomando del segundo sus modos de gestión, afirmando en definitiva

Ahora bien, no sólo en las sentencias sobre Colegios Profesionales encontramos antecedentes de la doctrina los actos administrativos de origen privado, pues la propia Corte Suprema de Justicia en Sala Político Administrativa, en la tantas veces citada y controversial sentencia en el caso Leopoldo Díaz Bruzual vs. Banco Central de Venezuela, admitió expresamente este tipo de actos, aunque sin mayor profundización sobre el tema, al señalar: "... Es pues, el Banco Central de Venezuela *el mejor ejemplo de la capacidad de las personas de derecho privado o de derecho público para efectuar indistintamente los actos de derecho público que la Ley les permita* y de derecho privado que no les prohíba. En efecto, constituido inicialmente coma persona jurídica privada destinada a realizar operaciones bancarias -regidas por el Código de Comercio y demás leyes mercantiles-, ningún obstáculo tuvo para que ejerciera conjuntamente todas las facultades administrativas que les fueron transferidas por la Administración Pública Nacional..." (Cursivas nuestras).

No obstante, si bien los antecedentes de esta controversial tesis de los actos de autoridad podemos ubicarlos en las sentencias sobre Colegios Profesionales (las cuales hemos dicho serían a nuestro juicio más que simples antecedentes) o en alguna jurisprudencia de la Corte Suprema de Justicia, el nacimiento de la doctrina de las actos administrativos de origen privado se encuentra propiamente en aquéllas sentencias de la Corte Primera de lo Contencioso Administrativos, que han tenido por objeto el análisis de actos dictados por entes cuya naturaleza privada no admite discusión y de cuyo texto se desprende la intención de los magistrados precisamente de formular esta doctrina.

### *b. El nacimiento y desarrollo*

En efecto, la admisión de los actos administrativos de origen privado que de una u otra forma se había manifestado en la jurisprudencia contencioso administrati-

---

la tendencia al desarrollo de un derecho profesional; y que aún cuando las directivas de los colegios profesionales no constituyen establecimientos públicos, son ellas las encargadas de participar en la ejecución de un servicio público y, en consecuencia, sus decisiones reglamentarias e individuales constituyen actos administrativos sometidos a la competencia de la autoridad administrativa. Conforma a esta tendencia, la actividad profesional constituye en cierto modo un servicio público y los Colegios Profesionales creados para la organización y disciplina de la respectiva profesión, estarían dotados de cierta prerrogativa del poder público y sometidos por esta razón a un control estricto por parte del Estado. En tal orden de ideas, la misión que esta confiada a los colegios profesionales, es decir, la reglamentación y disciplina de la profesión, constituye el ejercicio de un servicio público, de donde resultaría que las decisiones reglamentarias tomadas por ellos para la ejecución del servicio a ellas confiados son actos administrativos unilaterales a los cuales se atribuyen las prerrogativas de la decisión ejecutaría, sometidos, en todo caso, al respeto de la legalidad, y susceptibles, en consecuencia, de ser impugnados ante la Corte por la vía del recurso contencioso-administrativo de anulación".

vo, no se habían concretado en la formulación de un doctrina hasta que a mediados de los ochenta la Corte Primera de lo Contencioso Administrativo, tuvo la oportunidad, en virtud de su competencia residual, de conocer de recursos contra actos emanados de particulares que a su juicio le permitieran estructurar su llamada tesis de los "actos de autoridad".

Así, su jurisprudencia ha ido ampliando la competencia del contencioso administrativo para controlar ciertos actos dictados por distintos entes privados que van desde Asociaciones Civiles, Universidades Privadas, federaciones deportivas y compañías anónimas. No obstante, las razones que han llevado a la Corte Primera de lo Contencioso Administrativo para sostener que los particulares pueden dictar actos administrativos han ido paulatinamente variando.

En una primera sentencia aparentemente se expresó que bastaba que una Ley delegara ciertas prerrogativas públicas en cabeza de un particular para que los actos en ejercicio de la misma pudieren considerarse como administrativos.

Tal fue el caso de las sentencia de la Corte Primera de lo Contencioso Administrativo del 13 de febrero de 1986,[300] sobre la acción de amparo constitucional intentada por algunos miembros de la Junta Directiva de la Asociación de Tiro del Distrito Federal, entidad deportiva aficionada de naturaleza privada, para proteger su derecho de petición (que hasta entonces sólo se apreciaba existente como derecho frente al complejo orgánico de la Administración Pública) ante la ausencia de una oportuna respuesta por parte del Consejo de Honor de la Federación Venezolana de Tiro, a un recurso de reconsideración de la medida de suspensión de los peticionarios de toda actividad deportiva de tiro por un plaza de 18 meses.

En dicha sentencia, la Corte Primera de lo Contencioso Administrativo, con ponencia de Román Duque Corredor, reafirmó su competencia considerando que el ente privado al que se le imputaba la violación había actuado como autoridad, al ejercer las facultades sancionatorias que prevé la Ley del Deporte en sus artículos 67, 68 y 70,[301]

300 Consultada en original.

301 Dicha sentencia señala textualmente: "En el caso presente, la presunta violación al derecho de peticionar y de obtener oportuna respuesta es atribuida a un ente de carácter privado, el Consejo de Honor de la Federación de Tiro de Venezuela, el cual sin embargo, actúa coma autoridad, al ejercer las facultades sancionatoria que prevé la Ley del Deporte en sus artículos 67, 68 y 70. De modo, que en el caso de autos, la violación en cuestión se imputa a un ente que está obligado, como autoridad delegada, a resolver una petición, en concreto, un recurso de reconsideración contra una decisión suya, que confirmó la sanción de suspensión de los recurrentes de la actividad deportiva de tiro durante dieciocho meses. En consecuencia, se alega como fundamento del amparo el incumplimiento de la obligación que tienen las autoridades de atender y resolver las peticiones de los ciudadanos. Obligación ésta que también es exigible al susodicho Consejo de Honor, porque a pesar de ser una entidad privada, por la delegación que le hace la Ley del Deporte en el artículo 68, de aplicar las sanciones de las faltas deportivas, se comporta, a esos efectos, como

es decir, que había actuado en ejercicio de prerrogativas públicas delegadas por Ley.

Sin embargo, la armonía de dicha sentencia con los postulados del derecho administrativo clásico no serían descubiertas sino mucha después, en 1987 con la sentencia de la misma Corte Primera de lo Contencioso Administrativo, recaída en el caso conocido como Criollitos de Venezuela, donde se dejara claramente establecido que las prerrogativas públicas que consideró la Corte que le habían sido delegadas por Ley a las Federaciones Deportivas, lo habían sido en función de que las mismas tienen por objeto un actividad de Servicio Público.

Así, la importancia de la sentencia Federación Venezolana de Tiro en cuanto a la tesis de los actos de autoridad, pasó desapercibida y la formulación, acorde con las postulados del derecho administrativo clásico, de las condiciones concurrentes y necesarias para que pueda catalogarse como administrativo un acto de origen privado, fue despreciada por la sentencia a la cual sirvió de preámbulo y que sería publicada tan sólo 5 días después, conocida como SACVEN, de muchísima mayor difusión en las aulas del derecho administrativo. En esa oportunidad la Corte se pronunció, sin ningún rigor lógico o soporte científico, en favor de las prerrogativas públicas como única condición necesaria para reconocer los actos de autoridad, hacienda desdeño de la noción de servicio público.

Sin embargo, ese mismo año, el 24 de noviembre de 1986, con la sentencia María Josefina Bustamante vs U.C.A.B., la Corte tendría la oportunidad de precisar las condiciones necesarias para la existencia de un acto administrativo de origen privado, las cuales colocarían de nuevo a ésta doctrina en armonía con los principios del derecho administrativo francés.

No obstante, las marchas y contramarchas no dejaron de existir en el proceso. Si bien, la sentencia recaída en el caso conocido como Criollitos de Venezuela, representó un intento de consolidación de la tesis de los actos de autoridad, como doctrina excepcional y acorde con el derecho comparado, la Corte el 19 de enero de 1988 volvió a sufrir síntomas de involución. Ahora no sería necesaria la presencia de prerrogativas públicas delegadas por Ley, pues bastaba que el particular realizara una actividad de servicio público para que sus actos fueren administrativos.

---

una verdadera autoridad". Igualmente y en lo que respecta a la aplicación de los lapsos de la Ley de Procedimientos Administrativos, la Corte consideró que "Es verdad que las normas legales citadas se refieren a órganos de la Administración Pública Nacional, de la cual ciertamente que el Consejo de Honor no forma parte, dada su naturaleza de ente de derecho privado, pero que frente a la ausencia de una regulación específica para los casos de solicitantes o recursos dirigidos a entes particulares, que ejercen actos de autoridad por una delegación de la Ley, resultan también aplicables por analogía *(sic)*. En este sentido, entonces, el plazo de noventa días hábiles, para que las máximas autoridades de la Administración Central reconsideren sus propias decisiones, a que se contrae el artículo 91 de la Ley Orgánica de Procedimientos Administrativos, resulta aplicable al presente caso".

Afortunadamente, la Corte no permitió que su error permaneciera vigente por mucho tiempo, pues en sentencia del 24 de marzo de 1988, conocida como Marino Recio vs. Comisión Nacional de Valores, reafirmó los postulados clásicos para exigir la presencia de prerrogativas públicas delegadas con ocasión a la actividad de servicio público del particular, para que sus actos se consideren administrativos.

Con ello, pensamos que la Corte culminó un periodo de desarrollo y consolidación en la formulación de los principios que informan de la doctrina de los actos administrativos de origen privado en Venezuela, aún cuando es mucho lo que la jurisprudencia debe madurar para la correcta aplicación de tales principios, la cual en general y durante el proceso hasta ahora experimentado, se encuentra muy lejos de estar exenta de críticas.

Es con esa intención, es decir, la de contribuir a la correcta aplicación de los principios que informan esta doctrina, que se hace necesario presentar un análisis más profundo de aquellas sentencias a que nos hemos referido, distintas a la de los Colegios Profesionales, y que en relación con la materia han sido dictadas por la Corte Primera de lo Contencioso Administrativo, que han influido de manera importante en la estructuración de la doctrina de los actos administrativos de origen privado.

## II. LOS PRIMEROS TROPIEZOS JURISPRUDENCIALES

La aparición de la doctrina de los actos administrativos de origen privado en Venezuela, ocurre formalmente con el citado caso Federación Venezolana de Tiro, e incluso mucho antes con las sentencias sobre la actuación de los Colegios Profesionales y del Banco Central de Venezuela como antes señaláramos.

Sin embargo, esta tesis encontró su verdadera difusión con el conocido caso SACVEN, en donde la noción de prerrogativa pública dominó la escena, y por ende preferimos tomarla como punto de partida para nuestro análisis jurisprudencial. No obstante, la sentencia incurrió en importantes errores tanto en su fundamentación como en el análisis del caso concreto, que impiden darle mayor importancia que la de haber incitado al estudio y discusión por parte de los comentaristas de la tesis de los actos de origen privado.

Ahora bien, antes que los comentaristas patrios pudieran con la sentencia SACVEN atribuirle una derrota a los seguidores de la escuela del Servicio Público, en materia de actos administrativos de origen privado, fue dictada la sentencia en el caso María Josefina Bustamante contra la U.C.A.B. que llamó a la armonía entre los dos antiguos rivales, aproximando el derecho patrio con la doctrina y jurisprudencia comparada. No obstante, si bien fue correcta la forma en que en la sentencia María Josefina Bustamante vs. U.C.A.B., fueron formulados los principios que informan esta doctrina de los actos administrativos de origen privado, la aplicación de la misma al caso concreto objeto de análisis, se incurrieron en gravísimos errores.

## 1. LA SENTENCIA SACVEN

### A. Consideraciones Generales

La sentencia SACVEN dictada por la Corte Primera de lo Contencioso Administrativo el 18 de febrero de 1986, con ponencia de Pedro Miguel Reyes constituye el punto de partida para el análisis jurisprudencial de la tesis de los actos de autoridad.

#### *a. La controversia*

La Sociedad de Autores y compositores de Venezuela (SACVEN) es una sociedad civil, constituida de conformidad con el artículo 19 del Código Civil, es decir, mediante la protocolización de su acta constitutiva en la Oficina Subalterna de Registro correspondiente.

Como Asociación Civil reúne en su seno a los autores .Y compositores de obras musicales, y que tiene como finalidad estatutaria la representación, gestión, percepción, administración y defensas en Venezuela y en el extranjero de los derechos de autor de sus asociados, lo que se traduce en la función de establecer de manera uniforme y colectiva las condiciones económicas en que podrán ser explotadas sus obras, fiscalizar la ejecución de los contratos mediante los cuales se hayan cedido los respectivos derechos de explotación, la percepción de los derechos que correspondan a los autores y su distribución, conceder o negar autorizaciones para las utilizaciones públicas del repertorio de autores y compositores que administre la sociedad de acuerdo a las normas internas que se hayan dictado, fijar las tarifas generales que han de regular el uso del repertorio social, recaudar y distribuir los derechos de autores que devenguen las obras de los socios o derechohabientes, etc.[302]

Ahora bien, en fecha 7 de junio de 1982 dicha sociedad publicó en el diario El Universal la "Tarifa", adoptada por su Junta Directiva de conformidad con los artículos 55, 62, 64 y 114 de la Ley sobre Derechos de Autor,[303] dirigida a las "establecimien-

---

302 Sobre el tema de los derechos de autor Cfr. Ricardo Antequera Parilli, *Consideraciones sobre el derecho de autor*, Buenos Aires, 1977, p. 261; Francisco Hung Vaillant, "Algunos aspectos de las entidades representativas de autores", UCV, *Revista de la Facultad de Derecho* N° 33, Caracas, 1967, p. 60; Roberto Goldschmidt, "Nuevos Estudios de Derecho Comparado", UCV, Facultad de Derecho, Caracas 1962, p. 385; Antequera Parilli, Ricardo, "Evolución histórica y naturaleza jurídica de los derechos patrimoniales del autor", *Revista Interamericana de Derecho Intelectual*, Vol. 3 N° 1, Instituto Interamericano de Derecho de Autor, *Revista Editora Dos Tribunais*, Sao Paulo,1980.

303 Dichos artículos señalan: *Artículo 55*: "En caso de cesión a título oneroso de las derechos del autor sobre su obra, debe establecerse en su provecho una participación proporcional en los ingresos que obtenga el cesionario por la explotación de la obra. No obstante, la remuneración del autor puede consistir en una cantidad fija en los casos siguientes: 1° Si no puede ser determinada prácticamente la base de cálculo de la participación proporcional. 2° Si faltan las medios para fiscalizar la aplicación de la participación. 3° Si los gastos de las operaciones de cálculo y de fiscalización

tos comerciales que usan música y expenden al público bebidas de cualquier género", estableciendo las remuneraciones exigibles por la cesión de los derechos de explotación sobre las obras que constituyen el repertorio de dicha sociedad.

Sin embargo, el ciudadano Jesús Ramón Mayorca, primero en su propio nombre y representación y luego como apoderado de la Asociación Civil de Propietarios y Arrendatarios de Expendios de Licores, Similares y Afines del Estado Yaracuy, acudió ante el Juzgado Superior en lo Civil, Mercantil y Contencioso Administrativo de la Región Centro Occidental para solicitar la nulidad de la referida "Tarifa" acordada por la Junta Directiva de la Asociación de Autores y Compositores. Dicho tribunal declinó su competencia en la Corte Primera de lo Contencioso Administrativo y ésta admitió el referido recurso en fecha 15 de mayo de 1984.

El recurrente esgrimía en su recurso que "ninguna sociedad civil puede dictar normas que escapen a la fiscalización de un organismo público; porque admitir tal posibilidad sería socavar los más elementales fundamentos jurídicos que sustentan nuestra Constitución y Leyes", que dicha Tarifa no podía dictarse en ausencia un Reglamento que la contemple, y que la misma no podía referirse sino a obras que constituyan el repertorio de la sociedad más no al consumo de cualquier género de bebidas, número de sillas, uso de pistas, etc., de cada establecimiento.

---

no guardan proporción razonable con la suma a la cual alcanzaría la remuneración del autor. 4° Si la naturaleza o las condiciones de la explotación hacen imposible la aplicación de la regla de la remuneración proporcional sea porque la contribución del autor no constituye uno de los elementos esencial de la creación intelectual de la obra o porque la utilización de la obra sólo presente un carácter accesorio en relación al objeto explotado. Lo mismo rige cuando el autor o el cesionario se encuentran domiciliados en el exterior. Es igualmente lícita, a pedido del autor, la conversión entre las partes contratantes de los derechos provenientes de contratos en vigor, en anualidades vitalicias del monto fijo."; *Artículo 62*: "Las entidades autorales podrán establecer tarifas relativas a las remuneraciones que exigirán por la cesión de los derechos de explotación sobre las obras que constituyan su repertorio. Estas tarifas y sus modificaciones serán publicadas conforme determinen el Reglamento"; *Artículo 64*: "Quien explote una obra del repertorio de las entidades autorales sin que se le hubiere cedido el derecho correspondiente, debe pagar, a título de indemnización, un recargo del cincuenta por ciento sobre la remuneración de la tarifa siempre que no compruebe un daño superior en el caso concreto"; *Artículo 114:* "Hasta cuando se dicte el Reglamento a que se refiere el artículo 61, las entidades autorales que existan a la entrada en vigor de la presente Ley, podrán continuar sus actividades y ejercer las funciones previstas en los artículos 62 y 63. A los efectos del artículo 64 deberá hacerse conocer públicamente la tarifa de las remuneraciones a pagar. Dictado el Reglamento, aquellas entidades deberán solicitar dentro de tres meses después de su publicación, la autorización requerida por el artículo 61, para poder continuar su funcionamiento hasta tanto el Ejecutivo nacional resuelva su definitiva".

Así, la Corte Primera de lo Contencioso Administrativo se vio en la necesidad de verificar la naturaleza jurídica de la Sociedad de Autores y Compositores, para luego, de ser ésta privada, formular la llamada tesis de los "actos de autoridad", por nosotros llamada de los "actos administrativos de origen privado".

### b. *El análisis de la naturaleza jurídica de la sociedad autoral*

La sentencia en primer lugar comprueba el hecho que: "La SOCIEDAD DE AUTORES Y COMPOSITORES DE VENEZUELA (SACVEN), autora del acto impugnado esta identificada en los autos como una asociación civil, en consecuencia es una persona jurídica asociativa, regida por el Derecho Civil".

Sin embargo, la Corte Primera consideró que por cuanto "en nuestro país lo que ha calificado a una persona jurídicamente como ente público o privado no es el tipo o la forma que esta adopte, sino que las mismas sean creadas o dirigidas por el Estado para cumplir y satisfacer un interés público" debía analizarse con mayor profundidad la naturaleza jurídica de SACVEN.

En efecto, señaló la sentencia:

> "...uno de los problemas jurídicos más apasionantes dentro del Derecho Administrativo ha sido establecer a priori cuando estamos en presencia de una persona moral de carácter privado. Problema jurídico que en Venezuela ha tenido especial resonancia, al constatarse que dentro del marco del Derecho Privado, nuestro legislador acogió la teoría del patrimonio personalidad, noción que se trasladó al Derecho Público, y cada vez que la Administración ha requerido o necesitado asumir la gestión de un asunto donde conviene sólo comprometer masas patrimoniales determinadas, y por ende, no comprometer el patrimonio distinto al patrimonio general del Estado. Con la anterior orientación la Administración ha ido desdoblándose en diversos entes del Derecho Público, como son las Corporaciones de Derecho Público y los Institutos Autónomos; pero ha asumido figuras propias del Derecho Privado, ya regidas y determinadas por el Derecho Civil, como son: las asociaciones, las sociedades civiles y las fundaciones; igualmente se ha recurrido a tipos de personas jurídicas que se regulan por el Código de Comercio, coma son: las sociedades anónimas y en caso excepcional a la figura de la sociedad de responsabilidad limitada. Con fundamento a la anterior realidad, podemos señalar que en nuestro país lo que ha calificado a una persona jurídica como ente público o privados no es el tipo o la forma que esta adopta, sino que las mismas sean creadas o dirigidas por el Estado para cumplir y satisfacer un interés público. En tal sentido, ya podemos hacer una primera precisión, al indicar que efectivamente nuestro ordenamiento jurídico admite como una expresión de la Administración la existencia de establecimientos de carácter público bajo la forma de personas jurídicas de Derecho Privado, las cuales están sometidas a esta

especial jurisdicción contenciosa administrativa, siempre que éstas sean creadas por el Estado o éste tenga injerencia decisiva en las mismas, tal y como disponen los artículos 182 y 185 de la Ley Orgánica de la Corte Suprema de Justicia."

Hasta aquí, parecería que la Corte en su razonamiento jurídico buscaba la forma de catalogar a la Sociedad de Autores y Compositores como un ente público a fin de poder, sin mayores tropiezos, calificar de administrativo el acto recurrido.

Sin embalcgo, seguidamente verifica la naturaleza privada de dicha sociedad señalando:

> [...] como se desprende de su Acta Constitutiva y Estatutos Sociales, la SOCIEDAD DE AUTORES Y COMPOSITORES DE VENEZUELA no es una persona moral creada por el Estado, observamos además, que el Estado carece de participación decisiva en su conducción. La SOCIEDAD DE AUTORES Y COMPOSITORES DE VENEZUELA es una sociedad civil que fue constituida con fundamento a la libertad de asociación y a un *animus societatis* establecido con el fin de alcanzar objetivos de cierto e indudable carácter privado".
>
> "Que el texto de la exposición de motivos transcrita, es obvio que el Legislador no quiso que las entidades autorales tuviesen un carácter público, como es el caso italiano, tampoco fue su voluntad que existiese una entidad privada única coma Suiza, o sea, que su cierta vocación fue permitir la posibilidad de existir varios entes autorales de naturaleza privada, sometiendo sus actividades al control del Estado.

Dicho esto, la Corte no podría sino tomar dos posiciones: declararse incompetente para conocer del recurso, considerando simplemente que por ser un acto de una persona de derecho privado este no podría considerarse como administrativo, o bien formular lo que se daría por llamar la doctrina de los "actos administrativos de origen privado" o "actos de autoridad" existente en el derecho comparado y plantearla definitivamente en Venezuela.

### c. *La formulación de la doctrina de los actos de autoridad*

La Corte aprovecha la oportunidad que se le presenta para formular la tesis de los actos de autoridad:

> Entonces debemos preguntarnos: ¿Si una persona jurídica de la calidad de SACVEN, donde el Estado carece de especial injerencia puede ser considerada un establecimiento público a los fines de esta Jurisdicción Contenciosa Administrativa? En tal sentido debemos señalar, que dentro del marco del Derecho, otros ordenamientos jurídicos admiten que personas jurídicas de Derecho Privado, que a su vez carecen de un

> origen de conducción pública pueden efectivamente dictar actos administrativos; sustentados para tal afirmación en las tesis ya *del fin de la sociedad;* o en el criterio más difundido y aceptado de: *la existencia de prerrogativas.* Este supuesto está dado al encontrar un sujeto de origen privado y sujeto a las normas del Derecho Civil o del Derecho Mercantil, pero al mismo tiempo es destinatario de una habilitación o delegación de naturaleza legal por la cual pasa a participar en forma directa en potestades públicas, o sea del *imperium* propio del Estado o de los Órganos que lo expresan (subrayado y negrilla nuestra)".
>
> "Ante el anterior supuesto, debemos afirmar, que hemos topado con personas de evidente origen privado y en las cuales el Estado no tiene injerencia, pero por expresas delegaciones con fundamento a la Ley, estas realizan actos que están reservados al Poder Público, y en tal consecuencia dictan providencias administrativas. En efecto, estamos en presencia de entes privados que en ejercicio de las prerrogativas delegadas ejercen funciones propias de los establecimientos públicos."

En consecuencia, la Corte para concluir que en el caso de la Sociedad de Autores y Compositores de Venezuela se cumple el supuesto de los actos de autoridad analiza la naturaleza del derecho de autor y sentencia que "si un autor actuando individualmente prohíbe o permite a un tercero la divulgación de su obra, ... está realizando un acto sujeto a las normas del Derecho Privado y con fundamento en un derecho subjetivo" pero que cuando tal facultad es ejercida colectivamente por las sociedades autorales sus actos pueden estar sometidos al derecho público.

La Corte en ese sentido acogiendo la deficiente definición de acto administrativo de Sayaguez Lazo, según la cual "acto administrativo es el que está constituido por actos unilaterales de voluntad que producen efectos jurídicos subjetivos" concluye que la Tarifa impugnada "tiene la condición de unilateral, en el sentido que emana exclusivamente de una sociedad autoral" y produce efectos jurídicos subjetivos pues "los destinatarios del acto pueden ser y serán personas distintas a los asociados de la entidad autoral, o sea, el acto va a producir consecuencias jurídicas que evidentemente trascienden el ámbito personal que concurre la asociación civil que lo dicta" "conforme a la delegación establecida por nuestro legislador en el artículo 62 de la Ley Sobre el Derecho de Autor" que "habilitó a las entidades autorales para dictar las TARIFAS para determinar el monto de las remuneraciones que deben pagar quienes explotan económicamente las obras que constituyen los repertorios de dichos entes" y por ende se declara competente para conocer del recurso interpuesto.

Podemos entonces resumir el razonamiento de la Corte Primera de lo Contencioso Administrativo en su formulación de la tesis de las actos administrativos de origen privado señalando que basta que el particular goce de una delegación legislativa de prerrogativas públicas para que sus actos puedan considerarse como actos administrativos y su actuación asimilada a la de "una autoridad" sobre la cual la jurisdicción contencioso-administrativa tiene competencia para controlar, independientemente de los fines que perseguía o de la naturaleza de la actividad que realice.

### B. Análisis crítico

La sentencia SACVEN incurre en un grave error al no seguir las enseñanzas del derecho comparado para presentar la doctrina de los actos administrativos de origen privado como una doctrina sin ningún tipo de rigor lógico.

#### *a. El menosprecio de las enseñanzas del derecho comparado*

Debe admitirse que el derecho Administrativo francés es el producto de un proceso histórico en el que han intervenido la mayor cantidad y los más brillantes especialistas; que la elaboración de los principios que unifican las soluciones a los más variados problemas son obra de una exitosa depuración llevada a cabo no sólo por una jurisprudencia pragmática sino también por una doctrina racionalista; y, que constituye modelo de la mayoría de los países de derecho continental.

Por ello, al encontrarnos frente a un problema dentro del ámbito de aplicación de esta rama jurídica, es lógico buscar el fundamento de las soluciones que le han dado el derecho administrativo francés y aprovechar las enseñanzas que de ellas puedan derivar. No obstante, también es justo admitir que en cierto número de casos dicha referencias pueden no ajustarse a las circunstancias de tiempo y lugar en que se pretenden aplicar, y en consecuencia se pueden desechar para buscar una solución propia.

Pero, a nadie se le ocurriría intentar de nuevo un proceso similar al proceso histórico y la depuración teórica que ha experimentado el derecho administrativo francés, si la solución aportada por éste se ajustara a nuestra realidad patria, a menos que ignore la existencia de tan valiosas enseñanzas o únicamente desee dar muestras de rebeldía egoísta a costa de los administrados.

Pues bien, la jurisprudencia de la Corte Primera de lo Contencioso Administrativo, en ésta etapa inicial, asumió el riego de intentar de nuevo el referido proceso, con el fin de depurar las condiciones necesarias para que un acto jurídico realizado por un particular pueda ser catalogado como administrativo y sometido a la jurisdicción contencioso-administrativa. Sin embargo, la razón de ello no pareciera ser una actitud "xenófoba" en lo que al derecho administrativo francés se refiere, sino a una relativa ignorancia del mismo.

Tan cruda afirmación -realizada en forma absolutamente impersonal y con el mayor respeto académico e intelectual que merecen los magistrados de ese órgano de lo contencioso- puede verse comprobada de la simple lectura de la comentada sentencia SACVEN, cuyos postulados servirían de base o fundamento a la doctrina de los actos administrativos de origen privado en Venezuela.

En efecto, la referida sentencia refleja patéticamente desconocer la riquísimas discusiones por las cuales pasó el derecho administrativo francés en relación a las nociones de servicio público y prerrogativa pública como condiciones necesarias para la calificación administrativa de un acto de origen privado, en las cuales intervinieron autores de la talla de Waline, Sabourin, Chapus, Drago, Negrin, Venezia, Moderne, Delvolve, etc., y cuyas conclusiones dejan claramente establecido que para que tales actos puedan catalogarse de administrativos deben responder simultáneamente a las dos condiciones, ya que deben dictarse en ejecución de un servicio público y en ejercicio de una prerrogativa pública.

Señala la sentencia que "...otros ordenamientos jurídicos admiten que personas jurídicas de Derecho Privado, que a su vez carecen de un origen de conducción pública pueden efectivamente dictar actos administrativos, sustentados para hacer tal afirmación en la tesis ya *del fin de la sociedad,* o en el criterio más difundido y aceptado de: *la existencia de prerrogativas".*

Con ello la Corte Primera de lo Contencioso Administrativo presenta a las nociones de servicio público y de prerrogativas públicas, condiciones existenciales de los actos administrativos de origen privado, como si fueren condiciones simplemente alternativas y cada una suficiente, lo cual no puede deberse sino al más absoluto desconocimiento del propio proceso que sobre la materia experimento Francia.

Si recordamos lo expuesto en la primera parte de éste trabajo, la alternatividad de las condiciones no fue nunca sostenida a lo largo del proceso y por supuesto tampoco lo fue al finalizar el mismo: la discusión mostró tres corrientes doctrinales, la primera sin autor definido, sostuvo que el Consejo de Estado francés siempre dio especial importancia a la misión de servicio público atribuida al ente privado para poder hablar de actos administrativos; la segunda liderizada especialmente por Waline y seguida por Sabourin y Chapus, argumentaba que a la hora de determinar la naturaleza administrativa de un acto de origen privado sólo la existencia de prerrogativas públicas tenía importancia; y, en fin, la tercera corriente que en definitiva privó, brillantemente expuesta por Jean Paul Negrin en su tesis doctoral, mantuvo que ambas condiciones eran concurrentes. Esta última posición fue finalmente admitida incluso por el propio Waline en 1974 y hasta la fecha nadie se ha sentido capaz de refutarla.

En consecuencia, de haber conocido la jurisprudencia patria el proceso histórico que en Francia ocurrió para producir la depurada doctrina de las actos administrativos de origen privado, jamás habría pensado en la alternatividad de las nociones de servicio público y de prerrogativas públicas como condiciones existenciales de la referida doctrina.

Pensar que la jurisprudencia venezolana no se fundamentó en la doctrina francesa porque prefirió acogerse a la doctrina italiana, y soportar tal afirmación en el hecho que con frecuencia es citado el maestro ZANOBINI, es olvidar que en Italia no existe una verdadera doctrina de los actos administrativos de origen privado en los términos en que se ha planteado en Francia y que en ella cuando se identifica un acto administrativo éste se explica perfectamente mediante los mismos conceptos del derecho administrativo clásico.

En efecto, en primer lugar en Italia la posibilidad de que particulares dicten actos administrativos sólo es tratada por vía de consecuencia al tratar el problema de la organización administrativa, en particular el de la administración indirecta y el de los sujetos auxiliares de funciones o servicios públicos (los cuales son absolutamente excepcionales); en segundo lugar, en los supuestos en los cuales se admite en el derecho italiano que los particulares pueden dictar actos administrativos, en sentido material, se respetan exactamente las condiciones que en el derecho administrativo clásico se exige, es decir, la presencia de las nociones de servicio público -entendida en sentido amplio- y de prerrogativa pública como condiciones concurrentes; y en fin, pues pesar de que algunos actos realizados por los particulares en ejercicio de una función o servicio público son *materialmente* idénticos a los actos administrativos, e incluso gozan de una particular ejecutoriedad, no constituyen subjetivamente actos administrativos y por ende no están sujetos al control de la jurisdicción contencioso administrativa italiana, salvo que la Ley disponga otra cosa.[304]

Así, no puede menos que afirmarse que la sentencia SACVEN formuló la doctrina de los actos administrativos de origen privado con una base doctrinal deficiente y en desdeño de las enseñanzas del derecho administrativo francés, absolutamente aplicables en nuestra circunstancia de tiempo y lugar. Ello incluso originando un alarmante confusión de los conceptos que alimentan la contradictoria jurisprudencia, ante el absurdo teórico, académico y práctico, de que una autoridad pública delegue cierta parcela de sus prerrogativas a personas privadas con un fin distinto a aquel de permitir la gestión de un servicio público, es decir, para satisfacer un fin egoísta; y, ante la realidad de que no todo acto dictado en cumplimiento de un servicio público es administrativo.

### *b. La carencia de rigor lógico*

La Corte Primera de lo Contencioso Administrativo plantea la posibilidad de que se dicten actos administrativos que en ejercicio de prerrogativas públicas satisfagan fines egoístas de los particulares e incluso contrario al interés público.

En efecto, en la sentencia que se analiza se deja claramente establecido que la sociedad autoral que dictó el acto no fue creada "con el fin de cumplir o satisfacer un interés público" y que fue constituida conforme al "*animus societatis* establecida con el fin de alcanzar objetivos de cierto e indudable carácter privado". Es decir, no se deja ninguna duda sobre el exclusivo fin privado que persigue la sociedad negado así cualquier posibilidad interpretativa que permita reconocer el carácter de servicio público de la misma. Sin embargo, considera que la Ley al expresar que las mismas tendrían competencias para dictar "tarifas" de explotación de las obras de sus asociados, a pesar del privado interés exclusivamente económico que ello involucra, habría delegado el ejercicio de prerrogativas públicas.

304 *Cfr.* G. Zanobini, "Corso di Diritto Amministrativo", Tomo I, 8° edición, p. 386. y "L'esercizio private delle funzioni e dei servizi pubblici", en *Trattato di dir. amministrativo diretto de V.E. Orlando*, vol. II, parte 3°, y Alessi, Renato, *Instituciones de derecho administrativo*, Traducción de la 3° edición italiana por Buenaventura Pellisé Prats, Tomo I, Editorial Bosh, Barcelona 1970, p. 71.

La potencia pública, coma expresa el decano Vedel, citado *infra,* deriva del propio concepto de soberanía que reside en el pueblo y cuyo principal atributo, el poder de mando, sólo puede ser atribuido expresa y directamente por Ley. Por otra parte, como señala el profesor Rivero, también citado *infra,* el fin del interés público es común a todas las reglas del derecho administrativo y sólo en función de éste se producen tanto los privilegios o prerrogativas como las sujeciones o obligaciones exorbitantes del derecho común. Incluso autores de nuestro propio continente han definido al derecho administrativo como "el complejo de principios y de normas de derecho público interno que regula la organización y el comportamiento de la administración pública, directa e indirecta, las relaciones de ésta con los administrados y las de sus distintos órganos y entes entre sí, *afin de que se logren y satisfagan las finalidades de interés público hacia las que deben tender toda la actividad de la administración*".[305]

Recordemos que en el propio derecho italiano se señala que los poderes no pueden ser atribuidos a particulares que desarrollan un simple servicio o función de necesidad pública, ya que para que se pueda hablar de sujetos auxiliares estos deben tener una función pública o gestionar un servicio público, y deben considerarse como públicas tanto bajo el aspecto subjetivo como objetivo, es decir que no sólo deben ser desarrolladas para el público y en beneficio del interés público, sino también funciones que nuestro ordenamiento considera como exclusivas del Estado, al menos con relación a su titularidad, aunque no en su ejercicio. Incluso se utilizó el ejemplo de la enseñanza privada para demostrar el caso más patético en el cual a pesar de tratarse de una función estatal, por no ser una función exclusiva del Estado, no se consideraba una función pública en Italia.

Así, cuando la sentencia en comento sugiere que pueden existir prerrogativas públicas dirigidas a satisfacer un interés particular, incluso actos administrativos contrarios al interés general, es decir, que pueden atribuirse el poder de mando con exclusión de toda consideración al fin de servicio público, debe uno entonces preguntarse: ¿Cómo podría la Ley haber delegado a la Sociedad de Autores y Compositores de Venezuela parte de la soberanía del poder público, como es el poder de mando, a un particular en función de un interés distinto al interés público? ¿No sería incluso inconstitucional tal delegación?; ¿Acaso un acto dictado para satisfacer un interés particular no sería simplemente caprichoso y arbitrario?; y siendo así, ¿Acaso todo acto dictado para satisfacer un interés distinto del interés general no sería intrínsecamente ilegal o esencialmente contrario al principio de la legalidad? Toda acto administrativo contrario al interés público estaría viciado no solo en su elemento fin sino en su propio objeto y causa, todo lo cual nos llevaría a pesar en la propia incompetencia del particular que lo dictara.

Es cierto que en Italia los sujetos auxiliares de funciones públicas en base a su profesión, se dice que actúan en base a su propio interés, sin embargo, ello no quiere

305 Héctor Jorge Escola, *El interés público, como fundamento del derecho administrativo*, Ediciones Depalma, Buenos Aires, 1989, p. 32.

decir que la función no sea el poder concebido en relación con la realización del interés público o interés colectivo primario, es decir, que el poder haya sido atribuido al sujeto auxiliar para la consecución de sus fines particulares, sino simplemente que al particular en la búsqueda de un interés particular cumple con un interés público.

La alternatividad de las nociones de servicio público y de prerrogativas públicas, entendida esta última como poder de mando, es absolutamente contradictoria ya que pueden existir servicios públicos sin el privilegio de dictar actos que se impongan obligatoriamente a los particulares en forma ejecutiva y ejecutoria, pero no puede existir el poder de mando en personas que no fueren gestoras de un servicio público.

### c. *Naturaleza privada de la "Tarifa" como acto recurrido*

Es entonces necesario buscar una explicación lógica sobre la naturaleza jurídica de la "Tarifa" que dicta la Sociedad de Autores y Compositores, pues probablemente para convencer a las víctimas de la epidemia *ius publicista* no baste señalar que la misma no constituye un acto administrativo por no cumplirse las condiciones necesarias para ello.

Pues bien, en la primera parte de éste trabajo se indicó que la exorbitancia de las prerrogativas no significa que las mismas no existan en el derecho común, es decir, que se trate de una noción que pertenezca con exclusividad a las relaciones de la Administración y los administrados, que no conozca equivalente en el derecho privado, sino que aún siendo poco habituales, existen en el campo *ius privatista,* incluso como un fenómeno de una amplitud, de una frecuencia y de una importancia mucho más considerable de lo que se piensa.

Así, no podría afirmarse que las prerrogativas son exclusivas del derecho administrativo. Por el contrario habría que admitir que la identificación de éste tipo de privilegios o sujeciones exorbitantes responden a un "standard de anormalidad" que sólo al juez corresponde precisar en cada caso concreto.

Ahora bien, es el caso que la fijación de las denominadas tarifas fijadas por las sociedades autorales no constituyen realmente actos derivados del ejercicio de una prerrogativa pública, que permitan calificarlos como administrativos. Por el contrario, dicho acto constituye uno de aquéllos actos unilaterales privados, de los cuales el derecho civil y mercantil ofrece tantos ejemplos, o un acto derivado del ejercicio de una simple facultad contractual, que carece de la ejecutividad y ejecutoriedad propia de los actos administrativos, siendo los órganos de la jurisdicción ordinaria las que tienen competencia para conocer de las controversias que de tales actos se deriven. Ello precisamente por tratarse de una prerrogativa en la cual no esta involucrado un servicio público.

En efecto, la naturaleza jurídica de la tarifa puede encontrarse en dos explicaciones: puede constituir el ejercicio de una prerrogativa privada o bien el ejercicio de facultades contractuales.

Puede constituir sí el ejercicio de una prerrogativa exorbitante pero por su carácter meramente privado ajeno a las servicios públicos, carecería del valor necesario para que los actos que deriven de su ejercicio constituyan actos administrativos o corresponda a la jurisdicción especial contenciosa administrativa el conocimiento de las controversias que de ellos se originen. Supuestos semejantes al de las tarifas fijadas por las sociedades autorales podemos encontrarlos en el derecho mercantil y civil, sin que en ninguno de los casos pueda hablarse de actos administrativos, aún cuando tengan similar contenido.

En efecto, el Código de Comercio prevé en su artículo 295,[306] por ejemplo, lo que se ha dado por llamar "la venta de las acciones hecha por la sociedad cuando el accionista no las ha cancelado totalmente".[307] Sin embargo, a nadie se le ocurriría señalar que el acto por medio del cual la sociedad decide la venta, ejecución forzosa extrajudicial, o le notifica de la misma al accionista, es de la competencia de la jurisdicción contencioso-administrativa.

Igualmente, el artículo 695 del Código Civil señala en materia de medianería que "cada propietario puede *compeler* a su vecino a contribuir a los gastos de construcción o reparación de las paredes que separen sus casa respectivas". Bajo la doctrina expuesta por la sentencia SACVEN probablemente el acto del vecino que "compela" al otro el pago de los gastos comunes sería un acto administrativo porque deriva del ejercicio de una prerrogativa exorbitante, cuando la norma no da ningún carácter ejecutivo ni ejecutorio al señalado cobro: el vecino en realidad sólo tiene derecho a que el vecino contribuya con los gastos comunes y el vecino tiene el correlativo deber, el cual podrá ser demandado para su cumplimiento mediante los procedimientos y la vía ordinaria.

Podría citarse también el supuesto previsto en el artículo 702 del Código Civil que permite a todo propietario a "*pedir* (al vecino) que se arranquen o destruyan los árboles plantados o que nazcan espontáneamente" a menos de la distancia que allí se

306 Dicho artículo señala textualmente que "en el caso de falta de pago de cuotas debidas por acciones suscritas, la sociedad puede hacer vender los certificados por cuenta del accionista, por medio de un corredor o en pública almoneda, sin perjuicio del derecho que tiene para obrar el suscriptor y el cesionario para el pago de la suscripción".

307 *Cfr.* Henrique Iribarren Monteverde, "La Venta de las acciones hecha por la sociedad cuando el accionista no las ha cancelado totalmente" Trabajo inédito mimiografiado. El autor concluye la inconstitucionalidad del referido artículo, pues a su entender la misma es "una forma especial coactiva de ejecución o expropiación no judicial por autoridad del propio acreedor"' que violaría no sólo el derecho de propiedad sino también el derecho de defensa del accionista. Sin embargo, la institución existe en prácticamente todos los países de derecho continental (*Cfr.* Fernando Masheroni, *El vínculo accionista, sociedad anónima y contrato de suscripción*. Editorial Cangallo S.A 1970; Joaquín Rodríguez Rodríguez, *Curso de Derecho Mercantil*, Editorial Porrúa, S.A. 1952. Kart Heinsheirner, *Derecho Mercantil*, Editorial Labor S.A., Barcelona-Madrid, 1933, pp. 143 y 144.; Alfredo Roco, "Principios de Derecho Mercantil", Parte General, Madrid, *Revista de Derecho Privado*, 1931).

prevé. ¿Sería entonces administrativo el acto del propietario que hace tal solicitud y el conocimiento del mismo competería a los tribunales contenciosos? Obviamente que no.

Además, se presenta el supuesto del artículo 703 del Código Civil que permite al propietario cortar las raíces de los árboles del vecino que se extiendan en su fundo o el del acto por medio del cual el acreedor hace uso de la compensación legal prevista en el artículo 1.332 *ejusdem,* que lo autoriza para hacerse pago de su crédito con la extinción de un débito suyo para con su deudor. Nuevamente, ¿sería administrativo el acto por media del cual el propietario ordena cortar las raíces de los árboles vecinos o decide la procedencia de la compensación legal? Pensamos que a ninguno de las precursores de la tesis de los actos de autoridad se atrevería a responder afirmativamente.

Asimismo encontramos las facultades previstas en el Código de Comercio para que el mandatario mercantil proceda a la venta de las cosas propiedad del mandante detentadas por él para ejecutar su mandato, si no se le satisfacen los anticipos, gastos o intereses de las sumas por él adelantadas, que aunque en nuestro ordenamiento jurídico se exige la autorización de un Juez, por tratarse de un asunto de jurisdicción voluntaria, no deja de ser una ejecución privada; o las facultades del acreedor pignoraticio o del vendedor que no se la ha satisfecho el precio, para enajenar la cosa que esté en su poder a fin de hacerse pago del crédito con el precio que obtenga, etc.

Dichos actos pueden citarse junta con aquéllos que señaláramos en la primera parte de éste trabajo denominados por la doctrina francesa como "actos privados unilaterales" y enumerados por el profesor Venezia[308] y Eisenmann como el reconocimiento de la paternidad, acto de emancipación de un menor, reconocimiento de un hijo natural, rescisión unilateral de un contrato, renuncia de un derecho o a una situación (cuando ésta produce un efecto de pleno derecho sin necesidad de aceptación), el retiro de bienes en materia sucesoral o comunidad, los actos de ejercicio de la patria potestad o las ordenes o instrucciones de los patronos a los trabajadores, o los reglamentos internos de los condominios, o los actos de concesión de licencias de uso, etc.

¿Estarían todos esos actos jurídicos sometidos a la jurisdicción especial contencioso-administrativa por tratarse del uso de prerrogativas exorbitantes? Pensamos que la respuesta es evidentemente negativa y que dichos actos no podría tener el carácter administrativo. Ello, pues como puede notarse los mismos constituyen el ejercicio de prerrogativas previstas por Ley para la satisfacción quizás de un interés general pero nunca de un servicio público.

Pues bien, en el caso de la Tarifa prevista por las Sociedades de Autores y Compositores la situación es exactamente la misma, pues lo que se ha previsto en la Ley sobre Derechos de Autor, es una prerrogativa privada, en la cual se dispone su derecho a fijar las remuneraciones por la explotación de una obra de su repertorio, derecho el cual solo podrá hacer valer en la jurisdicción ordinaria. En otras palabras, significa exclusivamente que todo aquél que utilice una obra protegida por el referido texto

308 Jean-Claude Venezia, "Puissance publique, Puissance privée", *op. cit.*, p. 367; Charles Eisenmann, *Cours de droit administratif, op. cit.*, pp. 425 y 426.

legal, deberá pagar la Asociación la cantidad que ésta publique como remuneración, la cual la Asociación de Autores tendrá derecho a cobrar judicialmente. No podríamos pensar que la remuneración prevista por la sociedad autoral se presuma legítima, que sea válida, veraz y de obligatorio e inmediato cumplimiento, y menos aún que fuere ejecutable sin necesidad de acudir a los órganos jurisdiccionales, incluso con la fuerza pública, dado el carácter ejecutivo y ejecutorio de los mismos,[309] o por derivar de inconstitucionales potestades tributarias.

Por otra parte, podría discutirse incluso, si la fijación de tarifas no alcanzaría siquiera el carácter de acto unilateral privado ya que podría tener una mera naturaleza contractual como lo expusiera el propio abogado que actuara como apoderado de la Asociación de Autores y Compositores. En efecto, el referido apoderado señalaba que el derecho de propiedad que tiene el autor sobre su obra lo autoriza a explotarla con exclusividad y establecer las remuneraciones económicas bajo las cuales un tercero que utilice la obra. Así, al igual que el creador de una invención industrial, cuando el titular de los derechos presenta sus condiciones de explotación a los terceros, en algunos casos se tratará de un contrato de adhesión para el tercero, de común empleo en las relaciones privadas, que pudiéramos considerarse que dichas condiciones tengan la ejecutividad y la imperatividad propia del acto administrativo, pues el autor no puede imponer a nadie la explotación de su obra o el cobro de la retribución: "Es inobjetable entonces el afirmar que si el ejercicio personal del derecho exclusivo de explotación del autor, no constituye un acto de autoridad, tampoco lo tipifica el ejercicio colectivo de ese derecho, pues la entidad facultada no hace otra cosa que servir de mandataria de los derechos de los autores miembros, y de aquéllos afiliados a sociedades extranjeras con las cuales la sociedad nacional mantiene contratos de representación recíproca" correspondiendo la competencia para conocer de las respectivas controversias a la jurisdicción ordinaria.

---

309 Recordemos que según la sentencia de la Corte Suprema de Justicia en Sala Político Administrativa de fecha 9 de noviembre de 1989, con ponencia del Magistrado Luis H. Farías Mata (consultada en original), todos los actos administrativos gozan del privilegio de ser ejecutivos y ejecutorios. Sin embargo, pensamos que si bien todos los actos son ejecutivos la condición de ejecutorios debe interpretarse en forma más flexible. En efecto, no todos los actos administrativos pueden ser ejecutados por la propia administración, por sus propios medios e incluso acudiendo a la fuerza pública sin necesidad de acudir al órgano jurisdiccional, pues bien sabemos que para la ejecución de créditos fiscales, existe un procedimiento judicial previsto en el Código Orgánico Tributario en concordancia con el Código de Procedimiento Civil, pues los mismos no son ejecutorios. Igualmente, existen actos cuya ejecución personalísima no puede ser efectuada por la Administración, salvo mediante la aplicación de multas reiteradas, (Art. 80, ordinal 2, Ley Orgánica de Procedimientos Administrativos), etc. Para una crítica de la sentencia *Cfr.* Allan R. Brewer-Carías, "Consideraciones sobre la Ejecución de los Actos Administrativos (A propósito de los actos administrativos que ordenan el desalojo de viviendas), en *Revista de Derecho Público,* N° 41, enero-marzo 1990, Editorial Jurídica Venezolana, Caracas 1990, p. 164.

Encontramos así, explicaciones para demostrar la naturaleza no administrativa del acto de fijación de tarifas efectuado por la Sociedad de Autores y Compositores, y podemos afirmar que la Tarifas objeto del análisis en la sentencia en comento, no constituyen el producto del ejercicio de prerrogativas públicas dictada en cumplimiento de servicio público.

Admitir, el carácter administrativo de actos semejantes a las denominadas "tarifas" en ánimos de proteger los derechos individuales y la libertad de los ciudadanos, puede resultar sumamente dañino pues al convertir en pública la actividad del particular se le facilitan a éste mayores y mejores instrumentos para imponer su actuación por encima del resto de los particulares, a la vez que se le condena su libertad al principio de la legalidad, no pudiendo en lo adelante hacer sino aquello que legalmente le es permitido.

Todo ello fue consciente o inconscientemente reconocido por los magistrados de la Corte Primera de lo Contencioso Administrativo, pues en las siguiente sentencias en que se presentó la oportunidad para analizar actos de origen privado, expusieron con toda claridad la necesidad de que para que el acto dictado por un particular obtuviera el calificativo de administrativo, debían encontrarse presentes las nociones de prerrogativa pública y de servicio público en forma concurrente y no alternativas.

## 2. LA SENTENCIA MARÍA JOSEFINA BUSTAMANTE

En términos generales los magistrados de la Corte Primera de lo Contencioso Administrativo, corrigieron los errores iniciales de la formulación de la tesis de los actos de autoridad para encontrar cierta armonía con las enseñanzas del derecho comparado sobre la doctrina de los actos administrativos de origen privado. Sin embargo, en general, no lograron comprender el significado y alcance de las nociones de servicio público y de prerrogativa pública como condiciones existenciales de los "actos de autoridad" lo que ha llevado a cometer errores en la aplicación de la doctrina a los casos concretos.

En efecto, la sentencia María Josefina Bustainante Díaz vs. U.C.A.B. dictada por la Corte Primera de lo Contencioso Administrativo, con ponencia del Magistrado Pedro Miguel Reyes, en fecha 24 de Noviembre de 1986, no sólo reafirma la llamada tesis de los "actos de autoridad", sino además la completa haciéndola en cuanto a su formulación más armoniosa con los postulados clásicos.

### A. Los hechos

María Josefina Bustamante Díaz, psicóloga con maestría realizada en el extranjero pero con equivalencia reconocida en Venezuela, solicitó el 1 de septiembre de 1982, al Consejo General de Estudios de Post-Grado de la Universidad Católica Andrés Bello, el registro del tema de sus tesis titulada "Dinámica del Sistema Familiar".

Ante tal solicitud y de conformidad con la normativa Universitaria se nombró el 23 de septiembre de 1982, una "Comisión Asesora" para el estudio y aprobación del

Proyecto de tesis presentado. Sin embargo, dicha comisión opinó que el tema propuesto "no concordaba científicamente con el contenido del proyecto" ya que debía ser más "concreto el tema a tratar", que los capítulos del proyecto "no se sujetan a la metodología de investigación", y recomienda "reestructurarlo totalmente". Tal opinión fue acogida como propia por el Consejo de los Estudios de Post-Grado y así se le notificó a la solicitante en fecha 9 de mayo de 1983.[310]

Ahora bien, la licenciada Bustamante dirigió, el 19 de Noviembre del mismo año, una carta al referido Consejo, a modo de reconsideración, y al obtener una respuesta desfavorable decidió dirigirse a los miembros del Consejo Universitario, como órgano jerárquicamente superior. Así, este último a pesar de declararse incompetente para conocer sobre la aprobación o improbación del esquema de tesis doctoral presentado consideró legal el acto del Consejo General de los Estudios de Post-Grado.

La decisión del Consejo Universitario fue recurrida ante la Corte Primera de lo Contencioso Administrativo por la licenciada Bustamante y en su recurso origina la discusión sobre los actos administrativos de origen privado al afirmar que "ha sido objeto y sujeto pasivo de una serie de *actos administrativos emanados de una persona jurídica de carácter privado,* como lo es la U.C.A.B., y los cuales la afectan gravemente en su vida profesional y académica, y en su moral y dignidad profesional" y que "Cuando la U.C.A.B., emana (*sic*) los actos administrativos en comento, lo hace en virtud de la alta misión de servicio público que la Constitución Nacional las Leyes de la República le han conferido a dicha Universidad Católica Andrés Bello, cual es la de impartir educación. Misión que le fue encomendada por el Estado Venezolano, según decreto N° 42, del 19-10-53, (Publicado en *Gaceta Oficial* N° 24.269), dotándola de autonomía y de autarquía, es decir del poder de emanar actos válidos para el ordenamiento jurídico del Estado, y del poder de dictar actos individuales constitutivos de situaciones jurídicas subjetivas. (...) siendo por tanto susceptibles de ser sometidos al control jurisdiccional de esta Honorable Corte Primera, de conformidad con lo pautado en el ordinal 3° del artículo 185 de la Ley Orgánica de la Corte Suprema de Justicia".

Así, antes de pronunciarse sobre el fondo del recurso, la Corte se pronuncia sobre su competencia y para ello debe inexcusablemente analizar si un acto dictado por una persona jurídica de derecho privado puede ser catalogado como administrativo y en particular si los actos dictados por la Universidades Privadas pueden estar sometidos a la jurisdicción contenciosa administrativa, cuestión cuya relevancia resaltaba dado que el auto de admisión del recurso había afirmado que las Universidades eran "personas morales de carácter público que desarrollan una actividad de servicio

---

310 Resulta sorprendente el lenguaje severamente descortés utilizado en la opinión de dos de los miembros de la Comisión Asesora al manifestar su disconformidad con el proyecto de tesis, utilizando expresiones como "El anteproyecto no presenta la metodología apropiada. Más bien diríamos que no tiene ninguna metodología...Sí, como parece, su propósito es escribir un libro poético, más bien que una tesis Doctoral en Psicología, creernos que no hay materia sobre la que opinar..."

público e interés general, y de conformidad con lo dispuesto en el artículo 8 y 164 de la Ley de Universidades, además constituyen: establecimientos públicos creados por el legislador".

## B. La doctrina de los actos administrativos de origen privado

La Corte ante todo corrige la afirmación del auto de admisión dejando claramente establecido que la "efectiva naturaleza de una Universidad privada, no es otra que la de una persona jurídica de derecho privado, creada conforme a la forma asociativa o fundacional que esta adopta de acuerdo a su acta constitutiva y normas estatutarias..." y que "... las Universidades privada no son *per se* establecimientos de derecho público como con aparente rigor exegético lo asienta nuestro Código Civil en el Ordinal 2° del artículo 19..."[311]

Luego, para afirmar su competencia para conocer la impugnación de ciertos actos de las Universidades con igual claridad y sin preámbulos indica: "...lo que determina que una Universidad privada esté sometida a esta jurisdicción contenciosa administrativa, es la **posible actuación de tal establecimiento conforme a delegaciones que la Ley hace y que la habilita para dictar providencias administrativas,** por cuanto sus actuaciones ordinaria no académica están sometidas a relaciones propias del Derecho Privado; ciertamente, en el presente caso, nos encontramos ante un ente de Derecho Privado que **en ejercicio de prerrogativa delegadas cumple funciones propias de los organismos públicos**... (subrayado de la Corte, negrillas nuestras)".

Hasta aquí y con tal afirmación, la Corte pareciera hacer mérito a la posición del derecho administrativo clásico respecto a la "formulación" de la doctrina de los actos administrativos de origen privado, toda vez que admite como condición fundamental, para que el acto de un particular pueda tener carácter ejecutivo y ejecutorio, que se trate del ejercicio de prerrogativas públicas, que obviamente como manifestaciones de la soberanía del Estado sólo pueden ser delegadas por Ley.

Sin embargo, la posición de la Corte no sólo sigue la jurisprudencia y doctrinas francesas en lo que respecta a la exigencia de prerrogativas públicas como condición necesaria a la doctrina de los actos administrativos de origen privado, sino que además, se identifica con la posición clásica en señalar que éstas existen en virtud de la alta función de servicio público que el particular realiza.

En efecto, señala la Corte que: "... las Universidades privadas por mandato de la Ley realizan actos de ordenación en el ámbito de la educación superior; en efecto, en su seno se cumplen actuaciones de profesores y estudiantes que están regidas por normas de Derecho Administrativo, establecidas en la Ley Orgánica de Educación

311 El artículo 19 en su ordinal 2 señala textualmente: *Artículo 19*. "Son personas jurídicas, por lo tanto, capaces de obligaciones y derechos: 2° Las iglesias de cualquier credo que sean, las universidades y, en general, todos las seres o cuerpos morales de carácter público".

y en la Ley de Universidades; además, sus actividades procuran satisfacer fines de interés público que su logro tiene encomendada la Administración..."; y que "**...en nuestro país la educación como bien lo dispone el artículo 4 de la Ley Orgánica de Educación**[312]**, es un servicio público** prestado por el Estado que puede ser impartido por los particulares dentro de los principios y normas establecidos por la Ley..." (Negrillas nuestras)

Con ello quedaba formulada la doctrina de los actos administrativos de origen privado en franca armonía con los postulados del derecho administrativo clásico. Sin embargo, un desconocimiento del alcance y significado de la noción de prerrogativa pública dentro del marco de ésta doctrina parece haber llevado a la Corte a una aplicación inadecuada de sus principios al caso concreto.

## C. Análisis crítico

No obstante, a pesar de tan clara formulación de la tesis de los actos de autoridad en armonía con el derecho comparado, la Corte "aplicó" los principios que derivan de dicha doctrina al caso concreto en una forma inadecuada ya que no sólo fue poco exigente al calificar las condiciones existenciales de tales actos administrativos, en especial al apreciar si se trataba de prerrogativas públicas expresamente delegadas por Ley, sino que además confundió el alcance de este último término.

### *a. La inexistencia de prerrogativas públicas*

En efecto, la sentencia parece implicar que en todo acto tendiente a la satisfacción de un servicio público se encuentra presente el ejercicio de una prerrogativa pública, lo cual sabernos que no es cierto.

Señala la Corte que:

> [...] la Universidad privada, como es el caso de la UNIVERSIDAD CATÓLICA ANDRÉS BELLO, de acuerdo a los artículo 173 y siguientes de las Ley de Universidades, una vez autorizada en su funcionamiento por el Ejecutivo Nacional, pueden realizar los actos propios de ordenación académica que ejecuta un establecimiento público como son las Universidades Nacionales, con sólo dos limitaciones a saber: a) los títulos que otorgan las Universidades privadas deben ser refrendadas por el Ejecutivo Nacional; y b) lo referente a las reválidas de los títulos universitarios extranjeros y a las equivalencias de dichos estudios son competencias exclusivas de las Universidades Nacionales. Por lo cual,

312 Señala el artículo 4 de la Ley Orgánica de Educación: "La educación, como medio de mejoramiento de la comunidad y factor primordial del desarrollo nacional, es un servicio público prestado por el Estado, o impartido por los particulares dentro de los principios y normas establecidas en la Ley, bajo la suprema inspección y vigilancia de aquél y con su estímulo y protección moral y material".

la UNIVERSIDAD CATÓLICA ANDRÉS BELLO, cuando realiza actos destinados a cumplir el hecho educativo universitario, se encuentra, sin lugar dudas, actuando con fundamento a prerrogativas de Derecho Administrativo; y en consecuencia, cumple *actos de autoridad* que están sujetos a esta jurisdicción contenciosa administrativa, y así se declara (Subrayado y cursiva de la Corte)."

Se presenta así una afirmación que da la impresión al lector que todos los actos dictados por la Universidad con la finalidad de cumplir el "hecho educativo" -cualquiera sea el significado y alcance que se le intentó dar a tal expresión- son actos administrativos, no porque exista una delegación legislativa de prerrogativas públicas, como previamente había indicado, sino porque con dicho acto se satisface la misión de servicio público que le han sido encomendada.

Preferiríamos pensar que lo antes señalado carece de significación propia a los efectos de la formulación de la doctrina de los actos administrativos de origen privado, y que simplemente deriva del exceso que en oportunidades comete la pluma de nuestros magistrados; movida por la emoción de sentirse fuente creadora de derecho positivo. En efecto, si se interpreta el texto de la sentencia en su conjunto podemos verificar que el método utilizado por el Ponente consistió en determinar primero cuales eran las condiciones necesarias para que un acto fuere administrativo y luego, verifica que en el caso concreto se cumplían tales condiciones. En ese sentido, determinó que la Educación es un Servicio Público par determinación de la Ley, que constituye la principal actividad de estos entes de educación superior, y luego; verificó que la Ley de Universidades otorga tanto a las Universidades Privadas como a las Universidades Nacionales una serie de prerrogativas para el cumplimiento del servicio que se les ha atribuido.

Sin embargo, más que un simple exceso en la redacción existe un error de fondo.

En efecto, el análisis de la Corte sobre la existencia de prerrogativas públicas fue bastante superficial, pues si analizamos el acto que fuere objeto del recurso contencioso sobre el cual recayó la sentencia en comento, nos damos cuenta de que se trata de una negativa de registro del tema de tesis doctoral, y que la misma no implica el ejercicio de una prerrogativa pública ni que exista una prerrogativa especialmente delegada por Ley para ello, sino por el contrario era un acto dictado en marco del servicio público que tienen asignado las Universidades Privadas.

En consecuencia, de conformidad con la doctrina de los actos administrativos de origen privado del derecho administrativo clásico, por tratarse de actos dictados dentro de su función de servicio público pero no en ejercicio de prerrogativas públicas, en realidad el acto no podría ser calificado de administrativo y su conocimiento no compete a la jurisdicción contencioso-administrativa.

Habría que preguntarse entonces: ¿si no compete a la jurisdicción contencioso administrativa, cual sería la naturaleza de dicho acto y a quién compete conocer de su impugnación? Pues bien, la respuesta es mucho más sencilla de lo que podríamos imaginar. Recordemos que todo aquél que realiza un servicio público se somete al control y vigilancia de la Administración Pública, en virtud de aquéllo que en el capítulo relativo al análisis de la doctrina italiana llamamos la *supremacía especial* que goza la Administración no sólo sobre su personal sino también sobre los gestores de un servicio público y todo aquél que entra en un particular vínculo con aquella,[313] aunque siempre tomando en consideración el principio de legalidad.

Así, los actos de los gestores de un servicio público que no involucren el uso de prerrogativas públicas no deben ser considerados como administrativos y sus destinatarios o quienes se consideren afectados por ellos sólo pueden acudir al órgano administrativo para que en ejercicio de las funciones de control que les corresponde tomen las medidas necesarias, o pueden demandar por la vía ordinaria la reparación de los daños y perjuicios que puedan haber lugar.

Por ello, si bien es cierto que los actos dictados por las Universidades en ejercicio de la función o servicio público que se les ha atribuido están regulados en mayor o menor medida por el derecho público, ello no quiere decir que son administrativos, pues quién se sienta afectado en sus derechos sólo podrá hacerlos valer ante la jurisdicción ordinaria o cuando más podrá reclamar en sede administrativa, ante el Ministerio de Educación como contralor del servicio, en cuyo caso será el acto que emane de éste como cualquier otro acto orgánicamente administrativo, el que podrá ser recurrido ante la jurisdicción especial. De hecho, la Ley de Universidades prevé en su artículo 183[314] que "El Estado ejercerá la inspección de las Universidades Privadas en la forma que al efecto disponga el Ejecutivo Nacional,...". De otro modo, sólo restará al particular perjudicado por la decisión ejercer los recursos ordinarios o, si hubiese lugar, un amparo constitucional contra el respecto acto pero como actos no administrativos de particulares, y sólo en éste último caso correspondería conocer a la jurisdicción contencioso-administrativo, en virtud de la afinidad de la materia.[315]

---

313 Como veremos posteriormente la misma Corte Primera en la sentencia Marino Recio vs. Comisión Nacional de Valores, hace un análisis sobre la existencia de controles de "tutela" que ejerce la Administración sobre los colaboradores de la función o servicio público, aún cuando no estén previstos expresamente por Ley, similar al que existe entre los Institutos Autónomos y sus órganos de adscripción, previsto por la propia Ley Orgánica de Procedimientos Administrativos.

314 El artículo prevé textualmente "*Artículo 183:* El Estado ejercerá la inspección de las Universidades Privadas en la forma que al efecto disponga el Ejecutivo nacional, el cual podrá revocar la autorización de cualquier Universidad Privada, o suspender su funcionamiento o el de cualquiera de sus dependencias cuando en ella no se cumplan las disposiciones legales o reglamentarias que le sean aplicables. Parágrafo Único: Los interesados podrán apelar de esta decisión para ante la Corte Federal en un plazo de diez días contados a partir de la fecha de publicación oficial de la resolución del Ejecutivo Nacional".

315 Recordemos que el artículo 2 de la Ley Orgánica de Amparo sobre Derechos y Garantías Constitucionales (G.O. N° 33.891, del 22 de enero de 1988) señala que la acción de amparo procede no sólo contra cualquier hecho, acto u omisión provenientes de

### *b. Confusión sobre el alcance del término de prerrogativas públicas*

Es probable que la razón por la cual la Corte consideró que existían prerrogativas públicas en el caso concreto, que le permitían considerar cumplidas las condiciones de los actos administrativos de origen privado, consiste en la confusión en que pueda haber incurrido entre prerrogativas públicas en sentido amplio y poder de mando.

En efecto, se ha repetido en varias oportunidades y en especial en la primera parte de éste trabajo que el vocablo "prerrogativas públicas" abarca no solamente los privilegios que puede gozar un organismo sino también las obligaciones a que los mismos pueden verse sometidos; igualmente que aquéllas "prerrogativas" que derivan del sólo hecho de prestar un servicio público son aquéllas "sujeciones exorbitantes" y no las facultades exorbitantes; y, en fin, que son las cualidades de ejecutoriedad y ejecutividad de los actos la verdadera prerrogativa pública que permite catalogar como administrativo las manifestaciones de voluntad, conocimiento o juicio de los particulares que realizan una actividad de servicio público; y, que tales prerrogativas se traducen en la potestad de tomar decisiones unilaterales susceptibles de modificar el ordenamiento jurídico y afectar de mayor o menor manera, directa o indirectamente, los derechos personales o patrimoniales de los destinatarios, en forma tal que puedan ser impuestas a terceros y que presentan para éstos un carácter obligatorio, dada la presunción de legalidad, del valor provisional de las decisiones que otorgan un beneficio de autotutela a su autor, del privilegio de ejecución de oficio o forzosa.

Pues bien, pareciera que la Corte si bien al estudiar la doctrina extranjera sobre los actos administrativos de origen privado, descubrió que se requería que la actividad del particular fuere catalogada como un servicio público y que el acto derivara del ejercicio de una prerrogativa pública, y así lo hizo saber en su sentencia María Josefina Bustamante vs. U.C.A.B. para corregir su anterior jurisprudencia, olvidó revisar el significado y alcance de éstos términos dentro de la doctrina objeto de este trabajo. Así, verificó que las Universidades privadas estaban sometidas a una serie de obligaciones exorbitantes, como servicio público que prestan, y equivocadamente consideró que bastaba la existencia de sujeciones exorbitantes (qué también son prerrogativas públicas en sentido amplio) para que el acto en cuestión fuere catalogado como administrativo.

En efecto, cuando la sentencia señala que las Universidades Privadas son una forma indirecta del actuar de la Administración, que requieren de autorización pre-

---

los órganos del Poder Público Nacional, Estatal o Municipal, sino también contra el hecho, acto u omisión originados por ciudadanos, personas jurídicas, grupos u organizaciones privadas que hayan violado, violen o amenacen violar cualquiera de las garantías o derechos amparados por la Ley. Además, señala la Ley en su artículo 7 que la competencia para conocer de la acción de amparo, la tienen los Tribunales de Primera Instancia que lo sean con la materia afín, con la naturaleza del derecho o de la garantía constitucional violados o amenazados de violación.

via del Ejecutivo para funcionar, que realizan actos de ordenación en el ámbito de ordenación superior, que su actividad procura satisfacer fines de interés público encomendado por la Administración y que se encuentran sometidas a normas de Derecho Administrativo,[316] en realidad no ha hecho más que descubrir el carácter de servicio público de la actividad que realiza, y pretender que de las sujeciones a que está sometida son aquéllas necesarias para dictar actos administrativos, es confundir el proceso de identificación de servicio público con las propias prerrogativas públicas, llegándose a conclusiones necesariamente falsas.

No obstante, uno de los magistrados de la Corte, Jesús Caballero Ortiz, se percató de tamaño error y así lo hizo expresamente saber en su voto salvado, aún cuando pueda haberse interpretado como una muestra de la natural resistencia que ésta doctrina presenta para aquellos que temen la excesiva extensión del campo de aplicación del derecho administrativo fuera del ámbito de la Administración Pública o de algunos otros órganos del Estado.

En efecto, ante todo el magistrado Caballero Ortiz hace hincapié en la vigencia, que en nuestro país tiene, la distinción entre personas jurídicas de derecho público y personas jurídicas de derecho privado, para luego recordar que tal distinción no se ha visto mermada por el hecho que éstas últimas en muchos casos estén sometidas a normas, inderogables y de cumplimiento obligatorio, que regulen en forma bastante estricta su actividad y se sometan a determinados órganos de vigilancia y control.

Igualmente, en estricta aplicación de la doctrina clásica, afirma el Magistrado Caballero Ortiz, que la noción de servicio público no constituye por sí misma un elemento que pueda servir de fundamento para caracterizar al acto de origen privado como administrativo pues sólo cuando se ejerzan prerrogativas públicas que la ley expresamente le otorgue al particular, puede hacerse tal caracterización. En consecuencia, consideró que los actos de las Universidades privadas no constituyen actos administrativos pues las mismas no están dotadas de las prerrogativas de poder público necesarias para dictar actos administrativos, siendo que los artículos de la Ley de Universidades que han servido de fundamento a la mayoría no han hecho otra cosa que imponerles obligaciones a la Universidades privadas como sujetos pasivos de una relación jurídico administrativa.

Así, el magistrado Jesús Caballero Ortiz estando conforme con la existencia de actos de origen privado pero con ánimos de limitar ésta doctrina a su justo carácter excepcional y de aplicación restringida, nos aclaró que ni el régimen jurídico al que nos encontremos sometidos ni el hecho de que prestemos un servicio público o de que gocemos de ciertas prerrogativas públicas, es suficiente para caracterizar nuestros actos como administrativos, pues sólo la prerrogativa de dictar "actos de autoridad", es decir, actos ejecutivos y ejecutorios, que por ley se nos delegue como gestores de un servicio público podrá ser suficiente para tal fin.

---

316 *Cfr.* páginas 22 y 23 del texto original de la sentencia.

Ahora bien, a pesar de las críticas que hemos hecho, debe reconocerse que con la sentencia María Josefina Bustamante la Corte al resaltar la importancia de la noción de servicio público que había desdeñado con la sentencia SACVEN y considerar, aunque equivocadamente, que la U.C.A.B. gozaba de prerrogativas públicas, presentó su tesis de los actos de autoridad en armonía con la doctrina clásica de los actos administrativos de origen privado.[317]

## III. MARCHAS Y CONTRAMARCHAS

La primera sentencia que fuere dictada con posterioridad a la sentencia María Josefina Bustamante, mantuvo la armonía que hemos indicado, al admitir la posibilidad de que una Asociación Deportiva dictare actos administrativos, luego de considerar que su actividad constituía un servicio público y que se actuaba en base delegaciones de prerrogativas públicas previstas en la Ley del Deporte. Sin embargo, tal armonía no se mantuvo por mucho tiempo pues pronto con la sentencia Ramón Escovar. León vs. U.C.A.B. la Corte dio un retroceso importante al estimar que bastaba la calificación de la actividad realizada como de servicio público para que los actos derivadas se consideraran como administrativos.

### 1. LA SENTENCIA CRIOLLITOS DE VENEZUELA

Aunque casi un año después de la sentencia María Josefina Bustamante vs. Universidad Católica Andrés Bello, el 16 de diciembre de 1987, la Corte Primera de lo Contencioso Administrativo tuvo oportunidad de exponer nuevamente la tesis de los actos de autoridad, ésta vez con algunas variantes, y con ocasión de una acción de amparo y no de un recurso de nulidad.

#### A. Consideraciones generales

##### *a. Los hechos*

El menor Carlos Ernesto Vincens Jubes, quien era integrante del equipo deportivo "Los Grandes", de la "Liga Ávila", afiliado a la organización "Criollitos de Venezuela", después de un año de su ingreso y finalizada la respectiva temporada, solicitó a través de sus representantes "carta de libertad" para cambiarse a otro equipo por razones personales, esto es, porque el menor no se sentía integrado a la Divisa y porque el próximo año pensaba tomar actividades extras de estudio (música e idiomas) lo que le imposibilitaría asistir a las prácticas.

317 En lo que respecta al fondo se declaró con lugar el recurso de la licenciada Bustamante ordenándosele -en un ya acostumbrado exceso de nuestro contencioso sobre la Administración Activa- al Consejo General de los Estudios de Post-Grado de la Universidad Católica Andrés Bello se pronuncie sobre la procedencia o no del Plan de tesis doctoral presentado.

Dicha solicitud fue conocida por la "Liga Ávila" y negada por no existir "elementos de fuerza" que justificaran la misma, forzando a los padres del menor afectado a acudir "ante el directorio Regional de la organización Criollitos de Venezuela, el cual a su vez confirmó la negativa de la Liga Ávila de conceder la referida "carta de libertad" al menor Vincens Jubes.

Los representantes del menor introdujeron acción de amparo constitucional ante la Corte Primera de lo Contencioso Administrativo, para obtener la protección de las garantías constitucionales de libre desenvolvimiento de la personalidad y asociación, contra el acto denegatorio de la carta de libertad emanado de la Liga Ávila y confirmado por el Directorio Regional del Estado Miranda de la Corporación Criollitos de Venezuela.

Así, la Corte Primera, esta vez para determinar su competencia en el conocimiento de la acción de amparo interpuesta y en virtud de la afinidad como criterio para delimitar la competencia de los Tribunales en materia de amparo constitucional, según la sentencia de la Sala Político Administrativa de la Corte Suprema de Justicia de fecha 20 de octubre de 1983, se vio forzada a precisar si el acto emanado de la organización Criollitos de Venezuela, constituía un acto administrativo según la tesis de los actos de autoridad.

### *b.* *La reafirmación de la sentencia María Josefina Bustamante*

Deseaba la Corte determinar el carácter administrativo del acto presuntamente lesivo de las garantías constitucionales y para ello consideró que las federaciones deportivas realizaban una actividad de servicio público, y que el acto en cuestión había sido dictado en ejercicio de prerrogativas públicas previstas en la Ley del Deporte.

En efecto, indica la Corte:

> Al disasociarse la noción orgánica de servicio público y su concepción material o funcional, ya no es extraño en el Derecho Público y en el Derecho Administrativo, que las particulares participen en la actividad administrativa. Al lado de este hecho innegable, existe la circunstancia que en la sociedad surgen grupos que dirigen sus propios asuntos, y que por eso se auto determinan, lo cual les permite ejercer poderes o potestades sobre los sujetos que están unidos a ellos por un vínculo específico que puede ser disciplinario, científico, económico, deontológico, profesional, deportivo u organizativo. En base a estos vínculos, de donde se derivan aquéllos poderes o potestades, se establece una supremacía de naturaleza unilateral, que según el autor italiano ZANOBINI, es una autarquía, que consiste en *la capacidad propia de administrar sus intereses desarrollando una actividad que tienen las mismas características y la misma eficacia jurídica de la actividad administrativa del Estado*".
>
> Es así, entonces, como aparecen en la sociedad entes privados, o integrados por particulares, *a quienes se les encarga la organización de algunos*

*servicios públicos, como el profesional, el científico, el cultural o el deportivo.* Han surgido en la práctica, por ejemplo, entes que en lo atinente a su constitución y funcionamiento están sujetos al Derecho Privado, pero en lo relativo a la organización del servicio o de la actividad que le ha sido encomendada, quedan sometidos al Derecho Público y en concreto al Derecho Administrativo, en lo referente a la sumisión al principio de la legalidad al carácter obligatorio de sus decisiones y a su integración a la competencia de los Jueces Contencioso Administrativos. Así, lo ha admitido esta Corte en repetidas decisiones, en donde ha considerado como *autoridades* por la actividad que realizan, a participar en la gestión u organización de un servicio público, o de una actividad declarada de utilidad pública, a entes de derecho privado, como la Asociación de Autores y Compositores, las Universidades Privadas y las Federaciones Deportivas.

Hechas tales aclaratorias la Corte afirma que la función de las organizaciones deportivas, esto es, el fomento, promoción y práctica del deporte, es una actividad de "utilidad pública" según la Ley, calificación la cual es identificada con la de servicio público. Igualmente señala que en de tal actividad se encuentran en una posición de supremacía de sus afiliados, derivada del ejercicio de prerrogativas delegadas por la Ley del Deporte, por lo que los actos de aquéllas dirigidos a éstos son actos administrativos.

En efecto, señala la Corte:

En el caso presente, los hechos que se dicen violatorios de las garantías constitucionales se imputan a una entidad de derecho privado, pero que de acuerdo con la Ley del Deporte interviene con el Estado en la organización y desarrollo de la actividad deportiva en Venezuela, ***que según el artículo 2° de la Ley del Deporte, su fomento, promoción y práctica es de utilidad pública.*** Aún más, el artículo 26 *ejusdem* atribuye a las entidades deportivas privadas la organización del deporte aficionado, ***y los artículos 68 y 71[318] ejusdem, la facultad a***

318 Probablemente se refería al artículo 69 y no al 68 toda vez que este último se refiere al Consejo de Honor de la entidad; como órgano competente para aplicar las sanciones deportivas: Artículo 68: "El Consejo de Honor de la entidad que tenga a su cargo la organización y dirección del acto o competencia en que se cometa la falta deportiva, conocerá del asunto en primera instancia. Cuando la dirección y organización del acto o competencia en que se cometa la falta a cargo de una federación deportiva nacional, su Junta Directiva conocerá del asunto en primera instancia. Las personas o entidades sancionadas podrán apelar ante el Consejo de Honor de la respectiva federación, cuya decisión será definitiva"; Por su parte el Artículo 69 señala: "Las faltas deportivas serán sancionadas de acuerdo a su gravedad con las medidas de amonestación, suspensión, destitución y expulsión. Para la aplicación de estas sanciones

> ***dichos entes para que apliquen a los deportistas las sanciones que la misma Ley prevé en los casos de violaciones a los deberes deportivos que igualmente contempla.*** No cabe duda, pues, que las asociaciones y entidades deportivas, de primero y de segundo grado, o de otros de mayor integración, se comportan ante sus integrantes en un plano de supremacía, es decir, de autoridad, hasta el punto que *sus actos resultan obligatorios para aquéllos, pudiendo incluso imponerlos ejecutivamente.* ***Por esta razón; la regla es que en los casos en que dichas entidades actúen en ejercicio de la facultad que les confiere la Ley del Deporte de organizar dicha actividad, en cuanto a los actos en concreto que dicten para llevar a cabo tal organización, se comportan como verdaderas autoridades,*** y por ello, el control de su legalidad queda cubierto por la competencia residual que a esta Corte atribuye el ordinal 3° del artículo 185 de la Ley Orgánica de la Corte Suprema de Justicia. (negrillas y cursivas nuestra).

De esa forma puede apreciarse como la Corte habla de "supremacía" de la organización sobre sus integrantes que la hacen actuar como "autoridad", en virtud de una delegación legislativa especial, y da especial énfasis a que se trata de actos destinados a la organización y funcionamiento de un servicio público, es decir, utiliza tanto las nociones de servicio público como de prerrogativa pública, fortaleciendo la armonía de la tesis de los actos de autoridad con los principios clásicos de la doctrina de los actos administrativos de origen privado tal y como ocurriera en la sentencia María Josefina Bustamante vs. Universidad Católica Andrés Bello.[319]

---

se requiere oír al acusado y la formación del expediente". El Artículo 71 señala: "La persona o entidad sancionada tiene derecho a apelar ante el Consejo de Honor de la entidad jerárquica superior, cuyo fallo será definitivo. El Consejo de Honor de cada federación conocerá también de los recursos de forma o de fondo que interpongan los interesados cuando versen sobre quebrantamientos u omisión de forma o de trámites esenciales del procedimiento o cuando verse sobre la infracción de la Ley que influyan definitivamente en lo dispositivo de la decisión".

319 En definitiva, en lo que respecta al amparo solicitado, la Corte consideró que "la organización de determinados entes a los cuales se integran voluntariamente las personas puede suponer para ellas límites a sus derechos, cuando por ejemplo, para conseguir sus fines sociales admiten sujetar algunos de sus derechos de la personalidad al cumplimiento de ciertos requisitos", por lo que no "resultan inconstitucionales las normas contenidas en el Reglamento que regula las actividades de la Corporación Criollitos de Venezuela, en su artículo 14, que pretenden precisamente garantizar la lealtad deportiva entre los equipos a través de un sistema de control de la salida y transferencia de sus jugadores" pero por cuanto "tales restricciones no pueden ser nugatorias del derecho mismo" y por cuanto "la facultad que a las entidades deportivas se otorga de autorizar o no la transferencia no significa un poder tal que obligue a un menor a permanecer en una divisa en contra de su voluntad" se concedió el amparo solicitado.

Sin embargo, si bien lo expuesto por la Corte constituye una adecuada formulación de la doctrina de los actos administrativos de origen privado, nuevamente su aplicación al caso concreto resulta impropia pues el acto en cuestión, si bien se podría considerar -aunque con profundas dificultades- como dictado en el marco de una actividad de servicio público, el mismo en modo alguno podía ser incluido dentro de las "sanciones" que pueden interpretarse que la Ley ha delegado a las federaciones deportivas.

### B. Análisis crítico

La sentencia en comento consideró la actividad desarrollada por la Asociación Criollitos de Venezuela como una actividad de servicio público, lo cual pensamos que si bien existen suficientes argumentos para ello, tal y como es el paso de las Federaciones Deportivas en otros países, la Corte incurrió en algunas imprecisiones sobre los elementos que componen la noción de servicio público que vale la pena destacar.

Igualmente, estimó la Corte que dicha Asociación desarrollaba una prerrogativa pública delegada por Ley cuando negaba la "carta de libertad" a uno de sus jugadores, aún cuando en realidad la Ley del Deporte no prevé prerrogativa semejante.

#### *a. El error de disociar el elemento orgánico y material del servicio público*

La Corte Primera de lo Contencioso Administrativo al formular la doctrina de los actos administrativos de origen privado comete una grave imprecisión al señalar que se han disociado la noción orgánica de servicio público y su concepción material, cuando en realidad sólo se han adaptado a los procesos que ha sufrido la propia Administración Pública.

En efecto, ha quedado claramente establecido en el derecho administrativo clásico que la noción de servicio público involucra dos elementos necesarios y concurrentes: Por una parte, un elemento material que se traduce en que la actividad sea de interés general; y por la otra, un elemento orgánico que se traduce en el estado de "incorporación a la Administración" por parte del autor del acto. Es éste último elemento que aún algunos consideran que ya no es necesario para calificar de público un determinado servicio, en desconocimiento de las enseñanzas del derecho comparado y contagiados de la epidemia *ius publicista* cuyo principal síntoma es el rechazo de todo criterio orgánico.

Pues bien, la incorporación como elemento orgánico de la noción de servicio público en términos generales responde, como dijéramos *infra,* al análisis de los índices reveladores de publicidad utilizados para determinar la naturaleza pública de un ente y que responden a las preguntas ¿Cómo fue creado? (es decir, si fue creado mediante Ley por un acto administrativo o bien por voluntad particular), ¿Cuál fue el fin perseguido en su creación? (si fue creado con el fin de satisfacer un interés general o un interés particular), ¿Qué tipo de injerencia tiene la Administración sobre el funcionamiento del ente? (lo que implica el régimen del nombramiento de sus miembros, de su presupuesto, de su organización interna, el control sobre el ejercicio de sus funciones que puedan tener las autoridades públicas), y en fin, ¿Qué tipo de prerrogativas goza el ente? (si goza de prerrogativas exorbitantes de derecho común o esta sometido a un régimen igualmente exorbitante).

Este método de los índices reveladores de publicidad, con todo y el grado de subjetividad que involucra, no pude argumentarse que fuere desconocido por la Corte Primera pues ésta lo ha incluso utilizado en sus propias sentencias, en especial cuanto analizó la naturaleza privada de la Sociedad de Autores y Compositores.[320]

Sin embargo, la sentencia en comento no evaluó ninguno de los índices reveladores de publicidad, a fin de descubrir la incorporación del ente a la Administración, y con el sólo fundamento de que la actividad de fomento, promoción y práctica es considerada como de "utilidad pública" por el artículo 2 de la Ley del Deporte, consideró la existencia de un servicio público.

En efecto, partiendo de la misma premisa falsa según la cual los elementos orgánico y material de la noción de servicio publico se encuentran disociados la jurisprudencia analizada pareciera confundir el simple interés público que pueda tener una actividad privada con el propio carácter de servicio público que pueda tener la misma, y de allí derivar un supuesta autoridad frente a los miembros del servicio.

Así, la sentencia Criollitos de Venezuela afirma que la Liga Ávila Criollitos de Venezuela "de acuerdo con la Ley del Deporte interviene con el Estado en la organización y desarrollo de la actividad deportiva en Venezuela, que según el artículo 2° de la Ley del Deporte, su fomento, promoción y práctica es de utilidad pública" y de esa circunstancia pareciera derivar el carácter de servicio público de la misma.

---

320 En efecto, en la sentencia SACVEN la Corte primeramente analizó el problema de la creación de la sociedad autoral, al afirmar que "en nuestro país lo que ha calificado a una persona jurídica como ente público o privado no es el tipo o la forma que ésta adopta, sino que las mismas sean creadas o dirigidas por el Estado para cumplir y satisfacer un interés público" y que la sociedad autoral en cuestión "...fue constituida con fundamento a la libertad de asociación..."; luego analiza el elemento relativo al fin perseguido, al señalar que la sociedad de Autores y Compositores de Venezuela fue constituida "con un animus societatis y con el fin de alcanzar objetivos de cierto e indudable carácter privado", y en fin; analiza el elemento control al señalar que la vaciación del legislador "fue permitir la posibilidad de existir varios entes autorales de naturaleza privada sometiendo sus actividades al control del Estado". Idéntico, método utilizaría posteriormente la Corte para determinar que las Bolsas de Valores de Caracas aún siendo privadas realizaban una actividad de servicio público. En efecto, primeramente descubrió que las Bolsas de Valores eran creadas por los particulares con la forma de sociedad anónima cuyo documento era presentado ante el respectivo Registrador Mercantil; de seguidas verificó que las mismas se encontraban sometidas a un "riguroso control estatal", y que dicho control existía en virtud de "los objetivos y fines que persiguen".

Sin embargo, el que la Ley del Deporte indique que la actividad deportiva es de utilidad público, sólo permite sostener que se cumple el elemento material necesario para catalogar dicha actividad como de servicio público o que se cumple uno de los índices reveladores necesarios para determinar su elemento orgánico de la noción, es decir, el fin de interés general.

Bajo ese principio expuesto en la sentencia en comento, podríamos llegar al extremo de considerar como servicio público la empresa privada que como objeto comercial se dedica a la promoción de eventos o espectáculos deportivos, o al particular que financia a deportistas e incluso a los propios jugadores, pues la "práctica del deporte" una actividad de utilidad pública. Estarían todos expuestos a ser catalogados como ejecutores de una actividad de interés general pero sólo si se demuestra su "incorporación" a la Administración, podrían catalogarse como gestores de un servicio público.

Sin embargo, consideramos que en el caso de la Corporación Criollitos de Venezuela, de haberse analizado su "incorporación" a la Administración ésta hubiese podido establecerse, toda vez que si bien son creadas por particulares, de conformidad con el Capítulo V (artículos 26 al 42) de la Ley del Deporte, para su constitución deben cumplir los requisitos previstos en la citada Ley y sus reglamentos, que establecerán cláusulas o estipulaciones de obligatoria incorporación a sus documentos constitutivos y estatutos; que si bien gozan de autonomía funcional su programación debe corresponder a los lineamientos del Plan General del Deporte; que requieren de reconocimiento oficial para actuar como entidades deportivas aficionadas, el cual sólo puede obtener una federación deportiva nacional por cada deporte, una asociación por cada Estado, Distrito o territorio federal por cada deporte, es decir, gozan de la prerrogativa del monopolio; que sus órganos de dirección deben adoptar principios democráticos, electivos, alternativos y de representación proporcional; y en fin, que su objeto está determinado por la Ley, pues debe ser el fomento y dirección de su deporte, hacer cumplir las normas técnicas y deontológicas, organizar las competencias y estructurar sus selecciones. Igualmente en el caso de las federaciones deportivas nacionales, éstas reciben apoyo económico del Estado en las condiciones y requisitos que al respecto establezca por Resolución el Directorios del Instituto Nacional del Deporte, de conformidad con el artículo 47 de la Ley del Deporte.

En consecuencia, si bien podemos formular algunas críticas a la bondad del método que la Corte utilizó para calificar como servicio público la actividad realizada por la corporación Criollitos de Venezuela, no podemos menos que admitir que su resultado es coincidentemente aceptable.

### *b. Las prerrogativas públicas o potestades disciplinarias*

Ahora bien, es importante destacar que la Ley del Deporte sólo delega el ejercicio de prerrogativas publicas a las Federaciones Deportivas Nacionales, y no a las demas entidades deportivas como a las Asociaciones, ligas o clubes, es deci:r, si bien puede considerarse que todas las entidades deportivas cumplen con un servicio público, no todas ejercen prerrogativas públicas.

En efecto, solo las federaciones deportivas, de conformidad con el artículo 36 la Ley del Deporte, les corresponde ejercer funciones normativas pues les corresponde "dictar las normas técnicas y deontológicas de sus respectivas disciplinas en concordancia con las establecidas por su correspondiente federación internacional..." (art. 36, literal b) y establecer "las atribuciones de la federación, sus asociaciones, ligas, clubes y demás organismos de dirección" (art. 36, literal f), correspondiendo a las demás entidades únicamente velar por el cumplimiento de tales normas. Igualmente, sólo corresponde a las Federaciones reconocer y proclamar los titulares nacionales y regionales (art. 36, literal e).

Sin embargo, en el aspecto disciplinario es necesario hacer algunas aclaratorias[321]. La Ley del Deporte previo en su artículo 64 que todas las entidades deportivas

---

321 Es importante destacar que nuestra legislación confunde normalmente el régimen sancionatorio con el régimen disciplinario. Sin embargo, siguiendo a la doctrina alemana e italiana algunos autores diferencian la sanción disciplinaria del acto sancionatorio según deriven de "una relación de supremacía especial" o de la Ley. Sin embargo, consideramos ello absolutamente inaplicable dentro de nuestros principios constitucionales, y bajo la misma argumentación que al respecto ha señalado la doctrina española, *(Cfr.* Eduardo García de Enterria y Tomás Ramón Fernández, *Curso de Derecho Administrativo I,* Editorial Civitas, S.A., Madrid 1984, pp. 21 y 167), cuyo principal bastión es el principio de legalidad de la actuación administrativa. Sin embargo, consideramos al igual que dicha doctrina que el concepto de supremacía especial puede ser útil no para prescindir de la Ley, sino para deducir posibles potestades filiales de una potestad matriz, que sólo la Ley es capaz de atribuir. Sobre la fundamentación de las sanciones disciplinarias» en base a la llamada supremacía especial, podemos citar a Tulio Chiossone *(Sanciones en Derecho Administrativo,* U.C.V., Caracas 1983, p. 38) que indica: "La sanción disciplinaria es una pena que se impone como consecuencia de *una relación de supremacía especial,* y salvo lo referente al poder disciplinario de los institutos privados, corresponde siempre a un órgano de la Administración. La sanción disciplinaria se refiere siempre, y por lo general, a la violación de deberes de los funcionarios frente a la administración, aunque también podríamos dar el carácter de tales sanciones a algunas que se aplican a los ciudadanos por violación de ciertos deberes, y que en nuestro Derecho se denominan *sanciones civiles* (Artículo 131 del Código Civil). En nuestro concepto, y para hacer una distinción fundamental entre la sanción administrativa y la disciplinaria, la sanción de esta última especie tiene por objeto mantener incólume la eficacia de los ordenamientos jurídicos, cuando éstos son afectados por la conducta de los funcionarios a quienes compete su aplicación, siempre que tal conducta se refiera a omisiones materiales y no dolosas ni culposas; en cambio, la sanción administrativa propiamente dicha se aplica, no a los funcionarios por la razón que acabamos de explicar, sino a los ciudadanos en general por transgreden de sus deberes frente a la Administración Pública. (...) Si tomáramos como punto de distinción entre la sanción administrativa y la disciplinaria, distinción que es solamente de género a especie, podríamos afirmar que las primeras, como ya hemos asentado, se imponen a los ciudadanos por violación de sus deberes frente a la Administración, y que las segundas, se imponen a los funcionarios públicos por una razón especial de supremacía".

(federaciones, asociaciones, ligas y clubes) deberán "*guiarse* al establecer su régimen disciplinario en sus estatutos y reglamentos, por los *principios generales* señalados en este capítulo (se refiere al Capítulo IX de la Ley del Deporte, artículos 64 al 73)" (cursiva nuestra).

En consecuencia, una primera interpretación sería la de afirmar que no se trata de una verdadera delegación de prerrogativas públicas, que no se trata de una delegación de potestades disciplinarias; sino por el contrario se trata simplemente de un régimen mínimo de disciplina que deben establecer las entidades deportivas, pero cuyas "sanciones" no tendrán el carácter actos administrativos y por ende carecerán de ejecutividad y de ejecutoriedad. Bajo esta primera interpretación tendríamos que considerar que las sanciones impuestas por las entidades deportivas son simplemente derivadas de las potestades disciplinarias propias de las sociedades o asociaciones de carácter civil o mercantil, como los clubes privados, establecidas en los respectivos estatutos a los cuales se adhieren voluntariamente sus miembros al ingresar a la respectiva entidad.

Sin embargo, la Ley señala que "las Asambleas de las respectivas entidades deportivas, en la oportunidad de la designación de la Junta directiva, elegirán un *Consejo de Honor...*" (art. 65), el cual será "competente para conocer y decidir de las faltas deportivas, de conformidad con las disposiciones de esta Ley, de su Reglamento y de los entidades respectivas" (art. 66); Que dicho órgano conocerá en primera instancia, salvo que la dirección y organización del acto o competencia este a cargo de una federación deportiva nacional, en cuyo caso corresponderá a la Junta Directiva conocer en primera instancia y sólo en apelación al Consejo de Honor (art. 68); que las sanciones según la gravedad de la falta, apreciada discrecionalmente por el Consejo de Honor, serán medidas de amonestación, suspensión, destitución y expulsión (aunque nunca de por vida o por tiempo definido) (art. 69 y 72), las cuales sólo podrán ser aplicadas una vez oído al" acusado" *(sic)* y luego de la formación de expediente (art. 69) y que contra las sanciones podrá apelarse ante el Consejo de Honor de la entidad jerárquica superior cuyo fallo será definitivo (art. 71).

Así, la impresión del interprete podría ser que no se trata de una guía de principios generales en materia disciplinarias sino de una verdadera obligación que por Ley tiene la Asamblea de la entidad deportiva de crear el Consejo de Honor, cuyas competencias derivan de la Ley para la aplicación de un verdadero régimen sancionatorio, en cumplir un procedimiento previsto en la Ley, y par ende que los actos que emanan de tal procedimiento y competencias si son administrativos.

Sin embargo, la Ley no tipifica realmente cuales son las faltas sobre las cuales decidirá el Consejo de Honor en base al señalado procedimiento, pues en su artículo 67, se limita a señalar coma faltas deportivas y en términos generales "1. Las infracciones a las disposiciones de la presente Ley y de su Reglamento, 2. El incumplimiento de los deberes que señalen los estatutos y reglamentos de las entidades deportivas, 3. Cualquier acto que lesione la disciplina y solidaridad deportivas; 4. El comportamiento que atente contra el decoro o normal desenvolvimiento de las actividades deportivas; y, 5. Cualquier otra que señale el Código de Ética que debe sancionar cada entidad".[322]

En consecuencia, si se tratara de una delegación de prerrogativas públicas, de un especial régimen sancionatorio y no de un simple régimen de disciplina privada de una entidad privada, al no haber establecido expresamente cuales eran las faltas, es decir por haber consagrados simples "tipos abiertos",[323] inconstitucionales,[324] que las

---

322 Resulta sumamente interesante destacar la reseña del profesor García de Enterría y de Tomas Ramón Fernández (*Curso de Derecho Administrativo, op. cit.*, p. 166) sobre la suerte que han tenido los Consejos de Honor en España, en especial en razón de sus competencias genéricas en materia deontológica: "El segundo tema que ha de entrar en colisión con el principio constitucional de tipificación legal de las infracciones administrativas es el tradicional dentro de la potestad disciplinaria de infracciones no tanto legales cuando puramente deontológicas, de apreciación abierta virtualmente; por ejemplo actos deshonrosos (art. 94 LFCE), falta de probidad moral (art. 88 de la misma Ley), ética y dignidad profesional (art. 5°, LCP de 1974). Respecto a esta cuestión, la Constitución proporciona aún un criterio más explícito que el que se deduce del principio de tipicidad del injusto (principio incompatible de suyo con que los autores alemanes llaman el párrafo del sinvergüenza que no llega a tipificar una concreta conducta antijurídica punible), y es la formal prohibición en el ámbito de la Administración civil y de las organizaciones profesionales de los llamados Tribunales de honor que declara el artículo 26. Estos tribunales, de origen corporativo y más recientemente militar, defendían un honor abstracto del cuerpo, de modo que calificaba conductas que hagan desmerecer en el concepto público a su autor, o que les hiciese (todo a juicio de sus pares o compañeros) indignos de seguir desempeñando sus junciones, juicio abierto que no necesita ser motivado, que se decidía en conciencia, esto es, sin necesidad de pruebas formales, sobre la base de simples presunciones, y que no podría pronunciar más sanción que la de separación definitiva del servicios (...) La Constitución ha entendido que todo ese modo de actuar contra ciudadanos, por funcionarios o miembros de una corporación profesional que sean, y que implica una total disponibilidad por terceros de su medio de vida sin sumisión a la Ley alguna, ni material ni procesal, es radicalmente incompatible con la libertad y con la seguridad jurídica".

323 Luis Jiménez de Asua, *Tratndo de Derecho Penal,* Buenos Aires,1958, Tomo II, p. 396.

324 La inconstitucionalidad de estos "tipos abiertos", se ha entendido que deriva del artículo 60, ordinal 2° de la Constitución que señala: "Nadie podrá ser privado de su libertad por obligaciones cuyo incumplimiento no haya sido definido por la Ley como delito o falta;" y el artículo 69 que señala: "Nadie podrá ser juzgado sino por sus jueces naturales ni condenado a sufrir pena que no esté establecida por Ley preexistente". Y su ilegalidad del artículo 10 de la Ley Orgánica de Procedimientos Administrativos que señala: "Ningún acto administrativo podrá crear sanciones, ni modificar las que hubieren sido establecidas en leyes especiales, crear impuestos u otras contribuciones de derecho público, salvo dentro de los límites de la Ley." y del artículo 1 del Código Penal que expresa que "Nadie podrá ser castigado por un hecho que no estuviese expresamente previsto como punible por la ley, ni con penas que

configuran en una viciosa especie de "leyes en blanco",[325] caeríamos en el absurdo de que todos los actos, aún considerados como administrativos, emanados del ejercicio de tales prerrogativas serían nulos de nulidad absoluta.[326]

---

ella no hubiere establecido previamente." La doctrina ha señalado al respecto "El legislador, en esta materia, no ha sido uniforme ni consecuente, pues en este campo ha habido regulaciones de todo tipo. En efecto, con frecuencia se encuentra en muchas Leyes Especiales, la previsión genérica de sanciones por infracciones indeterminadas de normas, no sólo de esas leyes, sino de reglamentos. Con frecuencia, en esas leyes, después de establecer sanciones concretas por infracciones de artículos específicos, se agrega un artículo donde se indica, en general, que todas las otras infracciones a esa Ley y su Reglamento serán sancionadas con multas de monto determinado. Con una cláusula general sancionatoria, de esta manera, se deja a la Administración el fijar, por Reglamento, las infracciones a las cuales se aplica la sanción genérica de la Ley. Esta situación ha sido criticada por la doctrina, al considerar como inconstitucionales estas normas legales que establecen esa regulación genérica de sanciones, que permite a la Administración, en definitiva, luego, establecerlas y aplicarlas" *(Cfr.* Allan R. Brewer-Carías, *El derecho Administrativo y la Ley Orgánica de Procedimientos Administrativos,* Colección Estudios Jurídicos N° 16, Editorial Jurídica Venezolana, Caracas. 1982, p. 39. Al respecto ha indicado el Dr. Tulio Chiossone *(Sanciones en Derecho Administrativo,* U.C.V, Caracas 1973, p. 32): "De lo expuesto se desprende que la redacción del principio en las Constituciones anteriores a 1953 garantizaban en general no ser juzgado sino en virtud de ley preexistente, pero en la vigente sólo garantiza no ser condenado a sufrir pena. En el primer caso, el principio de la legalidad no era exclusivo del Derecho Penal, sino que abarcaba todos los casos en que una persona podría ser juzgada, mientras que el segundo, se limita el principio únicamente a la condenación a una pena. Aunque la fórmula es muy específica, y desde luego peyorativa para la libertad individual, posiblemente no podría afirmarse que ella se limitó únicamente al principio de la legalidad a las penas, permitiendo la creación de tipos delictivos para determinadas acciones humanas, o instituyendo la creación analógica en derecho penal. La expresión nadie puede ser sometido a sufrir pena que no esté establecida por ley preexistente, es necesario interpretarla en beneficio de la seguridad individual, en el sentido de que la preexistencia legal se refiere también a la creación de la figura delictiva, ya que no hay pena sin hecho punible". El objeto principal del trabajo del citado autor es demostrar que, la fórmula utilizada por numerosas leyes, que establecen tipos abiertos es inconstitucional.

325 Jiménez de Asua, *La Ley y el Delito, Curso de Dogmática Penal,* Editorial Andrés Bello) Caracas, 1945, p. 110.

326 Ello ha sido expresamente reconocido por la Corte Suprema de Justicia en Sala Político Administrativa (sentencia del 9 de Agosto de 1990, caso Ley nacional de Ahorro y Préstamo, consultada en original), al señalar: "En el caso de autos ha sido alegada una inconstitucionalidad originaria de la norma legal, constituida por el quebrantamiento de expresas previsiones de la Carta Fundamental, concretamente, los Artículos 60, numeral 2, y 69, que consagran en nuestro sistema el principio de legalidad de los delitos y faltas y de las penas y que dan contenido a las garantías

Por el contrario si se tratara efectivamente de una guía de principios generales que deben seguir las entidades deportivas al elaborar su régimen disciplinario, de carácter estatuario, propio de las entes privados, y los actos que dictados en ejercicio de tales facultades disciplinarias no fueren administrativos, la situación sería totalmente distinta. Ello pues el particular que se adhiere al estatuto estaría voluntariamente sometiéndose a un régimen social u organizativo, cuya naturaleza esencialmente privada, de carácter contractual, no daría la eficacia ejecutiva o ejecutoria de sus actos, admitiendo un grado mayor de tolerancia sobre los "tipos abiertos", como límites legítimos de los derechos personales de los miembros, en beneficio del objeto social. Es cierto, que la "fuerza privada" sería utilizada más eficientemente

---

individuales de la libertad y defensa que tan celosamente preserva la norma fundamental, así como al principio de la reserva legal que deriva del Artículo 136 de la Constitución al establecer que es competencia del Poder Nacional, (ordinal 24) la legislación reglamentaria de las garantías que otorga esta Constitución. En este sentido se observa que siendo el texto constitucional, expresión de principios políticos fundamentales, catálogo de los derechos y garantías fundamentales y base de la organización de los poderes públicos, al clasificar los derechos y garantías y someter su regulación a las previsiones legales, entiende tal remisión a los fines de que sean las leyes las que van a determinar el contenido de tales derechos fundamentales, vedando tal posibilidad a la norma reglamentaria y desde luego a los actos de la administración que no encuentren apoyo en Ley alguna. (...) En este orden de ideas se observa que dentro del concepto lato de normas penales debe, diferenciarse entre aquéllas que establecen sanciones para la infracción de normas de ética a las que se sujeta la conducta social e individual de determinado conglomerado humano, y que recoge en su mayor extensión el Código Penal al tipificar los delitos y faltas, y otras, contempladas en leyes especiales, que consagran sanciones para castigar la violación o incumplimiento de reglas específicas referidas a garantizar el fin de utilidad general de la actividad administrativa, y que la doctrina ha calificado como sanciones administrativas para distinguirlas en virtud del sujeto que las impone (órgano administrativo) de las de naturaleza penal que son siempre impuestas por un órgano jurisdiccional. Estas sanciones o penas administrativas o disposiciones administrativas penales, como se le llama en algunos casos, contenidas en leyes reguladoras de la actuación de los órganos de la Administración Pública, deben ajustarse al principio constitucional de la legalidad de las infracciones y de las penas a que hacen alusión las normas constitucionales precitadas. En efecto, conforme a dicho principio, no se admite en nuestro régimen jurídico, –en el cual se requiere la preexistencia del tipo delictivo (Artículo 60, numeral 2, de la Constitución)– para que proceda la aplicación de la sanción o pena, que el legislador en olvido de las garantías constitucionales y de la obligada sujeción de la norma legal a la Constitución, jerárquicamente superior deje mediante una formulación genérica, a discreción de la autoridad administrativa la determinación de la correspondiente figura delictual, puesto que ello envuelve, sin duda, el quebrantamiento del rígido principio de la legalidad que en la materia consagran las normas constitucionales."

por la entidad deportiva que por el particular, para hacer cumplir la respectiva amonestación, suspensión, destitución o expulsión, dando apariencia de ejecutividad y ejecutoriedad al acto, sin embargo, ello no sería más que aparente, pues el acto ni se presumirá legítimo ni la entidad autoral podrá hacer uso de la fuerza pública para su cumplimiento, más de lo que se presume coma legítimo la actuación del particular al que se demanda por incumplimiento de contrato (la carga de la prueba corresponde a quien alega el incumpliendo) y ni menos ejecutorio que las instrucciones del patrono a sus trabajadores.

Además, la naturaleza publica o privada del regimen disciplinario, a diferencia del régimen sancionatorio, debe seguir necesariamente la suerte de la naturaleza de las instituciones en donde se aplica. Ello, pues si se admite que las sanciones disciplinarias se imponen como consecuencia de la relación de supremacía entre el ente y sus miembros, solo entre la Administración Pública y sus funcionarios es concebible la "supremacía especial" necesaria para que los actos que de ella deriven sean administrativos. Por el contrario, entre particulares la supremacía jurídica sólo puede derivar del acuerdo de voluntades.

Ahora bien, es curioso resaltar que la sentencia Criollitos de Venezuela no trataba sobre el análisis de un caso en el cual se hubiese impuesto una "sanción" a un particular en ejercicio del régimen disciplinario a que se refiere el Capítulo IX que se ha venido analizando, y utilizado por la Corte en su razonamiento como fuente de las prerrogativas públicas supuestamente en cuyo ejercicio actuaba la corporación Criollitos de Venezuela. El error cometido par la Corte se debe quizás a la aplicación superficial de la sentencia Federación Venezolana de Tiro, antes citada, en la cual si se trataba de una medida sancionatoria.

Pues bien, la sentencia en comento tenía por objeto determinar la constitucionalidad de una negativa de la Corporación Criollitos de Venezuela de aceptar la dimisión de uno de sus jugadores, de otorgarle "carta de libertad" para que jugara en otra liga. Así, el acto nada tenía que ver con el análisis del régimen disciplinario o de la determinación de la existencia de facultades sancionatorias delegadas por ley. Por el contrario, una vez más el acto constituía un simple acto de gestión del servicio público que tienen atribuido las entidades deportivas, un acto para el cual no existen prerrogativas especiales especialmente delegadas por ley, actos de servicio público.

En consecuencia, no se trataba de un acto administrativo pues si bien era dictado con el objeto de cumplir el fin de servicio público atribuido no involucraba el ejercicio de prerrogativas públicas.

Así, el particular afectado podía acudir al Instituto Nacional de Deportes encargado de "dirigir, coordinar, planificar, estimular, proteger, fomentar y supervisar las actividades deportivas del país..." (art. 15 de la Ley del Deporte) cuya intervención produciría -esta vez si- un acto administrativo para que tomara las medidas necesarias; podría también demandar los respectivos daños y perjuicios si hubiese lugar ante la jurisdicción ordinaria[327], solicitando que de conformidad con el artículo 588, Parágrafo Primera, del Código de Procedimiento Civil, se autorice la separación de equipo[328]; o, en fin, si hubiese lugar, un amparo constitucional esta vez contra un acto de un particulares, y sólo en éste último caso correspondería conocer a la jurisdicción contencioso-administrativa, en virtud de la afinidad de la materia. Siendo así, la Corte habría podido conocer sin ningún obstáculo el recurso interpuesto por el menor Carlos Ernesto Vincens Jubes contra el Directorio Regional del Estado Miranda de la Corporación Criollitos de Venezuela, e incluso llegar a la misma solución adoptada, pero sin hacer uso de la tesis de los actos de autoridad inaplicable para el caso concreto.

Ahora bien, la tendencia reafirmada por la sentencia Criollitos de Venezuela, en la formulación de la tesis de los actos de autoridad, sobre la necesidad de descubrir

---

327 Así, independientemente de nuestro desacuerdo con la forma en que fuere tratado el fondo de la cuestión, puede citarse como ejemplo del tipo de control o tutela jurisdiccional que puede obtenerse ante la jurisdicción ordinaria ante actos de particulares no administrativos pero de idéntica esencia que los actos administrativos, la acción intentada ante el Juzgado superior Cuarto en lo Civil, Mercantil y del Tránsito de la Circunscripción Judicial del Distrito Federal y Estado Miranda, por la Unidad de Cirugía Plástica, Doctor Pacillo, C.A. (UNICIPLA) contra la Asociación Civil "Lagunita Country Club", contra la negativa de este a admitirlo como socio, a fin de que se le admitiera como socio de dicho club y se asentara en el libro de accionistas el traspaso de la acción que lo acreditaba como titular. Así, ese juzgado con fundamento en el artículo 588, Parágrafo Primero y 585 del Código de Procedimiento Civil, acordó al demandante el derecho de ejercer la condición de Socio de la Lagunita Country Club, mientras durase el proceso. Igualmente, consideró el Juzgado que de conformidad con el artículo 20 del Código de Procedimiento Civil los jueces pueden apreciar la constitucionalidad de no sólo las Leyes en sentido formal sino también de cualquier otra norma de carácter sublegal, como sería el "reglamento interno de un club". Así, consideró inconstitucional las disposiciones del reglamento interno del club la lagunita para permitir en definitiva la admisión del demandante como nuevo miembro de aquél, ordenando la inscripción en el libro de accionistas del traspaso correspondiente.

328 El artículo 588 del Código de Procedimiento Civil, en un ambiente *ius publicista*, incluyó una disposición semejante a la del artículo 136 de la Ley Orgánica de la Corte Suprema de Justicia, para permitir la suspensión de los efectos de actos particulares que produjeren daños irreparables en la definitiva, así: "Artículo 588: En conformidad con el artículo 585 de este Código, el Tribunal puede decretar, en cualquier estado y grado de la causa, las siguiente medidas... Parágrafo Primero: Además de las medidas preventivas anteriormente enumeradas, y con estricta sujeción a los requisitos previstos en el artículo 585, el Tribunal podrá acordar las providencias cautelares que considere adecuadas, cuando hubiere fundado temor de que una de las partes pueda causar lesiones graves o de difícil reparación al derecho de la otra. En estos casos para evitar el daño, el Tribunal podrá autorizar o prohibir la ejecución de determinados actos, y adoptar las providencias que tengan por objeto hacer cesar la continuidad de la lesión".

un servicio público en la actividad del particular que ejerce prerrogativas públicas para poder catalogar de administrativos sus actos, aunque erróneamente aplicada al caso concreto, no fue seguida por la siguiente sentencia publicada por la Corte Primera de lo Contencioso Administrativo, la cual consideró que del sólo hecho de gestionar un servicio público derivaban las prerrogativas necesarias para dictar actos administrativos, presentados una contramarcha en la correcta evolución de esta doctrina en Venezuela.

## 2. LA SENTENCIA RAMÓN ESCOVAR LEÓN VS. U.C.A.B.

Una vez más la Corte Primera de lo Contencioso Administrativo tuvo oportunidad, en sentencia del 19 de enero de 1988, de exponer su tesis de los actos de autoridad, esta vez ante un acto emanado de una Universidad Privada.

Sin embargo, en esta oportunidad la Corte acentúo nuevamente el carácter de Servicio Público de educación superior prestado por la Universidad para calificar de administrativa la actividad de selección y nombramiento de su personal docente y de investigación, obviando la ausencia de prerrogativa pública alguna. Esto como una errónea interpretación de los postulados de la sentencia María Josefina Bustamante vs. U.C.A.B., que anteriormente fuera analizada.

### A. Los hechos

El 1° de septiembre de 1985, el Consejo de Facultad de la Escuela de Derecho de la Universidad Católica Andrés Bello, publicó un aviso invitando a los interesados a presentar sus credenciales para aspirar a las distintas cátedras de la escuela de derecho que se encontraban vacantes.

Así, analizadas las credenciales de los distintos aspirantes el Consejo de Facultad de la Escuela de Derecho propuso al Rector de la Universidad a Hugo Nemirovsky para ocupar el cargo de Profesor Titular de la Cátedra de Derecho de Pruebas de la nueva sección de cuarto año de derecho, correspondiente al año académico 1985-1986.

Sin embargo, Ramón Escovar León, siendo uno de los aspirantes a dicha cátedra y considerando tener mejores credenciales que Nemirovsky, recurrió en reconsideración la propuesta al Rector del Consejo de Facultad y, luego de algunas incidencias procedimentales,[329] interpuso recurso jerárquico ante el Consejo Universitario el cual el 17 de diciembre de 1986, quien lo declaró sin lugar.

---

329 El Consejo de Facultad se había declarado incompetente para conocer del recurso de reconsideración por lo que el recurrente interpuso contra la declaratoria de incompetencia un recurso jerárquico ante el Consejo de Universidades, el cual ordenó al Consejo de Facultad decidir sobre el fondo del asunto. Así, el Consejo de Facultad desestimó nuevamente el recurso de reconsideración esta vez por razones de fondo, siendo este acto nuevamente recurrido ante el Consejo Universitario.

De esa forma Ramón Escovar León recurrió el 2 de febrero de 1987 ante la Corte Primera de lo Contencioso Administrativo la decisión del Consejo Universitario de la Universidad Católica Andrés Bello que confirmó el acto del Consejo de Facultad que propuso al Rector el nombramiento del profesor Hugo Nemirovsky para la cátedra de Derecho de Pruebas del 4° año de la Escuela de Derecho para el curso académico de 1985-1986.

Así, la Corte Primera de lo Contencioso Administrativo al admitir el recurso reconoció su competencia y dio por sentado que se trataba de un acto administrativo, lo cual no analizó inicialmente y sólo como un punto aparentemente no fundamental o meramente incidental de la sentencia expuso nuevamente la tesis de los actos de autoridad, esta vez, como dijimos antes, haciendo hincapié en el carácter de servicio público de la actividad y prácticamente desestimando el fundamento originalmente utilizado de la delegación legislativas de prerrogativas públicas.

## B. La contramarcha (El servicio público como condición suficiente)

En efecto, la Corte reconoce expresamente el carácter privado de la Universidad Católica Andrés Bello como un hecho incontestable y que ésta puede organizar libremente, la composición e integración administrativa de los órganos de administración y gobierno, aún cuando éste sea totalmente distinto al de las Universidades Nacionales.[330]

Sin embargo, La Corte hace las siguientes consideraciones sobre la naturaleza de su actividad:

> [...] la educación en Venezuela es una de las principales actividades del Estado, porque constitucionalmente se garantiza su acceso a todos, así como a la cultura, como lo determina el artículo 78 del Texto Fundamental. De esta vinculación a las actividades estatales le viene la característica de función primordial e indeclinable del Estado y de servicio público, como lo proclaman los artículos 2° y 4°, respectivamente, de la Ley Orgánica de Educación. Por esta razón, advierte el artículo 4°, de la Ley últimamente citada, que cuando es impartido el servicio público educativo por los particulares, éstos deben hacerlo dentro de los principios y normas establecidos en la ley. De esta forma se coordina y se compatibiliza la función primordial del Estado en materia de educación, con la libertad de enseñanza que también reconoce nuestra Constitución, en su artículo 79. Por otra parte, la educación, prestada por el Estado o impartida por los particulares, tiene sus objetivos generales, que deberán

330 Señala la sentencia en su página 16: "... por tratarse de un aspecto de gobierno y no académico, perfectamente también en la Universidad Católica Andrés Bello, por ejemplo, sus fundadores pueden al regular la integración de sus Consejos de Facultad definir sus miembros, sin prescindir de los que la Ley de Universidades contempla".

cumplirse en cada nivel o modalidad de la enseñanza ... para alcanzar tan altos y delicados fines, la propia Constitución garantiza en su artículo 91, que la educación *estará a cargo de personas de reconocida moralidad y de idoneidad docente* (Negrillas nuestras).

Calificada así de servicio público la actividad *educación superior,* la Corte procede a catalogar como administrativa la actividad que dio origen al acto recurrido y en consecuencia define el carácter del mismo como acto administrativo dictado en ejecución, del servicio, en los siguientes términos:

> Tal procesa de designación, independientemente del sistema escogido de selección concurso, contratación, o de invitación a participar en una contratación, debe practicarse, y aparecer reflejado en los respectivos actos de postulación y de nombramiento por parte del Consejo y del Rector, respectivamente, a través de su correspondiente motivación. Requisito éste aplicable también en los actos de nombramiento de profesores por parte de las Universidades Privadas, independientemente del tipo de relación que originen posteriormente entre aquellos y las Universidades mencionadas, por tratarse de actos a través de los cuales dichas Universidades llevan a cabo la prestación del servicio público de educación superior, mediante la autorización que les ha sido concedida por el Estado. En otras palabras, que los nombramientos del personal docente y de investigación de las Universidades Privadas, por la función que con ellos se realiza, pueden calificarse de naturaleza administrativa, porque a través de estos actos se consiguen las fines que el Estado aspira lograr con la autorización de la creación de tales Universidades; que son los mismos que para toda institución universitaria se señalan en los artículos 2°, 3° y 4° de la Ley de Universidades. Mediante estas autorizaciones, los particulares, junto con el Estado, intervienen en la gestión de la prestación de un servicio público, y al obligárseles a que apliquen la Ley de Universidades en la ejecución de dicho servicio, y en concreto en las designaciones de su personal docente, realizan, como en el presente caso funciones administrativas. Y ello con independencia de la naturaleza privada de la relación de la prestación de servicios que surge entre la Universidad y el profesor.

De ese modo la Corte Primera de lo Contencioso Administrativo amplía la tesis de los "actos de autoridad" a los actos dictados por particulares gestores de un servicio público cuando dichos actos son necesarios para la ejecución de dicho servicio, y apartándose una vez más de la necesidad de que exista una delegación expresa y legislativa de prerrogativas públicas.

Incluso podría interpretarse de la sentencia citada, que la jurisprudencia pretende ampliar, inconstitucionalmente, el ámbito de la competencia de los órganos contenciosos administrativos al conocimiento de toda la actividad derivada de un servicio público, incluso de aquellos actos que dictados dentro del ejercicio de tal actividad no fueren considerados como administrativos.

Entonces, debemos preguntarnos de nuevo: ¿Cómo podría dictar actos administrativos la U.C.A.B. por el sólo hecho de ejecutar una actividad catalogada como de servicio público, que cuando más implica sujeciones extraordinarias, y sin que exista realmente una delegación de ese poder de mando que forma parte de la soberanía?; ¿Acaso piensa la Corte que la delegación del poder de mando puede derivar por vía de consecuencia de la calificación de una actividad como de servicio público y que no requiere ser directamente delegada?; ¿Bajo que fundamento legal podría justificarse que todos los actos tendientes a la organización de un servicio son administrativos?; Y si así fuera ¿Cómo explicar entonces que el régimen del personal que lleva a cabo precisamente el servicio no esté sometido a derecho funcionarial sino al derecho común del trabajo? o es que acaso la Corte pretende lo contrario; y si así fuere ¿Cómo justificar que entes privados que prestan un verdadero servicio público lo ejecutan con base a un régimen de derecho común y que sólo se someten al derecho público en cuanto a las sujeciones u obligaciones exorbitantes propia de la actividad que realizan, y que a pesar de prestar tal servicio público no dictan ningún acto administrativo, tal y como resulta de todas aquellas empresas privadas de servicios eléctricos, de telecomunicaciones, informativas, de Aseo Urbano, de distribución de agua, aeronáuticas, etc.?; o, ¿Será que la Corte Primera a no pretendió calificar de administrativos los actos destinados a la organización de un servicio público sino ir más allá de las normas constitucionales para ampliar el ámbito de competencia de la jurisdicción contencioso administrativa al conocimiento de todo los actos relativo al servio público aunque no fueren administrativos?

Pues bien, para responder tales preguntas en sentido afirmativo tendríamos que desconocer que la jurisprudencia en cuestión es absolutamente incongruente con los mas elementales principios constitucionales y administrativos.

En consecuencia, la postura jurisprudencial según la cual pueden existir actos administrativos sin prerrogativas públicas y sólo por el hecho de derivar de la prestación de un servicio público, carece del más elemental rigor lógico, y las preguntas que frente a ella uno se formula, no representan otras, sino las mismas objeciones que fueron formuladas por los tratadistas franceses para atacar las dos corrientes doctrinales que sostuvieron respectivamente que la noción de servicio público o la de prerrogativa pública eran suficientes para analizar la naturaleza administrativa de un acto de origen privado.

Sin embargo, podría afirmarse que la sentencia Ramón Escovar León vs. Universidad Católica si bien constituyó una contramarcha en la tesis de los actos de autoridad, la misma fue pronto corregida por la Corte Primera de lo Contencioso Administrativo conocida como Marino Recio vs. Comisión Nacional de Valores de fecha 24 de marzo de 1988, y su contenido no debería tomarse ni siquiera como una excepción al principio general, y sólo como un error superado.

## 3. LA SENTENCIA MARINO RECIO VS. COMISIÓN NACIONAL DE VALORES

Los excesos cometidos bajo la noción de Servicio Público y el desdeño hacia las prerrogativas públicas, o la confusión entre estas y aquélla, parecieran haber sido advertidos por la Corte Primera de lo Contencioso Administrativo, pues a sólo dos meses después de la sentencia Ramón Escovar León, en sentencia del 24 de marzo de 1988, conocida como Marino Recio vs. Comisión Nacional de Valores, vuelve a hacer uso de ambas nociones como condiciones concurrentes para la procedencia de actos administrativos de origen privado.

### A. La vuelta al equilibrio

Marino Recio, un corredor público de títulos valores y miembro de la Bolsa de Valores de Caracas fue suspendido, en fecha 20 de octubre de 1983, por la Junta Directiva de dicha institución, por quince (15) días de conformidad con el artículo 99 y 111 de la Ley de Mercado de Capitales,[331] debido a presuntas prácticas ilegítimas o dolosas, conducentes a la fijación de precios y la alteración del libre juego de la oferta y la demanda, en la negociación de acciones del Banco de Maracaibo C.A.

No estando conforme con la decisión tomada en su contra, el corredor solicitó la reconsideración de la medida, con base al artículo 94 de la Ley Orgánica de Procedimientos Administrativos (analógicamente aplicable -según éste- por no haber sido aprobado aún el Reglamento Interno de la Bolsa de Valores) la cual al ser desestimada por la Junta Directiva de dicha institución, se ejerció un "recurso jerárquico" ante la Comisión Nacional de Valores conforme al criterio sostenido por dicho organismo administrativo de su competencia para revisar los actos sanciónatenos de la Bolsa de Valores de Caracas.

Sin embargo, la Comisión Nacional de Valores, en fecha 2 de mayo de 1984, ratificó el acto de suspensión del corredor Marino Recio dictado por la Junta Directiva de la Bolsa de Valores de Caracas, obligando a éste a ejercer el recurso contencioso administrativo de anulación, que luego de ciertas incidencias procedimentales, tocó conocer a la Corte Primera de lo Contencioso Administrativo.

---

331 Señala el artículo 99 de la Ley de Mercado de Capitales: "Sin perjuicio de otras sanciones que establezcan los reglamentos internos y las Estatutos de la Bolsa de Valores, la Junta Directiva podrá sancionar a los corredores con suspensión de tres (3) a noventa (90) días en los casos que determine el reglamento interno aprobado por la Comisión Nacional de Valores" y el artículo 111 señala: "Queda prohibida cualquier práctica ilegítima o dolosa conducente a la fijación de precios que alteren el libre juego de la oferta y la demanda. Las Bolsas de Valores podrán suspender o cancelar el registro del corredor incurso en esa práctica, previa comprobación de la infracción a esta disposición. En caso de cancelación, ésta deberá ser aprobada previamente por la Comisión Nacional de Valores".

Así, la Corte Primera de lo Contencioso Administrativo a pesar de ser el acto recurrido un acto emanado de la Comisión Nacional de Valores, es decir, de un órgano de la Administración Pública y no de un particular, consideró necesario analizar si "una persona jurídica creada bajo la típica forma de derecho privado, como ocurre con la Balsa de Valores de Caracas, que es una sociedad anónima, puede dictar actos revisables por la jurisdicción contencioso-administrativa".

Para ello, la Corte en sorprendente armonía con el derecho administrativo clásico, centra su primer análisis en la determinación de la naturaleza de la actividad prestada por las Bolsas de Valores, a fin verificar si se cumple la primera de las condiciones existenciales de los actos administrativos de origen privado, ésto es, que el particular realice una actividad de servicio público: La Corte verifica el interés general involucrado en el Mercado de Capitales. Luego, se formula las distintas preguntas necesarias para descubrir los índices reveladores de publicidad y descubre que si bien no se trata de un ente público sino privado, éste se encuentra "incorporado" a la Administración.

Así, una vez verificado que en la actividad realizada por las Bolsas de Valores se cumplen tanto el elemento material como el elemento orgánico de la noción de Servicio Público, le asigna tal carácter al Mercado de Capitales.

### *a.* *La identificación de la presencia del elemento material de la noción de servicio público en la actividad de las Bolsas de Valores*

Primeramente la Corte hace un análisis histórico del nacimiento de las Bolsas de Valores a fin de precisar el tipo de intereses que dieron origen a éstos mercados y los que los que hoy día se encuentran involucrados, en su mantenimiento, para concluir que las Bolsas se crean en función de intereses tanto particulares como generales, desde que permiten conjugar las intereses privados de cada inversionista, con intereses generales vinculados a la economía.

Señala textualmente la Corte:

> Las Bolsas surgen históricamente, cuando se produce en el desarrollo de las actividades mercantiles, razones de afinidad de los comerciantes que los llevan a practicar sus actos de comercio en lugares comunes y habituales. Es precisamente de la necesidad de garantizar un marco de seguridad y legalidad a estos particulares, que surgen instituciones organizadas con el fin de realizar negociaciones indirectas de bienes mobiliarios sobre la base de cotizaciones establecidas en virtud de la Ley de la Oferta y la Demanda.
>
> Posteriormente, por la distinción en cuanto a los objetos de las transacciones se produce una especialización en diferentes tipos de bolsas, a saber, bolsas de mercancías, de comercio y de valores, donde los capitales representados por títulos son objeto de la negociación.

> Tales bolsas de valores, además de garantizar la rápida colocación de valores en el mercado y la unidad y estabilización de precios, permiten la canalización del ahorro privado en instituciones que por virtud de sus necesidades lo solicitan a través de la emisión de títulos, asimismo aseguran la estabilización de la oferta y demanda dineraria y facilitan el proceso de inversión. De lo anterior se deduce que dichas instituciones se crean en función de intereses tanto particulares como generales, desde que permiten conjugar los intereses privados de cada inversionista, con intereses generales vinculados a la economía al determinar las tendencias generales del mercado nacional.
>
> Por virtud de esta especial finalidad, existen en derecho comparado tres sistemas para la constitución y funcionamiento de las bolsas, éstos son, el de la libertad, oficialidad, y las mixtas o eclécticas. Bajo el régimen de libertad, todos los particulares tienen la posibilidad de crear bolsas privadas de valores, que no tienen cotización oficialmente reconocida. En la oficialidad, la aprobación estatal, es característica y en el sistema mixto o ecléctico se permiten ambos tipos de bolsas, tanto las oficiales como las privadas.

Asimismo, para apoyar tal análisis la Corte cita, en complemento de aquélla prevista en el artículo 49 del Código de Comercio, la definición que de las Bolsas de Valores prevé la Ley de Mercado de Capitales en su artículo 89 según la cual su objeto es "La *prestación de todos los servicios necesarios para realizar en forma continua y ordenada todas las operaciones con títulos valores, objeto de negociación en el Mercado de Capitales, con la finalidad de proporcionarles adecuada liquidez*".

Así puede perfectamente argumentarse que las Bolsas de Valores tienen un verdadero objeto de "interés público",[332] el cual no se ve disminuido por que las mismas tengan la forma de sociedad anónima, es decir, de comerciantes, una de cuyas características es el ánimo de lucro. Ello, pues, según las enseñanzas del profe-

332 Analizando algunas definiciones del derecho comparado sobre el mercado de valores puede verse con mayor claridad el "interes público" que el mismo involucra. Así, el autor colombiano Néstor H. Martínez Neira (*Intervención del Estado en el mercado público de valores,* Editorial Themis, Colombia 1986, p. 1) señala: "Se define el mercado de valores como aquella parte del mercado de capitales que facilita los recursos a largo plazo necesarios para el normal desenvolvimiento del sector real de la economía, mediante la emisión de activos financieros, también llamados títulos valores o valores mobiliarios" y más adelante (pp. 2 a 6) señala sobre la importancia socio económica del mercado de valores, destacando su importancia en el desarrollo del sector real de la economía, para mantener la estabilidad de las empresas, para sustituir la situación de endeudamiento por capital, para redistribuir el ingreso y riqueza, para lograr desconcentrar el poder económico o democratizar el capital, para controlar la inflación.

sor René Chapus,[333] las actividades denominadas de mayor servicio o de "plus grand service", a las que la jurisprudencia reconoce comúnmente como Servicios Públicos, no excluye toda idea de utilidad o rentabilidad financiera, en busca de una autosuficiencia económica, siempre que tiendan a satisfacer el interés de terceros (corredores miembros, inversionistas y el ahorro nacional) en relación con el propio interés del organismo que presta la actividad (es decir, el interés de la Bolsa). En efecto, sería del interés de la propia Bolsa de Valores prestar los mínimos servicios y comodidades a sus miembros, a los menores costos, y recibir la mayor contraprestación por éstos, a fin de producir la más alta rentabilidad de su gestión. Por el contrario, las Bolsas de Valores buscan prestar los mejores servicios y comodidades a sus miembros en busca de que las operaciones sobre títulos valores se puedan efectuar de forma continua y ordenada, sin que su finalidad sea obtener para la empresa las mayores utilidades para ser repartidas anualmente a sus accionistas como dividendos, pues el servicio a sus miembros y a la colectividad va por encima de la utilidad o pérdida que resulte de su gestión.

### *b. La identificación de la presencia del elemento orgánico de la noción de servicio público en las Bolsas de Valores*

Sin embargo, sabemos que no basta la existencia de un interés general para la calificación de la actividad como servicio público. Es necesario que la misma sea prestada directa o indirectamente por la Administración Pública, estos es, por sus propios órganos o por un ente que se encuentre "incorporado". Ahora bien, es el análisis de las índices reveladores de publicidad, aún con el alto grado de subjetividad que esto involucra, los que en definitiva nos llevarán a inferir la "incorporación" de un ente a la Administración, y así lo entendió la Corte, aún cuando bien podría pensarse que su intención era descartar la naturaleza pública de las Bolsas y no determinar su "incorporación" a la Administración Pública.

En efecto, la Corte comienza con el análisis de *la forma de creación* de las Bolsas de Valores, verificando no sólo que se requiere de una autorización estatal para su constitución, sino también la adopción de una especial forma de derecho privado.[334] Así, señala la Corte:

---

333 René Chapus, *Droit Administratif Général, op. cit.*, pp. 380 y ss.; "Service public et puissance publique", *op. cit.*

334 Interesa destacar sobre la "oficialidad" de las Bolsas en Venezuela, la opinión del autor colombiano Néstor H. Martínez Neira (*Intervención del Estado en el mercado público de valores*, Editorial Themis, Colombia 1986, pp. 11 a 14): "Tres son los sistemas universalmente conocidos en esta materia, a saber: a) Libertad absoluta o autorregulación: Corresponde al sistema inglés, donde el mercado de valores se desenvuelve bajo la supervisión del Consejo de la Bolsa de Valores de Londres y la Junta de traspasos y fusiones, organismos de derecho privado. El Consejo de la Bolsa ejerce el control directo sobre los miembros de la misma, quienes obligatoriamente deben ser corredores o distribuidores de valores, y está facultado para expulsarlos, suspenderlos o amonestarlos. Además, el Consejo vigila el cumplimiento de las normas y reglamentos de

> [...] dichas Bolsas de Valores a la luz de nuestro ordenamiento jurídico Venezolano constituyen bolsas de las denominadas oficiales ya que la autorización estatal es necesaria para su constitución. Sin embargo, tal autorización no es suficiente para la creación y funcionamiento de las mismas desde que la Ley de Mercado de Capitales en el artículo 90 dispone que las bolsas de valores adoptarán la forma de sociedades anónimas con lo cual asume dicha institución una figura propia de derecho privado.

Y más adelante indica:

> Así, entre otras actividades contraloras, debe autorizar la constitución de las bolsas de valores, aún cuando no participa el Estado en la voluntad asociativa necesaria para dar origen a la persona jurídica -compañía anónima- que en definitiva va a constituir la bolsa de valores previamente autorizada por la Comisión Nacional de Valores. En efecto, dispone la Ley de Mercado de Capitales que la condición de miembro y de accionista es inseparable (Artículo 90) y que sólo podrán ser miembros de una bolsa de valores las personas naturales

---

la bolsa, cuyo objetivo primordial consiste en permitir a las empresas la obtención de recursos de capital de manera eficiente y dentro de un marco de completa seguridad y debida información para los inversionistas, de tal forma que a él le corresponde, entre otras funciones: a) autorizar la inscripción de un título en la lista formal de valores negociables, para lo cual se requiere previamente la celebración de un convenido entre el emisor y la bolsa que exige cierto tipo de informaciones que en la mayoría de los casos ni las mismas leyes imponen (*vgr.* publicación en detalle de compras y enajenaciones, informes periódicos, informes anuales que incluyan el grado de participación de los directores en la propiedad de la empresa, notificación del cambio de el giro de los negocios, etc.); b) suspender transacciones de determinados valores en bolsa; etc. (...) c) Oficial a servicio público: Es aquel sistema que se observa en varios países europeos donde las bolsas de valores son de carácter oficial (*vgr.* España, Francia e Italia) y las intermediarios del mercado son considerados funcionarios públicos; d) Vigilancia gubernamental: Este sistema, que nos ofrece el derecho comparado, es el propio de América (Argentina, Brasil, Colombia, Estados Unidos, México, Panamá, Perú y Venezuela). Nació con la fundación de la "Securities and Exchange Act de 1934; desde entonces, su normatividad ha inspirado la legislación latinoamericana, especialmente los primeros estatutos sobre el particular. En él se establece el carácter privado de las instituciones y negocios de títulos valores, aunque sujetos a leyes protectoras del interés público, mediante una amplia publicidad de los datos económicos y financieros de la empresa y de la actuación de todos los intervinientes en el comercio de los títulos valores, con una adecuada fiscalización del Estado y las bolsas que asegure la veracidad y eficacia de la información suministrada, el cumplimiento estricto de la Ley y un régimen de sanciones severo para quienes vulneren las normas".

> o jurídicas que estén autorizadas para ejercer la actividad de corredores públicos de títulos valores por la Comisión Nacional de Valores (Artículo 92, ordinal 1°). Tal autorización es conferida únicamente a personas naturales y sociedades en nombre colectivo (artículo 85), y respecto de éstas últimas, la doctrina discute la posibilidad de que sus socios puedan ser personas jurídicas.

A ello debe agregarse que el Estado de conformidad con el mismo artículo 90 de la Ley de Mercado de Capitales, previó que las sociedades anónimas que deseen constituirse como bolsas de valores, deberán tener *un capital mínimo* de un millón de bolívares (Bs. 1.000.000) pagado en efectivo y representado en acciones nominativas que otorguen los mismos derechos a sus titulares. Además indica el artículo 91, *ejusdem* que el número de miembros para constituir una bolsa de valores no podrá ser menor de veinte (20), y que una vez constituía la bolsa no podrá disminuirse el número de miembros a quince (15). En fin, señalan los artículos 102 y 103 de la Ley de Mercado de Capitales la forma en que deberá preverse en los Estatutos de la bolsa los órganos de administración y sus facultades.

Igualmente, la Corte reconoce la importancia del examen de la participación directa o indirecta por parte del estado en la *dirección y control* de la respectiva persona jurídica para el cumplimiento y satisfacción de un interés público. Así, aún cuando con la intención de desvirtuar la participación decisiva del Estado en su conducción que permitiría catalogar las Bolsas de entes públicos, pero no por ello dejando de demostrar la "incorporación" de las Bolsas a la Administración, señala:

> De otro lado, en lo que atañe a su conducción, se observa que tan sólo uno (o al menos uno) de los miembros de la Junta Directiva que administra la bolsa de valores es designado en forma indirecta, por un órgano del Estado, la Comisión Nacional de Valores, a través de una terna presentada a la asamblea de accionistas, quien elige uno de ellos. (Paréntesis nuestros).

> Y por ello concluye:

> [...] si bien las bolsas de valores se hallan sometidas por virtud de los objetivos y fines que persiguen a un riguroso control estatal, el Estado carece de decisiva participación en la constitución y conducción, de lo cual se concluye su condición de personas jurídicas de derecho privado.

Además podría agregarse que la Bolsa no sólo tienen un régimen particular de *creación*, sometido a la autorización del Estado y a los requisitos que éste le fija sobre la forma jurídica que puede adoptar o el carácter de corredores que deben ostentar sus miembros, el objeto que deben tener, el capital mínimo con el cual deben constituirse, la forma en que debe ser administrada y las facultades de su Junta Directiva; se somete a *riguroso control estatal* al que está sometida su actividad por intermedio de la Comisión Nacional de Valores, que se manifiesta incluso en la composición de los órganos directivos de las bolsas de valores; cumple con un *fin de interés general* en la realización de su objeto social; sino que además goza de un importantísimo privilegio revelador de su condición de servicio público, como es *el monopolio,* en la prestación del servicio, pues, de conformidad con el artículo 90 de la Ley de Mercado de Capitales: "En cada ciudad sólo podrá funcionar una Bolsa de Valores".

Hechas tales consideraciones, debe admitirse que la Corte ha logrado en forma suficientemente clara que las Bolsa de Valores participan en la gestión de un servicio público del Mercado de Capitales, cumpliendo así el primer paso que le permitirá, de conformidad con las más depuradas enseñanzas del derecho comparado, catalogar como administrativos alguno de sus actos.

### c. *La determinación de las prerrogativas públicas*

La Corte procede luego a analizar la delegación que la Ley de Mercado de Capitales hace a la Bolsa de Valores de prerrogativas públicas y acude a un concepto antes no utilizado como fundamento de la tesis de los actos de autoridad, como es el de la "descentralización por colaboración":

> [...] la norma transcrita (artículo 10, ordinal 17 de la Ley de Mercado de Capitales) establece la competencia de la Comisión Nacional de Valores tanto para emitir el acto administrativo por cuyo intermedio se autoriza la actuación de los corredores públicos de títulos valores, como para sancionarlos mediante la suspensión o cancelación de tal autorización por ella emitida. Así, dispone la Ley lo que par definición es la regla general, al prever que sea dicha Comisión, órgano administrativo del cual emana el acto autorizatorio, la que tenga la competencia para suspender los efectos de dicho acto en el tiempo o revocarlo, a manera de sanción, cuando el particular beneficiario del mismo incurra en conductas violatorias de la Ley, su Reglamento o demás normas que regulan su actividad.
>
> No obstante lo anterior, ya través de un mecanismo concebible tan solo como excepcional, fija la ley una modalidad muy particular del ejercicio de la función administrativa, cuando establece que una organización privada, como lo son las bolsas de valores, pueden aplicar las mismas sanciones de suspensión o cancelación del registro del corredor en los casos expresamente determinados en la referida Ley.
>
> El artículo 99 de la Ley de Mercado de Capitales constituye el primero de los supuestos en que se atribuye tal competencia a las bolsas de valores... El segundo se consagra en el Artículo 111.(...).
>
> No ofrece dudas la normativa señalada de que en las casos contenidos en las disposiciones citadas, se prevé el ejercicio de función administra-

tiva por parte de las bolsas de valores, desde que la misma actividad disciplinaria se haya atribuida -como antes se indicó- en forma general a la Comisión Nacional de Valores, y él se concreta en la suspensión o revocación de un acto administrativo dictado por ese órgano de la Administración Pública Nacional. Ciertamente, no calificar de administrativa la actividad por la cual se suspende o revoca un acto producido como consecuencia del ejercicio de tal actividad, seria un contrasentido.

Así podemos apreciar como con la sentencia Marino Recio vs. Comisión Nacional de Valores, la Corte armoniza a plenitud su tesis de los actos de autoridad con la doctrina de los actos administrativos de origen privado del derecho francés. Además, quizás en forma desintencionada, reconoció que para poder hablar de un servicio público no basta el simple elemento material, la existencia de un interés general perseguido por la actividad objeto de análisis, sino que es siempre necesario, por no decir más importante, que el ente se encuentre vinculado de alguna manera formal, es decir, "incorporado" a la Administración Pública, como elemento orgánico de la noción de servicio público. Es esto último lo que limita la desmesurada extensión del criterio material en la definición del acto administrativo, en la extensión del derecho administrativo más allá de sus propias fronteras, lo que nos hace retornar el equilibrio.

Pero, resulta importante destacar que además los magistrados de la Corte afirman el carácter excepcional de la doctrina de los actos administrativos de origen privado, en una mesurada posición que advierte solapadamente contra los excesos cometidos. En efecto, *la excepcionalidad* de la doctrina de los actos administrativos de origen privado es reafirmada por la Corte al indicar que "...a través de un mecanismo muy particular *tan sólo concebible como excepcional,* fija la Ley una modalidad muy particular del ejercicio de la función pública, cuando establece que una organización privada, ..., pueda aplicar las mismas sanciones" que un ente público. Pero el carácter excepcional no sólo fue reconocido por la Corte a la doctrina de los actos administrativos de origen privado en general, sino que también le asigno tal carácter a las actos en particular de la Bolsa de Valores al señalar que "cuando la Ley de Mercado de Capitales, prevé la posibilidad de que las Bolsas de Valores sanciones a los corredores públicos de títulos valores con suspensión o cancelación de su registro, le está confiriendo a dichas personas jurídicas de derecho privado, *tan solo en esos supuestos,* el ejercicio de una prerrogativa que las hace participar en forma directa del poder de imperium del Estado".

Igualmente debe destacarse la explicación sobre la descentralización por colaboración que da la Corte para fundamentar su posición:

> [...] la participación de particulares en el ejercicio de funciones públicas administrativas constituyen un tipo especial de descentralización, denominada en doctrina *descentralización por colaboración,* donde la ley prevé el ejercicio de funciones públicas por parte de organizaciones

> privadas, exigiendo como elemento esencial la expresa voluntad de la Ley de que órganos del Estado señalen las instituciones llamadas a colaborar, y la reserva de dichos órganos de la facultad de controlarlas. Ello es precisamente lo que ocurre en el caso de las bolsas de valores, donde la autorización de la Comisión Nacional de Valores es elemento esencial para que se produzca la descentralización, en cuanto que ésta permite la constitución y funcionamiento de la persona jurídica de derecho privado llamado a colaborar. (...) Asimismo, se cumple el segundo elemento esencial de este tipo de descentralización, al establecer un riguroso control por parte del órgano a quien corresponde autorizar el funcionamiento de las bolsas de valores. De todo lo antes expuesto se concluye que cuando la Ley de Mercado de Capitales prevé la posibilidad de que las Bolsas de Valores sancione a los corredores públicos de títulos valores con suspensión o cancelación de su registro, le está confiriendo a dichas personas jurídicas de derecho privado, tan solo en esos supuestos, el ejercicio de una prerrogativa que las hace participar en forma directa del poder de imperium del Estado, y, en consecuencia, los actos sancionatorios por él las dictados en tales casos se emiten bajo la investidura del poder público que las habilita para producir verdaderos actos administrativos sujetos al control de la jurisdicción contencioso-administrativa.

En definitiva el recurso fue declarado sin lugar, luego de analizar los vicios denunciados por el recurrente y considerarlos improcedente, sin embargo, la Corte abrió en su razonamiento jurídico importantes cuestiones en relación a los actos administrativos de origen privado, como es la posibilidad de considerar que los particulares gestores de un servicio público se encuentran sometidos a un control de tutela por parte del Estado -aún sin disposición legal expresa-, que por esa misma razón los respectivos actos no causarían estado si no se agota el recurso jerárquico impropio[335] que

335 Señala la sentencia: "Al respecto, se observa que tratándose de una persona jurídica de derecho privado que por la vía de la descentralización por Colaboración ejerce función pública y siendo que la Comisión Nacional de Valores es un órgano de la Administración Pública Nacional adscrito al Ministerio de Hacienda, según lo establece la Ley de Mercado de Capitales en su Artículo 2, es obvio que no existe entre la Bolsa de Valores y la Comisión relación de jerarquía, entendida ésta como principio de organización administrativa, en cuanto atañe a los poderes de preeminencia y subordinación que rigen la estructura que se hace de los distintos órganos de la Administración para garantizar -al decir de Sayagués Laso- la convergencia y unidad de acción. En efecto, tal relación es por definición incompatible con el concepto de descentralización en que rige la tutela como forma de sumisión de la persona jurídica descentralizada. Como bien afirma Garrido Falla, la tutela versa sobre entidades muy diferentes y la misma no puede entenderse como una figura monolítica, "...sino que su análisis nos muestra que hay que admitir muchos matices; que se derivan precisamente de la clase de entidad sobre la cual la tutela recae... Concretamente al

daría una extraordinaria solución al problema de los actos administrativos de origen privado.

## B. Los actos administrativos de las Bolsas de Valores según la doctrina

La inmensa actividad que han tenido las Bolsas de Valores en las últimos años, y en especial la experimentada por la Bolsa de Valores de Caracas, que diera origen numerosos litigios y discusiones sobre las transacciones que a diario se realizaron en ese mercado, así como sobre la propia actuación de las corredores públicos, despertó la curiosidad de algunas de estudiar la naturaleza jurídica de los actos que éstas Compañías Anónimas cuyo objeto esta íntimamente ligado al "servicio público del mercado de capitales".

Así, encontramos que algunos autores[336] han considerado que los actos sancionatorios que la sentencia Marino Recio vs. Comisión Nacional de Valores señalara

---

referirnos a la descentralización que se produce por colaboración, se destacó como segundo requisito esencial, la facultad de vigilancia y control que tiene que ejercer la Administración sobre las organizaciones privadas llamadas a colaborar, debiendo resaltarse que mientras más importancia revista la función descentralizada mayor será la actividad fiscalizadora y contralora sobre éstas. En este orden de ideas, debemos afirmar conjuntamente con Gabino Fraga que "...en aquellas instituciones asociadas al ejercicio de la decisión y de la ejecución, que es el grado mayor de descentralización, las facultades de la Administración Central son todavía más amplias, pues no sólo se tienen los poderes de retiro de la autorización, selección de personal y vigilancia de la gestión, sino que llega hasta un control que faculta a la autoridad para revisar los actos del organismo colaborador (Subrayado de la Corte Gabino Fraga, *Derecho Administrativo,* Editorial Porrúa S.A. México, 1977, p. 232). Obsérvese que el control a través de la revisión por parte de la Administración Central de los actos administrativos dictados por personas funcionalmente descentralizadas, que al inicio no se concebía como posible, por no existir entre ambos entes una verdadera relación de jerarquía, ha resultado admitida como principio general, al igual que en la Ley de Entidades Estatales Autónomas española del año 1978, en nuestra propia Ley Orgánica de Procedimientos Administrativos cuando en el artículo 96, dispone, "El recurso jerárquico podrá ser intentado contra las decisiones de los órganos subalternos de los Institutos Autónomos por ante los órganos superiores de ellos". Contra las decisiones de dichos órganos superiores, operará recurso jerárquico por ante el respectivo Ministro de Adscripción, salvo disposición en contrario de la Ley. Si bien este recurso de alzada, se prevé específicamente para el supuesto de la descentralización funcional en el caso de los institutos autónomos, esta Corte estima que la disposición evidencia la admisión de la posibilidad de revisión por órganos de la Administración Central de los actos emanados de entes descentralizados" (Subrayado nuestro).

336 José Antonio Muci Borjas, "Las Bolsas de Valores como Servicio Público. Competencia de las Bolsas de Valores para expedir actos administrativos", Trabajo inédito, presentado en ciclo de conferencias de Derecho Mercantil homenaje al Dr. José Muci-Abraham, organizado por el Instituto de Estudios Jurídicos "Dr. Ángel

como únicos supuestos en que las Bolsas de Valores actúan en ejercicio de prerrogativas públicas que les permite catalogarlos como administrativos, no son tales ya que a su juicio el referido fallo "dejó ver tan solo *la punta de iceberg*, pues son muy numerosas las áreas en las cuales las Bolsas de Valores pueden obrar como *particulares investidos de función pública*".[337]

En ese sentido se ha señalado, partiendo de las precisas condiciones que hemos señalado a lo largo de este trabajo como concurrente y necesarias para caracterizar un acto de origen privado como administrativo, que las Bolsas de Valores, de conformidad con la Ley de Mercado de Capitales, al dictar su reglamento interno ejercen una *función normativa* que cataloga el acto de efectos generales que emana de su ejercicio como administrativo; que al inscribir los títulos valores en el registro correspondiente a los efectos de su cotización, ejerce una *función administrativa* que da al acto de registro su carácter de administrativo; al igual que los actos que suspenden temporalmente la cotización de los títulos valores inscritos en la bolsa, los que certifican las operaciones realizadas y las cotizaciones, los que autorizan la modificación de los estatutos de las sociedades mercantiles, los que imponen sanciones administrativas a sus miembros, suspendiéndolos o expulsándolos, los que imponen sanciones pecuniarias a sus miembros, los que suspenden los derechos inherentes a sus acciones o los que establecen las tarifas bursátiles; en fin, señalan que la bolsa cuando decide la resolución de contratos bursátiles, ordena el cumplimiento o ejecución coactiva de las operaciones, declara la ineficacia de operaciones cuyos precios se aparten visiblemente de las cotizaciones del mercado, o cuando soluciona conflictos entre los miembros, realiza *funciones jurisdiccionales,* que también permite catalogar a sus actos como administrativos.

Ahora bien, si bien compartimos la tesis según la cual las bolsas de valores dictan un número importante de actos administrativos, en ejercicio de su actividad de servicio público y en base a expresas prerrogativas públicas, pensamos que el carácter de servicio público no puede englobar toda la actividad de la bolsa de valores y ni todas las prerrogativas que ésta tienen son públicas.

### *a. ¿Función normativa?*

La Ley de Mercado de Capitales en su artículo 103, ordinal 1°, señala que las Juntas Directivas de las Bolsas de Valores tienen la facultad de "Dictar el reglamento interno de la Bolsa de Valores, el cual entrará en vigencia una vez aprobado por la Comisión Nacional de Valores y *contendrá las condiciones a las cuales habrá de ajustarse las operaciones que celebren los corredores con títulos valores*".

De modo de que no pareciera haber duda de la naturaleza administrativa que tendría el reglamento interno de la Bolsa de Valores, una vez admitido que esta

---

Francisco Brice", del Colegio de Abogados del Estado Zulia", en la ciudad de Maracaibo durante el mes de octubre de 1991.

337 *Ibidem*, p. 11.

última realiza una actividad de Servicio Público, y es tributaria de una delegación legislativa para dictar dicho acto de efectos generales. Tampoco existe duda de que las operaciones que celebren los corredores públicos de títulos valores deben someterse en forma imperativa a las condiciones establecidas en dicho acto administrativo de efectos generales.

Sin embargo, cabe preguntarse sí la aprobación de la Comisión Nacional de Valores necesaria para que entre en vigencia el reglamento interno, en realidad constituye una "homologación" como administrativo un acto privado de la Junta Directiva (reglamento interno), tal como apunta la doctrina española, en cuyo caso el acto administrativo no podría considerarse como dictado por la Bolsa sino por la propia Comisión Nacional de Valores; o bien dicha aprobación es un simple "control preventivo de legalidad"[338] de un verdadero acto administrativo de efectos generales dictado directamente por la Bolsa. Preferimos pronunciamos por la primera posición aún cuando reconocemos lo bien fundamentada de la segunda.

### *b. ¿Función jurisdiccional?*

### *b.1. El cumplimiento de las operaciones bursátiles*

En el numeral 1° del artículo 90 del Reglamento Interno de la Bolsa de Valores de Caracas,[339] se contemplan los procedimientos mediante los cuales se garantiza el

338 José Antonio Muci Borjas, *op. cit.*, p. 13.

339 Señala el artículo 90: "En caso de incumplimiento de cualquier operación se procederá de la siguiente manera: 1) El miembro que hubiere cumplido tiene el derecho de dirigirse a la Vicepresidencia Ejecutiva de la Bolsa, exigiendo el cumplimiento o la ejecución de la operación. En tal caso, el Vicepresidente Ejecutivo hará la correspondiente notificación al miembro incumplidor y le concederá un (1) día hábil bursátil de plazo, para que proceda a cumplir o a ejecutar sus obligaciones; y si no lo hiciere se aplicará lo que disponen los párrafos subsiguientes: a) Si el miembro incumplidor es el comprador, el Vicepresidente Ejecutivo ordenará la venta de las especies en la Rueda de Corredores, al precio de mercado, por intermedio de otro de los miembros de la Bolsa, siguiéndose al efecto las previsiones de este Reglamento. Si el precio que se obtenga fuere menor que el pactado en la operación incumplida, la correspondiente diferencia, así como también la comisión y los intereses, deberán ser pagadas por el corredor comprador. Y al contrario, en el supuesto de que el precio que se obtenga sea mayor que el pactado en la operación incumplida, la correspondiente diferencia quedará en beneficio de la Bolsa, como retribución por el servicio prestado, b) Si el miembro incumplidor es el vendedor, el Vicepresidente Ejecutivo puede ordenar la compra de las especies en las Ruedas subsiguientes, a través de otros de sus miembros, otorgando al efecto órdenes por un período no mayor de diez (10) días hábiles bursátiles. En caso de que se logre comprar dichas especies, se le cobrará al miembro incumplidor la correspondiente diferencia de precio, si éste fuere mayor que el pactado en la operación incumplida, así como también la comisión y los intereses respectivos. Si la operación no puede cumplirse dentro del plazo antes indicado, se someterá el asunto

cumplimiento de las operaciones bursátiles. Allí se prevé que el vicepresidente de la Bolsa de Valores a solicitud de una de las partes ejecute las obligaciones incumplidas en nombre de la otra parte y a costa de ésta.

Sin embargo, dicha disposición de conformidad con lo previsto en los Estatutos de la Bolsa y el artículo 3 del mismo Reglamento forma parte de los contratos bursátiles, es decir, que tienen carácter contractual.[340]

---

a la consideración de la Junta Directiva, a fin de que ésta determine la indemnización que deba pagar el miembro incumplidor al miembro que haya cumplido. Y en el supuesto de que la compra de las especies lleve a cabo por un precio menor que el de la operación incumplida, la correspondiente diferencia quedará en beneficio de la Bolsa, como compensación por los servicios prestados, c) En cualquiera de las circunstancias aludidas en los precedentes párrafos a) y b), si el miembro incumplidor se niega a pagar las cantidades o indemnizaciones que debe satisfacer y continúa aún el incumplimiento tres (3) días continuos después, la Junta Directiva de la Bolsa hará ejecutar las garantías generales y especiales que el miembro en cuestión tenga constituidas a los efectos de cobrar el correspondiente adeudo, así como también los demás gastos que el referido procedimiento ocasione; en caso de que la ejecución de las garantías resulte insuficiente, subsistirá la responsabilidad del miembro incumplidor por la diferencia. Adicionalmente, la Junta Directiva de la Bolsa procederá a suspender al miembro incumplidor, por períodos sucesivos no mayores de noventa (90) días cada uno y si llegare a cumplirse tres (3) de dichas suspensiones sin que la situación haya quedado totalmente corregida, lo sancionará con expulsión, de acuerdo con las previsiones del numeral 1 del artículo 121 de este Reglamento, d) En caso de que el incumplimiento consista en la entrega de una carta de traspaso errónea, incorrecta, insuficiente o que por cualquier motive sea rechazada por el ente emisor de los títulos valores negociados o por su agente de traspasos, el miembro que hubiere cumplido deberá informar de tal incumplimiento a la Junta Directiva o al Vicepresidente Ejecutivo de la Bolsa. Este último hará entonces la correspondiente notificación al miembro incumplidor y le concederá un (1) día hábil bursátil de plazo, para que proceda a cumplir su referida obligación; y si no lo hiciere, la Junta Directiva de la Bolsa podrá amonestarlo, suspenderlo hasta por noventa (90) días o incluso acordar su expulsión, según la gravedad de la falta. En los aludidos casos de incumplimiento, además, tanto el miembro incumplidor como la parte vendedora, serán responsables de los daños y perjuicios que dicho incumplimiento ocasione a la parte compradora...".

340 En efecto, las normas que integran el Reglamento Interno de la Bolsa de Valores de Caracas, son un caso análogo a lo que ocurre con las "Condiciones Generales de Contratación para la Ejecución de Obras Públicas", dictadas mediante Decreto del Presidente de la República, la cuales a pesar de haber sido dictadas por una autoridad pública, no pierden su naturaleza contractual. Las condiciones generales de contratación son para los contratos de obras públicas, el marco general de contratación que para los contratos bursátiles son las condiciones contenidas en el Reglamento Interno de las Bolsas de Valores (aún cuando a diferencia de aquéllas las disposiciones de éstos últimos no requieren manifestación expresa de los contratantes en cada contrato para que se consideren incorporadas al contrato, pues tal

En efecto, la cláusula quinta de los estatutos sociales de la Bolsa de Valores de Caracas, prevé entre las atribuciones de la Junta Directiva, dictar el Reglamento Interno de la Bolsa de Valores de Caracas, que debe contener "las condiciones a las cuales habrán de ajustarse las operaciones que celebran los corredores públicos de títulos valores, miembros de la Bolsa" y así lo repite el artículo 3 del referido reglamento.

Ahora bien, los supuestos del artículo 90 del Reglamento Interno de la Bolsa de Valores de Caracas, incorporados al contrato y de naturaleza contractual, prevén que la Bolsa asuma el cumplimiento de la operación como un tercero interesado, en razón de su objeto social, que es la prestación al público de todos los servicios necesarios para realizar en forma continua y ordenada las operaciones con títulos valores objeto de negociación en el Mercado de Capitales.[341]

---

manifestación se hace en términos generales y para todos los contratos al ingresar como miembro a la Bolsa y acogerse a las disposiciones del documento constitutivo y de su reglamento). Ello ha sido expresamente reconocido por los tribunales civiles y mercantiles tal y como se desprende de las sentencias del Juzgado Séptimo de Primera Instancia en lo Civil, Mercantil y del Tránsito de la Circunscripción Judicial del Área Metropolitana de Caracas del 19 de noviembre de 1993 (caso Alcántara V. Rafael-Cavelva C.A. vs. Incorp Casa de Bolsa, C.A., expediente N° 9797) y del Juzgado Noveno de Primera Instancia en lo Civil, Mercantil y del Tránsito de la Circunscripción Judicial del Área Metropolitana de Caracas de fecha 14 de diciembre de 1993 (caso Alcántara V. Cavelva, C.A. vs. Intervalores Casa de Bolsa, C.A., expediente No. 22464), (consultadas en original). (Sobre el tema de las Condiciones Generales de Contratación *Cfr.* Luciano Lupini y Gabriel Ruan, "Consideraciones sobre las condiciones Generales de Contratación para la Ejecución de Obras de la Administración Pública" en *Revista de Derecho Público,* N° 12, octubre-diciembre 1982, Editorial Jurídica Venezolana, Caracas 1982, p. 18).

341 Recordemos que el cumplimiento de una obligación puede ser efectuado voluntariamente por el deudor o por un tercero, lo cual constituye el denominado cumplimiento voluntario. Por su parte, el acreedor de una obligación puede, en caso que el deudor no cumpla voluntariamente, imponer al deudor su cumplimiento, mediante intervención del órgano jurisdiccional. Esta forma de cumplimiento es conocida como ejecución forzosa. En el primer caso, esto es, del denominado cumplimiento voluntario, las obligaciones pueden ser cumplidas directamente por el deudor, así -como por un tercero, interesado o no interesado, que actúe en nombre y descargo del deudor. Los terceros interesados son aquellas personas que pueden ser forzadas a pagar, pues tienen un interés legítimo en extinguir la obligación, no importa que esté obligada de cualquier manera, de modo principal o accesorio; ello ocurre, por ejemplo con el fiador y con el codeudor solidario. Por su parte, los terceros intensados son aquellas personas distintas al deudor que no pueden ser forzadas a pagar, careciendo de un interés legítimo para ello. Creemos pues que en esta categoría de terceros interesados podemos ubicar a la Bolsa de Valores cuando actúa de conformidad con el artículo 90 numeral 1, de su reglamento interno. (Sobre la actuación de los terceros interesados y su concepto *Cfr.* artículo 1.283 del Código Civil, *Cfr.*

En consecuencia, si la disposición que permite al vicepresidente de la Bolsa de Valores de Caracas ejecutar las obligaciones bursátiles incumplidas por alguno de los miembros de esa institución a solicitud de la parte, es de naturaleza contractual, los actos que de ella derivan no pueden más que constituir actos meramente privados y en modo alguno de naturaleza pública.

Lo contrario sería simplemente imposible toda vez que no existe al respecto ninguna disposición de carácter legislativo que permita considerar en dichos casos que se le ha atribuido prerrogativas públicas a la Bolsa de Valores o a su vicepresidente cuando actúa de esa manera.

### *b.2. La resolución de contratos bursátiles*

Por su parte, el artículo 90, en su numeral 2,[342] prevé que el miembro que hubiese cumplido sus obligaciones en una operación bursátil tiene el derecho de solicitar a la Vicepresidencia de la Bolsa la anulación de la operación incumplida la cual procederá sumariamente. Esta facultad de la Vicepresidencia de la Bolsa también ha sido denominada por la doctrina como el ejercicio de una función administrativa de carácter jurisdiccional.[343]

Sin embargo, creemos que ello no es posible, a pesar de que compartimos la opinión según la cual existe un error terminológico en la utilización por parte del reglamento interno de la Bolsa del término "anulación" en lugar de "resolución" que es el medio de terminación de los contratos que surgen como consecuencia del incumplimiento de una de las partes.[344]

---

Eloy Maduro Luyando, *Curso de Obligaciones,* 3ª edición, U.C.A.B., Caracas 1975, p. 300; Jorge Giorgi, *Teoría de las Obligaciones* Vol. VII, Traducido al español por la redacción de la *Revista General de la Legislación y Jurisprudencia,*Editorial Reus S.A. Madrid, España 1928, p. 124).

342 Señala el numeral 2, del artículo en cuestión que: "2) Adicionalmente, el miembro que hubiere cumplido tiene el derecho de solicitar la anulación de la operación incumplida..."

343 José Antonio Muci Borjas, *op. cit.*, p. 27.

344 Recordemos que tanto la anulación como la resolución son tipos o especies dentro de los medios de terminación de los contratos. Sin embargo, la nulidad de un contrato ocurre cuando faltan los elementos esenciales de su existencia (objeto, causa, consentimiento válido y capacidad), o cuando contraviene el orden público o las buenas costumbres. El contrato afectado de nulidad contiene el vicio que lo afecta desde que nace, por lo que el incumplimiento de las obligaciones en el contraídas no puede ser causa para su nulidad. Además, por estar afectado de determinados vicios desde su nacimiento, el mismo carece de eficacia: "El contrato nulo es un contrato que nace viciado, por lo cual no puede producir sus efectos normales; mientras que el contrato bilateral objeto de resolución es un contrato que ha nacido perfecto, sólo que en el curso de su desarrollo una de las partes incumple culposamente su obligación (*Cfr.* Eloy Maduro Luyando, *op. cit.*, p. 592). Siendo, entonces,

En efecto, esta facultad de poder declarar la resolución de cualquier operación bursátil incumplida, no comporta, a nuestro juicio, el ejercicio de potestades publicas, ya que en este caso la delegación de tal facultad, al igual que las demás atribuciones del vicepresidente de la Bolsa previstas en dicho artículo y anteriormente analizadas, obedece a términos eminentemente contractuales, en virtud de lo dispuesto como dijéramos antes, de los propios estatutos de la Bolsa y del artículo 3 del Reglamento Interno.

Así, mediante tal disposición contractual no se ha hecho otra cosa que constituir a la Vicepresidencia Ejecutiva de la Bolsa de Valores de Caracas en un "arbitro", a cuya decisión se someten las partes, en las operaciones bursátiles celebradas entre los miembros de la Bolsa de Valores de Caracas.

Tal designación no encuentra ningún obstáculo jurídico pues deriva de una disposición incorporada contractualmente a los contratos bursátiles y la materia cuyo conocimiento se le otorga al árbitro no constituye ninguno de los asuntos respecto de los cuales la Ley prohíba el arbitraje de conformidad con el artículo 608 del Código de Procedimiento Civil. ·

Incluso, recordemos que los árbitros pueden clasificarse en árbitros de derecho o en árbitros arbitradores o amigables componedores, según se atengan para decidir al procedimiento legal y a la correcta aplicación del derecho o a lo que les parezca más convenientes a los intereses de las partes en atención a la equidad.

De allí que consideramos que en su actuación la Vicepresidencia de la Bolsa se presenta como un arbitro arbitrador, en razón de la celeridad con que deben decidir en función del mantenimiento del clima de seguridad, confianza y estabilidad que debe mantener todo mercado de valores.[345]

---

que el medio de extinción de los contratos que surge con motive del incumplimiento de alguna de las partes, es la "resolución" y no la "anulación" lo que declara la vicepresidencia de la Bolsa a solicitud de las partes. Igual error termll1ológico se cometió en la redacción de los artículos 57 y 81 del reglamento interno, en los que se habla de anulación de mutuo acuerdo y anulación por incumplimiento, respectivamente, cuando en realidad debería haberse referido a "disolución", que es el medio de extinción de los contratos de mutuo acuerdo, y de "resolución" cuando se trate de incumplimiento.

345 No pareciera existir obstáculo tampoco para tal presunción del carácter de arbitrador del Vicepresidente de la Bolsa ante el silencio de la norma, pues como ha señalado nuestra doctrina: "cuando los interesados no hayan expresado en el compromiso cuál es el carácter que atribuyen a los árbitros, éstos deben ser considerados como árbitros *juris* según algunas de las legislaciones modernas, y árbitros de equidad según otras. El primera es el sistema francés, que ha sido adoptado, entre otros Códigos, por el italiano y el español, y en él se establece como regla general que los árbitros, al igual que los Jueces, deben decidir conforme al derecho escrito, y que sólo por expresa voluntad de las partes podrán hacerlo como amigables componedores. El segundo, que es el del Código ginebrino, seguido por el de Bélgica y

Por el contrario, catalogar como potestad pública el ejercicio de dichas facultades por la Vicepresidencia de la Bolsa, no sólo es altamente inconveniente sino que encuentra obstáculos jurídicos insalvables para su justificación.

En efecto, el ejercicio de una función administrativa de carácter jurisdiccional por parte de un particular no podría ser delegado más que por Ley y jamás por un acto administrativo, menos aún por un acto administrativo de origen privado, como podría cuando más catalogarse el Reglamento Interno de la Bolsa de Valores de Caracas. Lo contrario sería admitir la violación de los derechos constitucionales de defensa y la garantía que todos tenemos de ser juzgado por nuestros jueces naturales, y violentaría el principio de la reserva legal que deriva del artículo 136 de la Constitución al establecer que es competencia del Poder Nacional (ordinal 24) la legislación reglamentaria de las garantías constitucionales.

Así, de considerarse potestades públicas las facultades de la Vicepresidencia de la Bolsa, estas serían absolutamente inconstitucionales y cada vez que fueren ejercidas el miembro afectado tendría el derecho de acudir a los órganos jurisdiccionales a pedir la nulidad del acto por usurpación de funciones e incluso por usurpación de autoridad, y ampararse contra el mismo por violentar sus derechos constitucionales, restando así toda eficacia a las facultades de las autoridades bursátiles y destruyendo el orden necesario en el mercado de capitales y la seguridad jurídica de todos aquéllos que en el intervienen. Ello significaría la misma destrucción del mercado bursátil.

De ese modo, no podríamos sostener el absurdo antes referido, no sólo olvidando los más elementales principios constitucionales, en contra de la propia conveniencia del orden jurídico establecido, sino en contra de las mismas condiciones que hemos expuesto que la doctrina y la jurisprudencia han reseñado como necesarias para la existencia de un acto administrativo de origen privado: El Vicepresidente de la Bolsa si bien puede considerarse en su actuación como gestor de un servicio público del mercado de capitales, jamás podríamos pensar que en ella ejerce prerrogativas públicas, cuando las mismas no han sido delegadas por Ley, y por el contrario derivan de simples disposiciones contractuales que le atribuyen funciones de amigables componedores, para que actúen según la equidad y ni siquiera como árbitros de derecho.

---

adoptado por el legislador patrio, traduce el silencio de las partes por su voluntad de someterse a amigables componedores... *(omissis).* En defensa de su sistema dice, en cambio, Bellot, el eminente autor del código de Ginebra, que la obligación de sentenciar según las reglas del derecho hace desaparecer una de las ventajas del compromiso, consistente en la facultad concedida a los árbitros de plegar el rigor del derecho a los preceptos de la equidad, pronunciando según su conciencia *ex aequo et bono*" (Arminio Borjas, *Comentarios al Código de Procedimiento Civil,* Tomo V, Edición Magon, Caracas 1979, p. 40).

### *b.3. La ejecución de las garantías otorgadas por los miembros*

En lo que respecta a la "ejecución de las garantías de los miembros" en virtud de su incumplimiento a que se refiere el citado artículo 90 del Reglamento Interno de la Bolsa de Valores de Caracas, tampoco pensamos que se trata del ejercicio de una función administrativa de carácter jurisdiccional, como bien han pretendido algunos.

En efecto, el literal c) del numeral 1 del artículo 90 del Reglamento Interno de la Bolsa de Valores de Caracas, establece que en caso de que el miembro incumplidor se negare a pagar la cantidades que quedare debiendo, con motivo de su incumplimiento, la Junta Directiva de la Bolsa "hará ejecutar" las garantías generales y especiales que el miembro en cuestión tenga constituidas, a las efectos de cobrar el correspondiente adeudo, así como las demás gastos que el referido procedimiento ocasione.

Sin embargo, el hecho que el Reglamento Interno diga que la Junta Directiva "hará ejecutar" las garantías respectivo sólo significa que ésta acudirá a los tribunales de la República, a solicitar la ejecución de conformidad con el procedimiento legalmente establecidos. ¿Cómo podría pensarse que la Bolsa ejecutaría las garantías *mana militare!* Ello es simplemente absurdo. Las garantías que las miembros dan a la bolsa para la ejecución de sus obligaciones son: a) Garantía real (prenda o hipoteca) o personal (fianza), según el artículo 92 de la Ley de Mercado de Capitales; b) Fianza o hipoteca según el artículo 75 del Código de Comercio; c) Las constituidas para garantizar el cumplimiento de las operaciones a plazo de conformidad con el artículo 69 y ss. del Reglamento Interno de la Bolsa de Valores de Caracas. Así, el procedimiento de ejecución dependerá en cada caso del tipo de garantía constituida: en el caso de ejecución de garantías hipotecarias, deberá seguirse el procedimiento previsto en los artículos 660 y ss. del Código de Procedimiento Civil; en caso de ejecución de garantías prendarias, deberá seguirse el procedimiento previsto en los artículos 666 y ss. del mencionado Código; y para la ejecución de fianzas deberá seguirse el procedimiento ordinario, contemplado en los artículos 338 y ss. del Código de Procedimiento Civil.

La necesidad de acudir a los tribunales así como la imposibilidad de un particular de atribuirse tal función es obvia ya que se trata del cumplimiento forzoso de obligaciones (art. 1167 del Código Civil), y así expresamente lo señalan disposiciones legislativas de orden público (artículos 660 del Código de Procedimiento Civil y 1814, 1844 -prohibición del pacto comisorio- y 1878 del Código Civil).

### *c. Otras funciones administrativas*

En fin existen un conjunto de disposiciones que prevén los reglamentos internos de las Bolsas de Valores en Venezuela que algunos autores han también pretendido catalogar como ejemplos del ejercicio de funciones administrativas por parte de esa institución privada y que como resultado de la cual dicta actos administrativos.

Creemos, sin embargo, que en la mayoría de las casos si bien podría tratarse del ejercicio de funciones necesarias para el cumplimiento de un servicio público, los actos que derivan de su ejercicio no podrían jamás catalogarse como actos administrativos por no representar éstos el ejercicio de verdaderas prerrogativas públicas.

### *c.1. Sanciones pecuniarias*

En efecto, señala el reglamento interno de la Bolsa de Valores de Caracas, en su artículo 127, que "cuando ocurra la devolución de cheques emitidos a la Bolsa por alguno de sus miembros, la Bolsa procederá a cobrar al miembro en cuestión, además del valor de los cheques devueltos las siguientes cantidades: una comisión de dos por mil (20/001) del monto girado; el costo bancario de las sobregiros que se hayan ocasionado desde la fecha de exigibilidad de la respectiva operación, hasta la de cobro efectivo del valor de las cheques devueltos; cualquier otro daño o perjuicio sufrido por la Bolsa como consecuencia de la irregularidad. Si se incurre en la irregularidad a que se refiere este Artículo en más de tres veces en un plazo de noventa (90) días, se exigirá al infractar la cancelación de sus operaciones mediante cheques de gerencia..."

Nuevamente, afirmar que una disposición semejante consagrada en un reglamento interno de una institución privada, aún gestora de un servicio público, es suficiente para otorgar a los actos que deriven de su ejercicio el carácter de administrativos, no es más que el producto de la epidemia *ius publicista* frente a la cual muchos estudiosos de esta rama jurídica han sucumbido y que les impide distinguir la verdadera naturaleza jurídica de las supuestos que se analizan.

Hemos incansablemente repetido que sólo una disposición legislativa puede delegar potestades públicas y que sólo en presencia de éstas puede hablarse del carácter ejecutivo y ejecutorio de un acto, de su naturaleza administrativa. El reglamento interno de la Bolsa de Valores de Caracas, como cualquier reglamento de toda otra compañía anónima, aprobado por sus miembros o por el órgano que para ello se haya designado en las respectivos estatutos sociales y que regulan los derechos y obligaciones sociales de los accionistas, puede perfectamente establecer las normas en que se regirán los pagos a la sociedad por los servicios que ésta les preste.

El cobro de intereses o comisiones por cheques devueltos por parte de la Bolsa a sus miembros tienen tanto carácter administrativo como podría tener ese mismo cobro por parte del panadero a sus clientes, del dueño de un abasto a quienes a allí adquieren sus productos, o el que podría cobrar la administradora de condominios a los condóminos según el reglamento interno de esa comunidad. La Bolsa de Valores no podrá hacerse de tal cobro sin la intervención de la autoridad judicial, es decir, sin demandar por vía ordinaria al miembro "infractor", como tampoco podrán el panadero, abastero o administradora de condominio, por mucho que la Bolsa de Valores a diferencia del resto sea gestora de un servicio público. En cualquiera de los casos y aún existiendo la posibilidad de que la Bolsa, de conformidad con el artículo 68 de su reglamento, o cualquiera de las otras personas mencionadas, de conformidad con el artículo 1.332 del Código Civil, compensen dicha acreencia con cualesquiera deuda que tengan con el "infractor", siempre tendrá este último la posibilidad de rechazar la procedencia de tal compensación si demuestra la inexigibilidad o iliquidez del cobro que se pretende compensar, alternativa ésta que no tendría si se tratare de un acto ejecutivo y ejecutorio.

### *c.2. La autorización de la modificación de los estatutos sociales de las sociedades mercantiles*

En el mismo sentido se ha indicado que constituyen el ejercicio de funciones administrativas en cuyo ejercicio se dictan actos administrativos, aquéllas previstas en el Artículo 14 de los reglamentos internos de las Bolsas de Valores de Caracas y Maracaibo, según el cual "las sociedades en nombre colectivo que sean miembros de la Bolsa de Valores de Caracas no podrán modificar su Contrato Social sin la previa autorización de la Junta Directiva de la *Bolsa* dada por escrito" y el Artículo 17 *ejusdem,* según el cual "Las personas jurídicas distintas de las sociedades en nombre colectivo, que sean miembros de la Bolsa de Valores ... no podrán reducir su Capital ni modificar en forma alguna sus Estatutos, sin la previa autorización de la Junta Directiva de la Bolsa, dada por escrito".

Pues bien, cabría preguntarse si tal disposición tiene un efecto distinto al privado, es decir, ¿bajo que absurdo teórico podría argumentarse que la misma consagra una prerrogativa pública?, ¿No tienen acaso tales artículos el mismo valor que tendrían si estuvieren contenidos en los estatutos o reglamentos internos de cualquier otra sociedad anónima? Las respuestas son obvias y en ánimos de evitar explicaciones ya expuestas a lo largo de este trabajo es preferible no caer en repeticiones innecesarias. Baste recordar que para que puedan hablarse de actos administrativos de origen privado no basta que el ente colabore o gestione un servicio público, pues es además necesario que se trate del ejercicio de prerrogativas públicas delegadas exclusivamente por Ley formal.

### *c.3. Las certificaciones de operaciones y de cotizaciones*

Mas complejo es el caso de las certificaciones a que se refiere el artículo 103, numeral 5°, y 105 de la Ley de Mercado de Capitales, pues bien podría afirmarse que se trata de actos realizados en ejercicio de un servicio público y en base a una delegación expresa de la Ley de Mercado de Capitales. Sin embargo, ciertas dudas nos invaden para reconocer el carácter administrativo de tales actos, en particular pues pensamos que la intención del legislador fue simplemente de darle un determinado valor probatorio a tales actos, a pesar de su naturaleza privada, tal y como es ha hecho en innumerables casos que el derecho mercantil y de pruebas aporta como ejemplos.

### *c.4. Las tarifas*

Igualmente complejo es el carácter de las tarifas de corretaje a que se refiere el artículo 103, ordinal 4°, pues a pesar de encontrarse una disposición legislativa que las prevé y poderse vincular dicho acto al servicio público que se presta (hacienda inaplicable la argumentación sostenida *infra* sobre el carácter privado de las "tarifas" publicadas por las sociedades autorales), creemos que un análisis más profundo, que excedería de los límites de este trabajo, no llevaría a descubrir una naturaleza meramente privada del acto que fija la tarifa, tomando como punto de partida para ello la premisas según las cuales en ausencia de la referida disposición legislativa nada impediría que la Bolsa de Valores fijara los precios o "tarifas" por sus servicios de idéntica forma como lo hace actualmente y de que para el cobro de dichas tarifas es improcedente el procedimiento previsto para la ejecución de créditos fiscales en el Código Orgánico Tributario.

Sin embargo, ninguna duda tenemos sobre la naturaleza privada de las otras tarifas, que de conformidad con el artículo 45 y 40 de los reglamentos respectivos de las Bolsas de Valores de Caracas y Maracaibo, deben pagar las entidades cuyos títulos valores estén inscritos en la Bolsa como compensación por los servicios que ésta les presta: La inexistencia de prerrogativas públicas delegadas por Ley es suficiente razón para ello.

### *c.5. El régimen sancionatorio y disciplinario*

Finalmente, a pesar de ser el régimen sancionatorio o disciplinario de la Bolsa de Valores o de cualquier otro particular gestor de un servicio público el que mejor ejemplifica la doctrina de los actos administrativos de origen privado, pensamos que existen un conjunto dentro de este tipo de medidas que pueden ser tomadas por los particulares y que son inherentes a los poderes propios de las sociedades, civiles y mercantiles. Así, pensarnos que si bien es cierto que las sanciones para poder ser catalogadas como administrativas deben preverse expresamente en una Ley y haberse delegado de esa misma forma su imposición por parte de un particular cuya actividad pueda ser catalogada como un servicio público, éstas pueden existir junto con otras sanciones privadas derivadas no de una Ley sino en los poderes estatutarios de toda asociación.[346] Ello explicaría un conjunto de medidas que prevén los reglamentos in-

346 Recordemos que tal fue la posición sostenida en sus observaciones por el comisario de gobierno Galabert en sus conclusiones sobre el arrêt Peschaud quien afirma que el poder de sanción de que disponen las federaciones deportivas sobre sus miembros encuentran fundamento suficiente en "los poderes estatutarios normales de toda asociación", siendo ese precisamente el caso de las sanciones aplicadas por un club a uno de sus socios, proponiendo que se reserve el carácter administrativo de una sanción sólo para aquellos casos en que el afectado es un deportista profesional pues ésta tendría el efecto de privarlo de ejercer su oficio, y sólo en ese caso la sanción sería reveladora del ejercicio de una prerrogativa pública, lo cual si bien no ha sido admitido ni por la doctrina ni por la jurisprudencia no deja de tener un valor significativo si se traduce como la necesidad de distinguir entre sanciones que constituyen un verdadero ejercicio de una prerrogativa pública, como sería la afectación de algún derecho fundamental, de aquellas que no representarían el ejercicio de tales prerrogativas. (Citado por Jean-Michel Huon de Kermadec, "Le contrôle de la légalité des décisións des fédérations sportives ayant le caractére d'acte administratif", *op. cit.*,

ternos de las Bolsas de Valores, necesarias para el buen funcionamiento del mercado y de la propia sociedad entre los miembros, y para las cuales no existe una verdadera delegación legislativa.

Ahora bien, continuar un análisis detallado de cada uno de los actos que se han señalado como administrativos por parte de la Bolsas de Valores, además de exceder del objeto propio de este trabajo, puede resultar ocioso una vez que se han dejado suficientemente claras las condiciones necesarias para la calificación administrativa de un acto de origen privado y se ha demostrado que con poco esfuerzo se pueden obtener soluciones propias del derecho privado que expliquen la mayoría de las actuaciones de los particulares y que de otra forma puedan confundirse en apariencia con la actividad administrativa.

Así, debe concluirse que si bien pueden las Bolsas de Valores dictar actos administrativos, al igual que todos los particulares, ello sólo es posible si se identifican en su actuación el ejercicio de prerrogativas públicas que le hayan sido conferidas en virtud del servicio público que se les ha encargado. Por ello, deben evitarse las interpretaciones, muchas veces simplistas y carentes de verdadero fundamento jurídico, que olvidan los principios de una doctrina suficientemente madura que determina las condiciones existenciales de los actos administrativos de origen privado, interpretaciones las cuales no son más que el producto de la epidemia *ius publicista* que ha sufrido nuestra doctrina y que descuidan la búsqueda de explicaciones acordes con la realidad jurídica regulada dentro del ámbito del derecho privado.

---

p. 415. Confrontar igualmente Karaquillo, "Le pouvoir disciplinaire dans l'associations sportive", Dalloz, 1980 chron. p. 116).

# CONCLUSIÓN GENERAL

Es un hecho que la jurisprudencia francesa ha admitido la existencia de actos administrativos de origen privado al vencer, en un proceso histórico paulatino, las resistencias de la doctrina que se ceñía fielmente a un rígido criterio orgánico derivado de los principios revolucionarios de 1789.

Todo comenzó con la sentencia Monpeurt del Consejo de Estado francés del 31 de julio de 1942, que admitió que ciertos organismos llamados "comités de organización industrial", de dudosa naturaleza pública, pues no constituían "establecimientos públicos", podían dictar actos administrativos. En efecto, frente a la sentencia la reacción lógica había sido considerar que sí los "establecimientos públicos" eran las únicas personas jurídicas públicas conocidas para la época y el autor del acto recurrido no era tal, el Consejo de Estado había reconocido la posibilidad de actos administrativos de origen privado. Sin embargo, esa no fue la posición de la doctrina dominante, pues ésta no reconoció a la sentencia más méritos que el de haber admitido una nueva categoría de persona jurídica de derecho público distinta a los establecimientos públicos.

Tuvo entonces la jurisprudencia francesa que, en su incansable labor pretoniana, continuar su intento creador de la doctrina de los actos administrativos de origen privado, para vencer la fuerte resistencia que en este tema presentaba la doctrina. Así, los órganos del contencioso-administrativo francés calificó como administrativos algunos actos dictados por colegios profesionales (arrêt Bouguen) o por otro tipo de organizaciones corporativas (arrêt Morand). Sin embargo, tampoco ello logró vencer a la doctrina dominante que, apoyada en la aún discutible naturaleza pública de las personas jurídicas corporativas, se negó a reconocer el nacimiento de la doctrina de los actos administrativos de origen privado.

Fue entonces necesario esperar a que la jurisprudencia calificara expresamente el carácter administrativo de actos dictados por organismos cuya naturaleza de derecho privado no fuere discutible, tales como las agrupaciones privadas de agricultores defensores de los cultivos, especie de sindicatos (arrêt Magnier), las sociedades cooperativas agrícolas (arrêt Groupement National d'achat des produits oléagineux), las federaciones (Fédération des industries français d'articles de sport), etc.

De ese modo, una vez vencidas las resistencias de la doctrina y admitida la existencia de los actos administrativos de origen privado en Francia, el problema consistió en determinar cuales eran las condiciones necesarias para la calificación administrativa de un acto de origen privado, las cuales, luego de largas y ricas discusiones doctrinales, se traducen en que el autor del acto sea gestor de un servicio público (en el sentido que en el derecho administrativo clásico tiene el término, que incluye las actividades de policía administrativa y de fomento) en ejercicio de las prerrogativas públicas que como tal le han sido atribuidas.

En efecto, la discusión mostró tres corrientes doctrinales, la primera sin autor definido, sostuvo que el Consejo de Estado francés siempre dio especial importancia a la misión de servicio público atribuida al ente privado, para poder hablar de actos administrativos; la segunda liderizada especialmente por Waline y seguida por Sabourin y Chapus, argumentaba que a la hora de determinar la naturaleza administrativa de un acto de origen privado sólo la existencia de prerrogativas públicas tenía importancia; y, en fin, la tercera corriente que en definitiva privó, brillantemente expuesta por Jean Paul Negrin en su tesis doctoral, mantuvo que ambas condiciones eran concurrentes. Esta última posición fue finalmente admitida incluso por el propio Waline en 1974 (aférrimo defensor y representante de la escuela que fundamenta el derecho administrativo en las "potestades públicas" y destacado crítico de la noción de servicio público) y hasta la fecha nadie se ha sentido capaz de refutarla.

Pues bien, en Italia la situación no es exactamente la misma que en Francia, pues no existe como encontramos en el derecho administrativo clásico, una verdadera doctrina de los actos administrativos de origen privado, donde se haya podido presentar claramente las condiciones necesarias para proceder a tal calificación de los actos de los particulares.

Sin embargo, en el estudio de la organización administrativa italiana puede encontrarse el tema de los sujetos auxiliares de la función o servicio público, el cual nos permite conocer que en Italia se admite que ciertos particulares dicten actos administrativos. Así, al analizar los supuestos en que se admite en Italia que estos actos se produzcan, podremos descubrir que se cumplen las mismas condiciones que hubiesen sido exigidas en Francia: se trata en todo caso de actos en ejercicio por parte de un particular de una prerrogativa pública atribuida en virtud de la gestión de un servicio público. Por supuesto, existen diferencias terminológicas y metodológicas entre el sistema francés e italiano, en especial porque el término servicio público en Italia se limita a la actividad prestacional mientras que en Francia abarca también a las actividades de policía administrativa e incluso de fomento.

Por ello, consideramos que luego de conocer con mayor profundidad la doctrina de los actos administrativos de origen privado tal y como ha sido presentada en Francia y asimilar el alcance o significado de las nociones clásicas de servicio público e incluso la noción de prerrogativas públicas, es posible analizar sin mayores tropiezos los sistemas de otros países, en especial Venezuela, al margen de las diferencias propias de cada sistema y tomando como base exclusiva al derecho administrativo clásico.

Sin embargo, identificar cuando estamos en presencia de un gestor de un servicio público en ejercicio de prerrogativas públicas necesarias para producir actos administrativos, no resulta una tarea fácil, aún limitándose al análisis de estas nociones dentro del exclusivo ámbito del derecho administrativo clásico.

En efecto, la jurisprudencia y la doctrina francesa en un mayor o menor grado admiten que la actividad de una persona jurídica constituye un servicio público, si la persona se encuentra "incorporada" a la Administración y la actividad ejecutada es de interés general. No obstante, la "incorporación" del sujeto a la Administración sólo se logra identificar mediante la utilización de los subjetivísimos "índices reveladores de publicidad" (forma de creación, tipo o grado de injerencia de la Administración en su funcionamiento, existencia de prerrogativas exorbitantes de derecho común y régimen jurídico al que está sometido el ente o su actividad). Igualmente, la calificación del interés o fin perseguido en la ejecución de la actividad, se fundamenta en criterios nada objetivos.

Por su parte, la identificación de lo que constituye una prerrogativa pública, no es un proceso menos complicado, pues responde también a un "standard de anormalidad" cuya determinación dependerá del criterio altamente discrecional del Juez. Así, sí las prerrogativas públicas se definen como los privilegios y sujeciones, no habituales en las relaciones entre particulares, a que se somete la Administración siempre cabe preguntarse ¿Cómo saber lo que es habitual o no en derecho privado, cuando incluso existen un conjunto de actos unilaterales de particulares que fácilmente podrían responder a las características de los actos administrativos pero que están indiscutiblemente sometidos al derecho privado? Como vemos la respuesta siempre termina por descansar en el criterio del Juez.

De ese modo la identificación de las condiciones necesarias y concurrentes que deben cumplirse para poder hablar de un acto administrativo de origen privado, no es un proceso objetivo, sino par el contrario se soporta sobre elementos o nociones que se podrían calificar incluso como conceptos jurídicos indeterminados.

Sin embargo, no podríamos exigirle a la doctrina de los actos administrativos de origen privado mayor precisión que la que le permiten las nociones de servicio público y de prerrogativas públicas sobre las cuales encuentra fundamento, ni mayor precisión que la que tiene cualquier otro concepto en derecho administrativo, desde el acto administrativo, pasando por el de contratos administrativos hasta la existencia de una responsabilidad autónoma de la Administración, los criterios de repartición de competencia o la definición de funcionario público.

Por ello, es sólo la prudencia del Juez la que permitirá en definitiva que ésta doctrina de los actos administrativos de origen privado sea utilizada en forma restrictiva y no como un instrumento para extender el ámbito de aplicación del derecho administrativo en detrimento del ámbito de aplicación de otras ramas del derecho.

Sin embargo, en Venezuela los órganos del contencioso administrativo no parecen haber tenido siempre tal grado de mesura.

Ayudados por una tendencia doctrinal e incluso jurisprudencial según la cual el acto administrativo puede ser definido en ausencia de todo criterio orgánico y formal, en base únicamente al criterio material, la admisión de los actos administrativos de origen privado no encontraron mayores obstáculos. Ello a pesar de importantes advertencias hechas por los autores patrios más reputados y que de alguna manera han intentado, si no revertir, al menos equilibrar tal tendencia.

Así, inicialmente la Corte Primera de lo Contencioso Administrativo e incluso la propia Sala Político Administrativo de la Corte Suprema de Justicia, admitieron la existencia de actos administrativos de origen privado conforme a la doctrina clásica, bien sea expresamente cuando analizaban los actos dictados por los Colegios Profesionales o incidentalmente en sus consideraciones sobre la naturaleza de algún ente en particular, tal y como sucedió con la sentencia conocida como Leopoldo Díaz Bruzual vs. B.C.V. De la argumentación de las sentencias en dichos casos siempre se desprendió que, para la calificación administrativa de un acto de origen privado, debían tratarse de actos dictados no sólo en virtud de la ejecución de un servicio público sino en ejercicio de prerrogativas públicas delegadas a tales efectos por la Ley.

Sin embargo, de pronto la Corte Primera de lo Contencioso Administrativo pareció pronunciarse sobre la alternatividad de las condiciones existenciales de los actos administrativos de origen privado apartándose del derecho administrativo clásico, (y por ende del propio derecho italiano) lo cual no sería criticable *per se,* si el sistema francés, además de ser producto de un proceso importante de depuración, no se adaptara perfectamente a régimen venezolano como pudiere pensarse en el caso del tema de los contratos administrativos o de la responsabilidad administrativa.

En efecto, si bien en la sentencia conocida como Federación Venezolana de Tiro de fecha 13 de febrero de 1986, la Corte Primera de lo Contencioso Administrativo respetó los principios del derecho administrativo clásico, ello pareció haber respondido más al azar que a un proceso analítico. En dicha sentencia de una forma simplista se señaló que para que un acto de origen privado pueda calificares como "acto de autoridad" bastaba la existencia de una delegación legislativa. Ninguna consideración se hizo sobre la necesidad de calificar la actividad como una actividad de servicio público ni de la estrecha vinculación entre esta noción y la de prerrogativa pública. Sería mucho después cuando se descubriría que la actividad de las federaciones deportivas puede considerarse como un servicio público y algunas de sus actuaciones como derivadas del ejercicio de prerrogativas públicas.

Tan pobre fundamentación teórica se manifestó dramáticamente en la sentencia de ese mismo órgano del contencioso de fecha 18 de febrero de 1986, conocida como el caso SACVEN y que recibiera la mayor difusión y a la cual se le atribuiría la autoría de la tesis de los actos de autoridad. Allí los magistrados del contencioso no sólo reafirmaron el error de considerar a las nociones de servicio público y de prerrogativas públicas como fundamentos suficientes y alternativas de los actos administrativos de origen privado, en menosprecio de las enseñanzas francesas y como muestra de una total ausencia de rigor lógico en su razonamiento, sino que además dieron fé de una carencia de profundidad a la hora de analizar la presencia de prerrogativas públicas.

Sin embargo, los errores iniciales fueron corrigiéndose en un proceso de marchas y contra-marchas que en definitiva lograron asentar la llamada tesis de los actos de autoridad en perfecta armonía con el derecho administrativo clásico.

En efecto, con la sentencia María Josefina Bustamante vs. U.C.A.B. de fecha de 24 de noviembre de 1986, la Corte dio un importante paso al reconocer a través de su análisis que tanto la noción de servicio público como la de prerrogativa pública debían estar presentes a la hora de calificar como administrativo un acto dictado por un particular. Sin embargo, lamentablemente al aplicar tales principios confundió el alcance que tiene el término de prerrogativa pública en ésta controvertida doctrina, pensando que el mismo no se limitaba al "poder de mando" sino que también incluía las sujeciones exorbitantes. Así, sembró la semilla que llevaría a la involución, es decir, para que se volviera a una suerte de alternatividad de las condiciones existenciales de los actos administrativos de origen privado, ésta vez para considerar equivocadamente que todo acto dictado para cumplir un servicio público era administrativo, pues en un círculo diabólico todo servicio público implicaba sujeciones exorbitantes, es decir, prerrogativas públicas.

Esto último ocurrió con la sentencia Ramón Escovar León vs. U.C.A.B. de fecha 19 de enero de 1988, de la misma Corte Primera de lo Contencioso Administrativo y a pesar de que con inmediata anterioridad se había dictado una equilibrada sentencia, en lo que a su fundamentación se refiere, como fue la sentencia conocida como Criollitos de Venezuela de fecha 16 de diciembre de 1987. En ésta se había mantenido la concurrencia de las nociones de servicio y prerrogativa pública al calificar un acto administrativo de origen privado, aún cuando nuevamente en forma equivocada se interpretó este último término.

Fue entonces la sentencia de fecha 24 de marzo de 1988, conocida como Marino Recio vs. Comisión Nacional de Valores, donde la Corte Primera de lo Contencioso Administrativo, aun cuando era innecesario para conocer el caso en concreto, reafirmó no sólo la exigencia para la calificación de un "acto de autoridad" de la concurrencia de las nociones de servicio público y de prerrogativas públicas en sentido estricto, sino que además dejó claramente establecido el carácter excepcional de este tipo de actos.

A lo largo del proceso pudo sentirse la existencia de una verdadera epidemia *ius publicista* aún no superada, que tiende a buscar en todo actividad privada algo de público, para lo cual admite, con cierta ligereza en el análisis, soluciones propias del derecho público a problemas esencialmente privados, preocupada más por la apariencia que por la sustancia y que no se percata que para defender los derechos de los particulares termina limitando su libertad.

Sin embargo, hoy puede afirmarse que en Venezuela al igual que en derecho administrativo clásico los actos administrativos de origen privado sólo existen en la medida que el particular al dictar el respectivo acto estuviese a la vez ejecutando un servicio público y ejerciendo prerrogativas públicas especialmente delegadas por Ley; que no todo acto dictado dentro de la esfera de un servicio público es administrativo; que sólo existen prerrogativas públicas en la medida que sean necesarias para el cabal cumplimiento de un servicio público; y, lo más importante, que son muchos los actos que aparentan serlo pero son pocos los que en realidad lo son.

## BIBLIOGRAFÍA


AGUILAR GORRONDONA, José Luis, *Derecho Civil. Personas,* 6ª edición, Manuales de Derecho, Universidad Católica Andrés Bello, Editorial Arte, Caracas 1982.

ALESSI, Renato, *Derecho Administrativo,* Tomo I, Traducción de la 3ª edición italiana por Buenaventura Pellisé Prats, Bosh, Casa Editorial, Barcelona 1970.

*Instituciones de Derecho Administrativo,* Traducción de la 3ª edición italiana por Buenaventura Pellisé Prats, Tomo I, Bosh, Casa Editorial, Barcelona 1970.

AMSELEK, Paul, "Le service public et la puissance public, Reflexions autour d'une étude récente", *A.J.D.A.,* octubre 1968, París 1968.

ANTEQUERA PARILLI, Ricardo, *Consideraciones sobre el derecho de autor,* Buenos Aires 1977.

"Evolución histórica y naturaleza jurídica de los derechos patrimoniales del autor", *Revista Interamericana de Derecho Intelectual,* Vol. 3, N° I, Instituto Interamericano de Derecho de Autor, *Revista Editora Dos Tribunais,* Sao Paulo, 1980.

AUBY, Jean-Marie y DRAGO Roland, *Traité de Contentieux Administratif,* Tome 1, L.G.D.J., Paris 1984.

AUCOC, León, *Le Conseil d'Etat avant et depuis 1789. Ses Trasformations, ses travaux et son personnel (Etude historique et bibliographique),* Paris 1886.

BEGUIN, J., Rapport sur l'adape "Nul ne peut se faire justice à soimême en droit français", Travaux de la Association H. Capitant, T. XVIII, 1966.

BLAUOET, Ch., "Les comités d'organisation professionnelle", *Revue de Droit Public,*1944, L.G.D.J., París 1944.

BORJAS, Arminio, *Comentarios al Código de Procedimiento Civil,* Tomo V, Edición Magon, Caracas 1979. ·

BRAIBANT, Guy, *Le Droit Administratif français,* Presses de la Fondation National des Sciencies Politiques & Dalloz, París 1984.

*Le droit administratif français,* Dalloz, París 1980.

BREWER-CARÍAS, Allan R., *Fundamentos de la Administración Pública,* Tomo I, 2ª ed., Editorial Jurídica Venezolana, Caracas.

*Las instituciones fundamentales del derecho administrativo y la jurisprudencia venezolana,* Volumen IV, U.C.V., Caracas 1964.

*Derecho Administrativo,* Tomo I, 2ª ed., U.C.V., Caracas 1984.

*Instituciones Políticas y Constitucionales,* 2ª Ed., Tomo 1, E.J.V., U.C.T., Caracas - San Cristóbal 1985.

*El Derecho Administrativo y la Ley Orgánica de Procedimientos Administrativos,* Estudios Jurídicos N° 16, E.J.V., Caracas 1982.

*Derecho Administrativo,* Tomo I, 2ª ed., U.C.V., Caracas 1981.

"El problema de la definición del acto administrativo", en *Libro Homenaje al Doctor Eloy Lares Martínez,* U.C.V., Tomo 1, Caracas. 1984.

"Consideraciones la Ejecución de los Actos Administrativos", (A propósito de los actos administrativos que ordenan el desalojo de viviendas) en *Revista de Derecho Público* N° 41, Enero-Marzo 1990, Editorial Jurídica Venezolana, Caracas 1990.

CARBAJO, J., "Remarques sur l'intérêt général et l'egalité des usagers devant le service public", *A.J.D.A.,* París 1981.

CARRE DE MALBERG, Raymond, *Contribution à la théorie générale de l'État,* Réimpressiori C.N.R.S., Tome I, París 1922.

CHAPUS, René, *Droit Administratif Général,* Tome 1, 4ª edición, Montchrestien, París 1988.

"Le Service Public et la Puissance Publique", *Revue de Droit Publique,* 1968, L.G.D.J., París 1968.

CHAVANON, C., *Essai sur la notion et le régime juridique du service public industrial et commercial,* París, Sirey, 1939.

CHENOT, B., *Le privilége d'action d'office de l'administration,* Thése, París 1954.

"La notion de servicie public dans la jurisprudence économique du Conseil d'Etat", *Etudes et Documents du Conseil du Conseil d'Etat,* París 1950.

CHEVALLIER, Jacques, *Essai sur la notion juridique de service public,* Facultad de Derecho de Amiens, N° 6, 1976-1977.

DE CORAIL, Louis-Jean, *La crise de la notion juridique de service public en droit administratif français,* L.G.D.J., Paris 1954.

"L'identification du service public dans la jurisprudence administrative", *Mélanges Georges Burdeau,* París 1977.

"La notion d'entreprise d'interét général et l'interventionnisme économique", *Mélanges Péquignot,* 1984.

DE LAUBADÈRE, André, *Traité de droit administratif,* novena edición por Jean-Claude Venezia e Yves Gaudemet, Tome I, L.G.D.J., París 1984.

*Traité élémentaire de droit administratif,* L.G.D.J., París.1984.

"Commentaire de la Loi de 12 juillet 1979", *Actualité Jurídique* N° 9, París 1979.

"Du pouvoir de l'administration d'imposer unilatéralement des changements aux dispositions des contrats administratifs", *Revue de Droit Public* 1954.

DESGRANGES, E., *Essais sur la notion de voie de fait.* Thése, Poitiers, 1937.

DELVOLVÉ, P., *L'acte administratif,* Sirey, 1983.

*Le principe d'egalité devant les charges publiques,* L.G.D.J., París 1969.

DRAGO, Roland, *Les crises de la notion d'etablisment public,* Thése, París 1948.

DUEZ, Paul, *Traité de droit administratif,* París 1942.

DUFAU, *La voie de fait: mort er résurrection d'un notion discutable,* Dalloz, París 1970.

DUGUIT, León, *Les trasformations de Droit Public,* A. Colin, París 1913.

*Traité de Droit Constitutional,* Tome I, 1ª ed., París 1921.

"De la situation juridique du particulier faisant usage d'un service public", *Mélanges Hauriou,* París 1929.

EGRET, J., *Louis XV et l'oppósition parlementaire,*A. Colin, Paris 1970.

EISENMANN, Charles, *Cours de droit administratif,* Tome 1, L.G.D.J., París 1982.

"L'arrêt Monpeurt: Légende et réalite", L'evolution du droit public, *Mélanges Mestre,* París 1956.

"L'arrêt Monpeurt: Légende et réalite", *Etudes offertes á Archilles Mestre,* Sirey, París 1956.

ESCOLA, Héctor Jorge, *Compendio de Derecho Administrativo,* Volumen I, Ediciones Depalma, Buenos Aires, 1990.

*El interés público, como fundamento del Derecho Administrativo,* Ediciones Depalma, Buenos Aires, 1989.

FARÍAS MATA, Luis H., *Las bases del contencioso administrativo en Venezuela: precisiones y perspectivas.* Trabajo mimiografiado.

FRAGA, Gabino, *Derecho Administrativo,* Editorial Porrúa, S.A., México 1977.

GARCÍA DE ENTERRIA, Eduardo, FERNÁNDEZ Tomás-Ramón, *Curso de Derecho Administrativo I,* Editorial Civitas, S.A., Madrid 1984.

GEFFROY, Jean-Baptiste, "Service public et prérogatives de puissance publique", *Revue de Droit Public 1987,* Tomo 103, L.G.D.J., París 1987.

GIORGI, Jorge, *Teoría de las Obligaciones,* Vol. VII. Traducido al español por la redacción de la *Revista General de la Legislación y Jurisprudencia,*Editorial Reus, S.A., Madrid, España 1928.

GOLSDSCHMJDT, Roberto, *Nuevos Estudios de Derecho Comparado,* U.C.V., Facultad de Derecho, Caracas 1962.

HEINSHEIMER, Kart, *Derecho Mercantil,* Editorial Labor S.A., Barcelona Madrid, Buenos Aires 1933.

HERNÁNDEZ-BRETON, Eugenio, "De los límites exteriores de la jurisdicción contencioso administrativa", en *Revista de la Fundación Procuraduría General de la República,* Año 3, N° 3, Caracas 1988.

HOFFNUNG, G., "Reflexion sur la nature juridique de la Commission des opérations de bourse", *Revue de Droit Public,* 1982, L.G.D.J., París 1982.

HUNG VAILLANT, Francisco, "Algunos aspectos de las entidades representativas de autores", U.C.V., *Revista de la Facultad de Derecho* N° 33, Caracas 1967.

HUON DE KERMADEC, Jean Michel, "Le contrôle de la légalité des décisions des féderations sportives ayant le caractère d'acte administratif", *Revue de Droit Public,* 1987. L.G.D.J., París 1987.

IRIBARREN MONTEVERDE, Enrique, *La venta de las acciones hecha por la sociedad cuando el accionista no las ha cancelado totalmente.* Trabajo inédito mimiografiado.

JIMÉNEZ DE ASUA, Luis, *Tratado de Derecho Penal,* Tomo II, Buenos Aires, 1958.

*La Ley y el Delito, Curso de Dogmática Penal,* Editorial Andrés Bello, Caracas, 1945.

JÈZE, Gastón, *Les principes générau du droit administratif,* Giard, Tome 2, 3ème édition, 1930.

JOURDAN, Philippe, "La formation du concept de service public", *Revue de Droit Public,* 1987, LG.D.J., París 1987.

LARES MARTÍNEZ, Eloy, *Manual de Derecho Administrativo,* 1ª ed. 1964 y 5ª ed., Facultad de Ciencias Jurídicas y Políticas, U.C.V., Caracas 1983.

LAUCHAIRE, F., "Un janus constitutionnel: l'egalité", *Revue de Droit Public,* 1986, L.G.D.J, París 1986.

LAUCHAUME, Jean François, "Quelques remarques sur les critères de l'acte administratif executoire emenant d'organismes privés gérent un service public administratif', en *Estudios en honor del profesor Stassinopuolos,* Atenas 1974.

LEBEN, CH., "Le Conseil Constitutionnel et le principe d'égalité devant la loi", *Revue de Droit Public,*1982, L.G.D.J. París 1982.

LECRECQ, "Le déclin de la voie de fait", *Revue de Droit Public,* 1963, L.G.D.J., París 1963.

LONG, M., WEIL, P., BRAIBANT, G., *Grands arrêts de la Jurisprudence Administratif,* Sirey, 8ª ed., París 1984.

LUPINI, Luciano y RUAN Gabriel, "Consideraciones sobre las condiciones Generales de Contratación para la Ejecución de Obras de la Administración Pública", en *Revista de Derecho Público,* N° 12, Octubre-Diciembre 1982, E.J.V., Caracas 1982.

MADIOT, Y., "Une institution nouvelle en droit trançais: Le Mediateur", *Mélanges Stassinopoulos,* París 1974.

MADURO LUYANDO, Eloy, *Curso de Obligaciones,* 3ª ed., Facultad de Derecho, U.C.A.B., Caracas 1975.

MARTÍNEZ NEIRA, Néstor H., *Intervención del Estado en el mercado público de valores,* Editorial Themis, Colombia 1986.

MASHERONI, Fernando, *El vínculo accionista, sociedad anónima y contrato de suscripción,* Editorial Cangallo S.A. 1970.

MASPETIOL, "La notion de service d'intérét public et la théorie juridique des institutions corporatives", *Droit Social,* mayo 1944, París 1944.

MATHIOT, André, "L'intégration des comites d'organisation au droit public français", *Revue de Droit Public,*1943, L.G.D.J, París 1943.

METHIVIER, Hubert, *Le Siècle de Louis XV,* Que sais je?, Quinta edición, P.U.F. N° 1229, París 1983.

MIQUEL, Pierre, *Histoire de la France,* Edition Fayard, Paris 1985.

MODERNE, Frank, "Decadencia" del Punto de Vista Orgánico en la Definición del Acto Administrativo en el Derecho Francés: Los Actos Administrativos de Origen Privado", publicado en la *Revista Española de Derecho Administrativo,* número 4, Ediciones Civitas S.A., Madrid, Enero-Marzo de 1975.

MUCI BORJAS, José Antonio, *Las Bolsas de Valores como Servicio Público. Competencia de las Bolsas de Valores para expedir actos administrativos.* Trabajo inédito presentado en el *ciclo de conferencias de Derecho Mercantil, homenaje al Dr. José Muci Abraham,* organizado por el Instituto de Estudios Jurídicos "Dr. Ángel Francisco Brice" del Colegio de Abogados del Estado Zulia en la ciudad de Maracaibo, durante el mes de Octubre de 1991:

NEGRIN, Jean Paul, *L'intervention des persones morales de droit privé dans l'action administrative,* L.G.D.J., París 1971.

NICOLAY, P., *Cours de droit administratif,* Ecole de Ponts et Chaussées, ed. Eyrolles, 1976.

NIZARD, L., "Apropos de la notion de service public:. mythes étatiques et representations sociales", *Mélanges Eisenmann,* Cujas 1977.

ODEN, R., *Cours de Contentieux administratif,* Institut d'etudes Politiques de París, París 1980.

PERSONNAZ, L., "La nature juridique des comités d'organisation", *Droit Social,* Nov-déc, 1940, París 1940.

RAUSSEO, Alberto, "Las decisiones disciplinarias del Consejo de la Judicatura, ¿Nuevos actos excluidos del control jurisdiccional?, en *Revista de la Fundación Procuraduría General de la República,* Año 2, N° 2, Caracas 1987.

RASPONI, Enrico, "Il potere disciplinare", Tomo I, Padova 1942.

REBOLLO, Luis Martín, "De nuevo sobre el servicio público: Planteamientos ideológicos y funcionalidad técnica", *Revista de Administración Pública* Núms. 100-102, Madrid España, Enero-Diciembre 1983.

REGOURD, S., "Le Service public et la doctrine: Pour un plaidoyer dans le procés en cours", *Revue de Droit Public,*1987, L.G.D.J. París 1987.

RIVERO, Jean, *Droit Administratif,* Dalloz, 12ª ed., París 1987.

"Hauriou et l'evènement de la notion de service publique", en l'evolution du droit public. Etudes en l'honneur d'Achilles Mestre, París 1956.

"Existe-t-il un critère du droit administratif", *Revue de Droit Public,* 1953, L.G.D.J., 1953.

ROCO, Alfredo, "Principios de Derecho Mercantil". Parte General, *Revista de Derecho Privado,* Madrid España, 1931.

RODRÍGUEZ RODRÍGUEZ, Joaquín, *Curso de Derecho Mercantil,* Editorial Porrúa, S.A. 1952.

RONDÓN DE SANSÓ, Hildegard, "Introducción al Estudio del Acta Administrativo", *Libro Homenaje a la Memoria de Roberto Goldshmith,* Caracas 1967.

"El Procedimiento Administrativo", Editorial Jurídica Venezolana, Caracas 1983.

SABOURIN, Paul et AUBY Jean-Marie, "Recherches sur la notion d'autorité administrative en droit français", L.G.D.J., París 1966.

SABOURIN, Paul, "Pent-on dresser le constat de décés du critere organique en droit administratif francais?", *Revue de Droit Public,* L.G.D.J., París 1987.

STASSINOPOULOS, "Traité des actes administratifs", L.G.D.J,, París 1954.

TIMSIT, Gerard, "Le rôle de la notion de fonction administrative, en droit administratif français", préface de C. Eisenmann, thèse L.G.D.J., París 1963.

TRUCHET, Didier, "Lebel de service public et statut du servicie public", *Actualité Juridique de Droit Administratif (A.J.D.A.)* 1982, París. 1982.

VEDEL, George, *Droit Administratif,* Presses Universitaires de france, París 1958.

*Derecho Administrativo,* Traducción de la 6ta. edición francesa por Juan Rincón Jurado, Madrid 1980.

"Les bases constutionnelles du droit administraif. *Études et documents du Conseil d' Etat",* París 1954.

VERRIER, P., "Le Mediateur", *Revue de Droit Public,* 1987, L.G.D.J., París 1973.

VENEZIA, Jean-Claude, "Puissance publique, puissance privé", *Mélanges Eisenmmann.* Cujas, Paris 1975.

VITA, Cino, *Diritto Anmministrativo,* Torino 1955.

WALINE, Marcel, "Droit Administratif", 9éme edition, París 1963, *Revue de Droit Public,* 1956, L.G.D.J, París 1956. ·

WEIL, Alexy TERRE, François, *Droit Civil,* 5ª ed., Dalloz, París 1983.

WEIL, Prosper, *Le droit administratif,* 10ème édition, Colección ¿Que sais je?, París 1964.

ZANOBINI, Guido, "Scritti vari di Diritto Pubblico" Milano, Editorial Dott. A. Giuffrè, 1955.

"L'esercizio privato delle funzioni e dei servizi pubbici", en Tratado di dir. adminitrativo diretto de V. Orlando. Vol. II.

"Le sanzioni administrative", Torino 1932.

"Corso di diritto administrativo", Tomo I, 8ª edición.

*Los actos administrativos de origen privado*
de
AUGUSTO J. PÉREZ GÓMEZ
se imprimió en la República Argentina en
marzo de 2021.

www.ingramcontent.com/pod-product-compliance
Ingram Content Group UK Ltd.
Pitfield, Milton Keynes, MK11 3LW, UK
UKHW042109021026
15589UKWH00001B/282

9 789563 929621